JN102108

私が学んできた経済学

新古典派理論から宇野理論へ

My Journey of Economics
from Neoclassical to Uno-Riron

SEKINE Tomohiko

関根 友彦 著

元ヨーク大学教授

社会評論社

はしがき

― 関根友彦さんの評論集の刊行に寄せて ―

櫻井　毅

　長らく希望していた関根友彦さんの随想や小論文をまとめた書物がこのたび『私が学んできた経済学 ― 新古典派理論から宇野理論へ』と題されて刊行される運びになったことはまことに喜びにたえない。それらの中にはとくに発表する意図もなく折にふれて書き続けられたご自身の経済学遍歴と結果としての宇野理論への帰依、そこからさらなる関根理論への展開など、自伝的色彩の濃いものがあって興味を引く。外国暮らしの長かった関根さんの体験などを踏まえた鋭い考察には日本人としての我々にとって極めて意義深いものがある。またご自身の研究の手控え的なもの、論文の分かりやすい解説、学外で行われた特別講演の原稿などのほか、既発表の話題作なども含まれ、それらは関根さんの難解な研究の理解にも役立つものが多いように思われる。

　関根さんはわが国ではマルクス経済学、とくに宇野理論の研究者として夙に名高いが、関根さんは、実は、日本でよりむしろ欧米の経済学界で、日本人のマルクス経済学者 Thomas T.Sekine として著名な経済学者のお一人であったことは、日本ではあまり知られていなかったかと思う。一橋大学を卒業後、大学院に進学して間もなく、戦後初のカナダ政府給費留学生として日本を離れてから、カナダ、モントリオールの McGill 大学で経済学修士号を、その後二年間の「国際連合」勤務を経て、研究心止み難くロンドン大学の LSE の大学院でさらに引きつづいて経済学の研鑽を積まれ、国際金融に関する論文で博士号を取得されたのち、カナダへ戻り、バンクーバーの Simon Fraser 大学の助教授を経て同じカナダ、トロントのヨーク大学に転じ、長らくそこで教授として教鞭をとってこられたそのご経歴を見れば、うなずけるところであろう。その著書、論文などの研究業績もほとんど英文（仏文、独文なども含む）で発表されているので、日本ではそのご活躍ぶりはあまり知られていなかったのは、言ってみれば当然ではあったが、始めいわゆる近代経済学から出発され、

担当科目としてその経済学を研究、講義されていたが、やがてアメリカの大学から始まるベトナム反戦運動の高まりやマルクス・ルネッサンスと呼ばれた新たな世界的な潮流の出現の中で、学生や大学側の要請もあり、関根さん自身にも再びマルクス経済学への関心が戻り、特に宇野理論に傾倒され、1970年代に入ると、研究、教育もそちらに重点を移されるようになった。いわば外国でほとんど独自に宇野理論を展開し、その間、宇野理論を学ぶ日本人以外の学者たちを何人も育て、また宇野弘蔵先生の『経済原論』さらに『経済政策論』の英訳本の刊行なども合わせて、欧米諸国の経済学者に少なからぬ影響を与えられてきたことは、最近よく知られるようになってきた事実である。

　そのいきさつをも語る本書は当然もっと早く出版されるべきものであったろう。でも、実現できないままに、昨年（2022年）の1月16日、ご病気のため関根さんはお亡くなりになってしまった。残された私たちが遺著の編集のことに思い及んだ時、現に本書に含まれている随想など、関根さんのご生前にはその存在が知られていなかったものがあることを知り、私どもはこの本の出版を急ぐことにした。関根さんとのお別れは大変に残念なことではあったが、その発見された遺稿が、本書刊行のきっかけにもなったことはひとつの慰めにはなった。

　さらにまた、ご生前から関根さんご自身が刊行を準備されながら、結果的には遺著としてまとめられることになってしまった Palgrave, Macmillan から 2023年に出版された *Marx, Uno and the Critique of Economics — Towards an Ex-CapitalistTransition* も最後の著作になった。そのほかにも、関根さんは帰国された後の時期に多くの貢献を日本でもさまざまな形で遺されていたのである。そして名古屋の愛知学院大学で教授として学生の指導、教育に努められただけでなく、関根さんに師事する研究者を集めてのその独自の宇野＝関根理論の展開をも追求された研究会の開催もその一つであろう。

　関根さんが長年お勤めになっていたカナダのヨーク大学教授の職を自ら辞されて日本にお戻りになったのは1994年のことである。まだ若くてお元気だったこともあり、名古屋の愛知学院大学の招聘でその大学の教授を定年まで10年間勤められ、さらに1年客員教授を担当された。その後、関根さんが杉並のご自宅で毎日を過ごされるようになってから、

以前カナダのヨーク大学の関根研究室に留学し、帰国後、大学の教職に戻った人たちを中心に集まって、本格的に研究会などを開くことも可能になった。それが恒常化するにしたがって、誰となく「杉並研究会」と呼ぶようになり、次第に評判を聞いて参加を希望する研究者も増え、関根さんの主催する定期的な研究会になり、場所も東京経済大学のご好意もありそこの会議室に固定できるようになったのである。私は部外者だったが、縁故を頼り何度か出席させていただき、報告させていただいたこともあった。とても親密でかつ活発であり、関根さんの独特の理論展開を直接聞くことができたのも楽しみのひとつであった。

　関根さんのことを想うと懐かしさでいっぱいになるが、先に述べたように関根さんは長年カナダのヨーク大学におられたので私はそれほどお会いするという機会があったわけではない。それでも関根さんが比較的長期にわたって東京に帰ってこられた時期が二度ほどあった。はっきり覚えていないが、一度は宇野先生との長い対話を材料に東京大学出版会から宇野先生の『経済学の効用』という本が出版された前後の時期だったかと思う。その頃初めてお会いする機会があった。非常に紳士的で明晰な話しっぷりにすっかり感心したものだ。関根さんと私の間には、今は亡き渡辺寛さんという共通の友人がいたが、性格がまるで違っていたのに、なぜか二人は話がよく弾んだようだった。

　ちなみに渡辺寛さんは当時法政大学の助手だったと思うが、一橋大学経済学部から法政大学の助手になった関根さんの先輩であった。とても快活で才能あふれる新進研究者で私と同年齢であった。私はまだ大学院の院生の頃で、宇野先生が東京大学を定年でお辞めになり法政大学に移られた直後かもしれない。宇野先生との関係で知り合ったことには間違いない。

　お二人が知り合ったいきさつは当時一橋大学の教授だった杉本栄一氏が病気で急逝されたため、東京大学社会科学研究所教授の宇野先生がその講義を引き継ぎ、マルクス経済学を講義されることになり、その講義に共に出席したことで二人が会話するようになったというような話であった。とくに講義の後、宇野先生を囲んで数人の熱心な学生たちが喫茶店に集まってコーヒーを先生にご馳走になりながら、質問をし説明を聞くという慣習が何となく出来たというように聞いている。それが後「エ

ピキュールの会」として知られるようになった。宇野先生はマルクス経済学を「特殊講義」として二年間、毎週開講されていたようで、そのあと行われたエピキュールの会の熱心な出席者の中に関根さんをはじめ高須賀義博さん、渡辺寛さん、村田稔さんなどの顔が頻繁にみられたようである。渡辺さんが、その中での関根さんの優秀さは目立っていたと、いつも話題にしていたことを思い出す。

　関根さんは社会学部に入学しながらもっぱら経済学を勉強していたようで、一橋大学の経済研究所長の都留重人教授を皆で口説き落として無理やりゼミを開講してもらったという話を関根さんから直接聞いたことがある。関根さんが若い学生時代からマルクス経済学にも興味をもっておられたのには、当時の時代風潮以上のものがあったことが分かる。

　先に書いたように関根さんが比較的長く日本に帰国されていた時期、二度目の時だったか、関根さんを私の大学の大学院のゼミにゲストとしてお招きしたことがある。院生の希望で他大学の先生を招いて講義してもらうというやり方を当時制度的にも行っていた。その頃日本ではほとんど無名であった関根さんを希望した院生が多かったのに驚いたが、関根さんの話も分かりやすくとても楽しい雰囲気で冗談も出て、終わった後も院生たちと大学の近くで酒を飲んだりして大いに盛り上がった記憶がある。

　宇野先生の『経済原論』の英訳の仕事に取り組まれていた時期には、関根さんが次々に宇野先生、渡辺さん、山口重克君、馬渡尚憲君や私などに校閲を求めて送ってこられる翻訳原稿のコピーを、私自身は眼を通すのが精いっぱいで、関根さんのご期待にとても沿えなかったという後悔の気持は今も残っている。宇野先生は運悪く脳塞栓を発症されて病臥、静養中であり、私が宇野先生の家に何度も伺って、療養中で右手が不自由になられていたにもかかわらず、可能な限り校閲の努力をされた先生のご意向を聞きただして原稿に写し、それなりの校正を行って返送のお手伝いをしたのだが、事情が事情であるため十分とは言えず、わずかな範囲にとどまらざるを得なかった。しかし、先生と関根さんとの心の連絡役を果たした思い出として今も残っている。

　3，4年前のことだったか、私が出したばかりの宇野理論の方法論に関する著書を関根さんに贈呈したことがある。その時頂いたご返事にこ

んな文章があった。——「私の場合は、比較的早く外国に行ってしまった
ので、櫻井さんのように長期にわたって宇野先生の謦咳に接する機会を
得られませんでしたので、貴兄のような恵まれた立場にはなかったのです
が、今にして思えば、宇野先生から一生の研究に圧倒的な影響を受けて
きたと言う点では変わりありませんでした」と。まったくその通りだ
と私は思った。関根さんはいわゆる宇野理論に傾倒する学者だが、その
論稿は必ずしも宇野理論の正当な継承者と自任されている人たちから評
価されているものばかりとは限らない。独自の宇野理論の展開もある。
主著も英文の大冊であるために日本で十分理解が行き届いているとは思
えない。外国では宇野理論の研究者と議論しようにも相手が少ない。し
かし宇野理論というのは宗教的なテーゼなのではない。研究者が自由に
自らに取り込める理論的な枠組みでしかない。それは宇野先生の言い分
をそのまま繰り返すものではありえない。宇野先生のお好きな言葉に「古
人の跡を求めず、古人の求めたるところを求めよ」という言葉がある。
師が真理を求める過程で誤りや不徹底があればそれを正すこともためら
わない。宇野派というのはそのような人たちのゆるやかな集まりであっ
て、独立した研究者が経済学を学んでゆくに際し、宇野理論という経済
学の枠組に学ぶ価値があると考えて自ら学びを重ね、それを自らの思
考の枠の中に取り込み自らの研究の糧にしているにすぎない。だから理
解に多様性が生じるのもやむを得ない。実際、宇野理論の視野は広く深
く可能性は大きいように思う。私自身どれだけ宇野理論に啓発されたか
分からない。最高の敬意を懐いている。でも必要とあれば率直に批判も
する。経済学の理論の科学としての完成を期待できると考えているため
である。これも経済学が社会科学であることの意味を宇野理論から初め
て私たちが学ぶことができたからにほかならない。そのような理論だか
らこそ、現在、世界で Uno-Riron は自由に議論される理論的対象になっ
ているのである。その点でも、関根さんの果たされた役割は実に大きい。
　「番狂わせの人生だった」と関根さんはその手紙の最後に書かれてい
る。どういう意味で番狂わせだったのか、もう一度この本を読み返して
ゆっくり考えてみることにしたいと思う。

2023 年 11 月 16 日

私が学んできた経済学
新古典派理論から宇野理論へ

目次

　〔なお、第3章・第5章・第6章・第7章の各節表題は、編者が作成し、括弧を附して示した〕

第Ⅰ部

研究遍歴とマルクス経済学の方法
資本の弁証法との関連で

第1章

私が迷い込んだ経済学
【講演録】

〔初出〕
公益財団法人 倶進会　セミナー第 64 回　講演会記録
2005 年 3 月 31 日発行

York University（Keele Campus）の Ross Building (1976 年撮影)

　York 大学は 1959 年に創立が認可され、1960 年に設置された。著者が教育・研究活動をした経済学部は、大学の初代総長 Murray Ross(トロント大学の元副総長) にちなみ Ross Building と命名された校舎におかれた。

第1章　私が迷い込んだ経済学【講演録】

　ご紹介を頂きました関根でございます。今日はこのようなところにお招きを頂き、偉い先生方を前にしてお話を申し上げることになりました。中内さんの巧みな話術に乗せられて、うかうかと引き受けてしまったのですが、気が付いてみると、どうも私のようなものがシャシャリ出るような場所ではなかったように思います。しかしもう手遅れですので、自己紹介のつもりで、先ずこれまでの研究遍歴から申し上げたいと存じます。

＊研究遍歴

　私が一橋大学の社会学部に入学したのは、朝鮮動乱が終わった1953年のことですが、その時は人文分野（西洋史とか、社会思想かなにか）を専攻するつもりでした。ところが当時、学内では「近経とマル経」の対決気運が充満しており、自分がどちらに与するかを決めないと何もできないといった感じでした。そこで、二年生のころから『資本論』に取り組むことにし、そのDietz版・仏語訳・長谷部訳などを手に入れました。（その頃は若気の至りで、第二外国語に過剰な自信があったかのように見えます。）私はまだ小平のキャンパスにおりましたが、副島（種典）先生が国立で『資本論』の研究会を開いておられましたので、そちらの方に出むきました。当時のそうそうたるマルクス経済学者（向坂逸郎・宇野弘蔵など）の令名に接したのもその時が初めてでした。

　三年になって都留ゼミに入る頃には、もうマルクス経済学をやるつもりになっていました。その頃、都留（重人）先生は経済研究所におられ、正式にはゼミ生を募集しておられませんでしたが、社会学部から数人、経済学部から数人で先生を説得に行き、何度か強引に交渉してやっと認めていただきました。杉本（栄一）先生が逝去されたあと、そのゼミ生

の多くを都留先生が引き受けられたということを聴いたので、では我々も入れて欲しいと勝手な理屈を盾に押し切った次第です。それと同時に杉本先生がやっておられた特殊講義の後任には、東大の社研から宇野先生が非常勤でこられ、我々マルクス・ボーイは皆それを聴講に行ったものです。それ故、私はまだ経済学の勉強ではほんの入り口にさしかかった段階で、宇野先生の謦咳に接することができた訳であります。

しかし私はそれよりも前から海外留学の夢を抱いており、社会学部を卒業して経済学研究科に進学したころには、その思いがますます募って参りました。当時、近代経済学のほうも少しは学んで見ようという気になり、偶然に手に入れた Keirstead の『経済変動論』の邦訳を読みましたところ、予想外に解かりやすく感じました。そこで、もしこの人のところに留学できれば、近代経済学も何とか理解できそうに思いました。この人が教えていたのはカナダの McGill という大学だったので、私は自分で勝手にそこと交渉し、大学院に入学を認めてもらいました。しかし実際には資金があるわけでもありませんでしたので、留学は単なる夢物語に終わるだろうと思っていました。それなのに、これまた全く偶然なことに、1958 年にカナダ政府の給費留学生制度というものが発足いたしましたので、私はそれによる留学生第一号として 1958 年 9 月モントリオールへ旅立つことになった訳であります。

McGill では M.C.Kemp 氏などの指導を受け、二年間も牧歌的な留学生活を満喫いたしました。そのころ国連本部統計局（ニューヨーク）から声がかかったので、そこに二年間勤務いたしましたが、やはりもっと勉強しなければいけないと思い、1962 年に London School of Economics. の博士課程に入学しました。そこでは Alan Day 氏の下で国際金融論を専攻いたしました。論文には、国際収支調節の理論に Don Pantinkin 風の実質残高効果（real balance effect）を導入することで、以前からあった購買力移転学説（Kaufkraftvershiebungstheorie）を再現してみました。それで 1966 年に何とか Ph.D. を得たので、カナダの Simon Fraser University（ヴァンクーバー）に就職いたしました。その頃の研究テーマは新古典派の貨幣理論で、個人的に付き合いもあった Bob Clower 氏などから強い影響を受けておりました。1968 年には York University（トロント）に移りましたが、同じテーマに打ち込んでいるうちに、ワルラス流の一般均

衡理論に魅了され、数理経済学（均衡解の存在や安定に関わる定理）にも深い関心を持つようになりました。しかし論文の刊行には苦労し、実力の不足・研究環境の不遇などを託（かこ）ったりしていました。

　それと前後して Simon Fraser での同僚 Larry Boland 君に刺激されて、英米流のいわゆる科学方法論（the scientific method）に興味を覚えました。またその延長で「positive economics 対 Marx」といったようなことも考えてみました。その結果ヘーゲル論理学に接近することになり、帰国した折に暫くご無沙汰していた宇野先生を訪ねて見ました。東大出版会から出た『経済学の効用』（1972）という本は、経済学の方法について宇野先生と話し合ったことを、問答形式で整理したものですが、これを機会に私は宇野理論に戻るきっかけを掴むことになったのです。新古典派の貨幣理論に関する論文は 1973 年（Zeitschrift für Nationaloekonomie）が最後でした。しかし 1974 年に、『経済セミナー』で私が提唱した「脱資本主義論」には賛同者が皆無で、マルクス経済学者（宇野派も含めて）からも近代経済学者からも嘲笑される結果に終わりました。「脱資本主義論」というのは、当時の西欧でも既に「労働力の商品化」が疑わしくなっているから、資本主義は解体しはじめているという主張です。しかし、そう簡単に「資本主義」に蒸発してもらっては、それを擁護する側も批判する側も、食い扶持を失って困るという切実な事情からでしょうか、皆で揃って反対した次第であります。先輩の高須賀（義博）さんなどは「君の気持ちが解らぬでもないが、経済学者の常識に挑むようなことをそうハッキリ言うものではない」といって窘（たしな）めてくれました。しかし、そのとき以来、私はこの「経済学者の常識」とやらにこそ挑んでやるぞと心に決めたのであります。実はそういう精神こそが宇野理論を支えているということに気づいたのは、ずっと後になってからでしたが。

　それはともかく、1975 年に宇野理論の紹介論文を Journal of Economic Literature に発表でき（これには Bronfenbrenner 先生に随分ご尽力いただきました）、1980 年には『宇野原論（全書版）』の英訳をイギリスの Harvester 社から出版できました。要するに 1970 年代の後半から約十年間は、宇野理論に沿ったマルクス経済学の研究に集中し、その中から自分流の経済原論 The Dialectic of Capital（資本弁証法）なるものに開眼できた時期であります。日本では当時まだ大勢のマルクス経済学者がおり

ましたが、北米ではいわゆる Marx Renaissance が始まったばかりでしたので、マル経に明るい人など殆どおらず、全くの孤立状態での研究生活でした。しかし今から考えると、それがかえって良かったのだと思います。Party talks の延長で学問をやっていると初めは順風満帆ですが、仲間が居なくなった途端に自分も破産してしまいます。

　暫くして 1982 〜 84 年には国際基督教大学で客員教授に迎えていただきましたが、この少しまえから玉野井（芳郎）先生の感化で、環境や地域の問題に興味を持つようになっていました。従来の経済学が工業ベースの生産論を展開しているのに対し、人間社会の生産はむしろ農業を中心に考えなければならない、という玉野井先生の発想に大きく共鳴したためです。そのため 1983 年に経済学者と物理学者の有志でエントロピー学会が創立されたとき、私も先生とともにそれに参加し、槌田（敦）さん・室田（武）さん・河宮（信郎）さんなどから多くのことを教えてもらいました。このときから「広義の経済学」という分野が私の研究対象の一つになったのです。そうして結局、York での最後の 10 年間（1984 〜 1994）に、ようやく自分に固有の研究領域が確立し定着して、「資本弁証法」「脱資本主義論」「広義の経済学」の三本柱に集中することになりました。

＊なぜ宇野理論に固執するか

　しかし私の場合、これら三分野の研究は全て「宇野理論」に立脚しております。そう言うと、「どうして何時までもそんな古臭いものに拘泥するのか」と不思議に思われる方も多いだろうと思います。また若い方々にとっては、そんな古色蒼然たるものを耳にするだけで、もう退屈（voire 不愉快）である、という印象を与えるかも知れません。そこで次に私が宇野理論というものをどう理解しているのかをご説明したいと思います。

　既に申し上げたように、私は学生時代から宇野先生に傾倒していましたが、正直に言って当時の未熟な自分には、まだ宇野理論の核心がどこにあるのか、などという高級なことはよく解っていませんでした。唯な

んとなく偉い先生だと思っていたにすぎません。当時、先生を取り巻いていた連中の中で、私は最も若輩に属していましたし、先生も私のことを子供のように思って親切にしてくださいました。私の方でも先生のことを親のように思って甘えていました。子供は親の後姿をみて育つとか申しますが、あの頃の私はそういった年齢だったのかも知れません。大学院の一年の時にカナダ留学が決まったので、「これからは少し近代経済学を勉強してきます」と言ってご挨拶に行きました。すると先生はそれを寛大に容認されたばかりでなく、「これを英訳して提出しなさい」と懇切な推薦状まで書いて下さいました。私がもう少し年長者であったら、「そんな無駄なところに行くな」と諭されたかもしれません。先生は自分の学説を祖述する人には結構厳しいところのある方でしたから、「誰々のあれはイカン」とか「それはコマル」とかよく話して居られました。私はまだそこまで進んでいなかったので、先生も安心して居られたのだと思います。

　当時はまだマッカーシー時代の余波も残っていましたので、留学の際、私は『資本論』やその周辺の文献は一切持参せず、宇野先生の『演習原論』一冊だけを隠し持って旅立ちました。この一書でそれまでに自分が受けた経済学の教えを代表させたわけです。McGill に着くと、先ほど言ったように Murray Kemp などに指導されて、本格的に新古典派とケインズを学ぶことになりました。Keirstead はもうトロントに移ってしまって居りませんでした。当時はまだサミュエルソンの教科書以前でしたので、Schneider や Boulding の本で初歩を勉強しました。しかし、それまでとは環境が一変したため、却ってスンナリと近代経済学の世界に入っていけました。その後、国連時代には計量経済学にも若干興味を抱き、カナダの輸出入関数の推計などをしたこともあります。しかし当時の「計量」は今から考えると極めて幼稚なものでしたし、あまり深入りしようとする気にもなりませんでした。

　その後 Lange や Patinkin の影響が決定的になって、その線で理解したミクロとマクロが私の頭のなかに定着しました。ところが当時すでにマクロではシカゴ学派再興の兆し（Milton Friedman の進出）がみられ、やや遅れてミクロにもゲーム理論の浸透が始まりました。ケインズの影響はまだ健在でしたが、Walter Heller などの「新経済学」は Johnson 政権

とともにすでに行き詰っていたように思います。私が一時、集中的に勉強しようとした数学的な一般均衡理論（存在・安定に関する定理）なども、急速に近経主流の関心事から脱落していった感があり、一時は絶対的と思われたケインズの権威も失墜し、その影響も次第に下火になってきました。せっかく私が学び取った学説がもう古道具屋行きという訳ですから、私自身の近代経済学にたいする興味も尊敬も薄れて行ったように思います。

　ところが、ちょうどその頃、アメリカでの反ベトナム運動の高揚の中からマルクス主義復活の動きがみられ、急速に全米に広まりました。私の勤務する York University でも、学生の要望でマルクス経済学の講座ができ、勧められてそれを担当することになりました。その他の個人的事情も重なって、結局、私は宇野理論に復帰することになったのです。それはロンドンで Ph.D を得てから、10 年間の彷徨を経た後のことでありました。75 年から 85 年にかけて（それは私が 42 歳から 52 歳の頃でしたが）ほぼ孤立して宇野理論を独学すると同時に、それをワルラスとヘーゲルで再構築することで国際的に通用させようと図りました。これが私のいう「資本弁証法」であり、私の経済学理解の核心になって居ります。

　宇野理論は「純粋」な資本主義を想定して原論を説くのですが、これはよく誤解されるように近経でいう pure theory とは違うのです。ワルラスのような「数学的に純粋」な理論ではなくて、ヘーゲルのいう「形而上学的な意味での純粋」なのです。これは全く意味が違うのですが、その説明は先に譲って、次の命題にご注意ください。すなわち宇野理論は党派的イデオロギーを排するから「マルクス主義経済学」ではなく、「マルクス経済学」であると自称していることです。（日本語のこの区別には英語の marxist 対する marxian を当てることにしています。）何故そういうかというと、マルクス主義経済学と近代経済学とはイデオロギー的前提が正反対ですが、科学方法論は実は同じで、両方とも経済学に自然科学の方法を当てはめようとしています。宇野理論は、これに反対して、社会科学の原点である経済学には独自の方法があると主張するのです。この点が重要なので、「マルクス主義」経済学と混同されたくないのです。

　自然科学では「a、b、c という条件が満たされれば x という事象が起こる：$(a、b、c) \rightarrow x$」という仮説をたてて、実験や観測でそれを検証し

(test empirically)、反証（counter-evidence）が現れない限りそれは暫定的に真理と認めます。これが、いわゆる経験科学の方法で、形式的な側面は数学と同型であります。これは自然が我々の外側にある限り（つまりカントのいう現象界である限り）正しいのですが、これでは現象の裏に在るとされる「物自体」は明らかにならない。我々は自分が造物主ではないから、これは当然なことであります。但しそれは同時に、我々が全ての自然現象について「proximate causes（近因）を知りえても the ultimate cause（究極的原因）は解らない」というに他なりません。その証拠に、条件 a についてもそれが起こるという仮説をたて、遡行すると（a_1、a_2、a_3）→a という形になる。同じことを b についても c についても a_1 等についても行うと、この手続きは明らかに発散してしまいますから、いくら遡行しても究極的原因には到達できる訳がありません。と言うことは、自然の「物自体」はよく解らないと言うことですから、我々は自然の力に「順応し便乗」できるのみであって、我々の都合に合わせてこれを自在に改変したりすることは出来ない訳です。「自然を征服する」とか言っても、それはレトリックに過ぎず本当にそんなことができる筈はないのであります。

　しかし我々の研究対象が「社会」だったら、そんな呑気なことが言えるでしょうか。そうとは到底考えられない。与えられた社会秩序に順応したり便乗したりすることを教えるのは、御用科学（王権神授説など）ではあっても客観的科学ではありえない。いかなる社会構造も人間がつくるものだから、我々は（本当は）それを全面的に知っている筈であります。それを暴く（透明にする、自覚する）ことこそが社会科学の課題なのであります。誰しも特定の社会に生きていると、それがどのような構造を持っているのかがボンヤリと解ってきます。それには必ずしも科学的分析を必要とはしません。自問するだけでもある程度はわかります。しかし資本主義社会（近代社会）だけは経済学（という体系的な知識）を必要とするのです。なぜなら、この場合に限り、社会構造が「市場」の裏に隠されているからです。社会科学が近代の到来とともに発生した理由も、実はここにある訳であります。

　そもそも経済学の純粋理論は、これから検証するために立てられた仮説などではありません。少なくともワルラスの一般均衡理論のようなも

のは、検証を要する仮説とはいえませんし、実際そんなことを企てた人もいません。その点は宇野の原理論（マルクスのいう「資本主義の内的論理」を純化したもの、私のいう資本弁証法）も同じです。それは本質的に資本主義の定義（規定）であるから、全て内省的に確立されるのです。「定義」といっても我々が勝手に定義するのではなく、資本自身が資本主義を定義するものが「原理論」となるのです。ここでは公理を前提する（tautological な）形式論理ではなくて、自己説明的な弁証法という総合的（dialectical）な論理が関わってきます。と言うと、何か神秘で訳の解らないものが出現したと思われるかも知れませんが、そんなことはありません。資本主義の定義というのは「資本主義をして資本主義たらしめるもの」、そのソフト、プログラムだと思ってよいのです。パソコンを扱った人なら誰でもハードとソフトの区別くらいできる筈です。資本主義にもそれを動かすソフト（OS）があるのだといっても別に驚く必要はないでしょう。マルクス経済学の純粋理論（原理論）は、「資本による資本主義の定義」なのですが、誰がそのようなソフトを書いたのかというと、それは仮へ無意識でも実は我々自身である筈です。だから、注意深くそれを decrypt（解説）すれば「資本主義」の正体が掴める筈であります。

　では経済学がどういう方法でそれを解読するかというと、自分が純粋な資本家であった場合にどう行動するかを内省（自問自答）すればいいのです。それは必ず正解を与えます。そういう正解を集めたものが「経済原論」であり、それは「純粋な資本主義の定義」に他なりません。例えば、同じものがＡ店では 10 円、Ｂ店では 15 円だったら「純粋な資本家」は必ずＡ店に行ってそれを買うのです。この点で「絶対に間違えない」かぎり、それは客観的な経済法則に従ってしていることになる。そうする人は、純粋に「資本の論理」に則っており、それを反映している、と言っても宜しいわけです。Ｂ店では高いが、あれは息子が経営している店だからそっちで買うのだと言うのなら、そういう人は「純粋な」資本家ではなく、もっと生身の人間であるだけのことです。このようにしてつくった論理体系には empirical testing など全く必要ないし関係もない。それなのに自然科学だけが「科学」だと思っている人にそう言うと、忽ちにして「非科学的な奴だ」と言って間違いなく粛清されてしまいます。

何故かというと、純粋な経済法則がもつ以上のような性質は、自然科学には存在しないからであります。万有引力の法則だって、これまでに反証されていない仮説であって、内省的に確かめられた真実ではないのです。だから究極の原因がわからない so-far-good truth（暫定的真理）に過ぎないのです。ところが経済学の法則はそういう種類のもの（単なる仮説）ではない。純粋な資本家どうしの関係では絶対にそうならざるを得ない究極的真理として成立する事実を法則と言っているのです。この区別を無視して、経済学をも「物理学風に」研究しようなどという発想がソモソモおかしいと言わなければならない。自然科学でいう客観性は「自然が人間の思い通りにはならない」という意味ですが、経済学でいう客観性は「純粋な資本家は絶対に迷わない」という意味であります。同じ「客観性」と言っても意味が全く違うのです。チャント説明すればこんなことは子供にだって解ることですが、そこを誤魔化さずにハッキリと認識しているのは、実は宇野理論だけなのです。だから私は宇野理論に基づく経済の理論だけを信用するのであります。

　マルクス主義経済学も近代経済学も、経済学の客観性と自然科学の客観性の区別をウヤムヤにしたままです。この区別に気づかないほど鈍感ではない筈ですが、業と見て見ぬ振りをして、自分自身を誤魔化しているのです。宇野理論以外の経済学は、自分が科学的であることよりも、人から「科学的だ」と言われることを望み、「科学的でない」と思われることを怖れているのです。そして常識的には自然科学者が一番「科学的」に見えますから、「自分もそれに近い」と主張したがる訳です。ではどうして、そうも熱心にこのような自己欺瞞に執着するのでしょうか。それは、これらの経済学の性格が、基本的にイデオロギー的だからだろうと私は思っております。

＊経済学とイデオロギー

　今日、近代経済学の中枢をしめている新古典学派は、古典学派の伝統を継承するものであります。従って、古典学派のように資本主義社会が人類社会のうちの最も発達し完成した形態であると考えています。アダ

ム・スミス以来の「予定調和」の摂理を信仰している限りにおいて、それは根源的に「市場原理主義」であると言ってよいのです。そこには、神の案出し賜うた市場原理に勝るものを人間に造れるわけがないという信仰があるのです。これは資本主義を是認するいわゆる「自由主義」または「ブルジョア」イデオロギーでありまして、近代社会の発生時においては進歩的な側面も持っていましたが、今日では甚だ疑わしい信仰であります。しかし一旦、経済学に built-in されたイデオロギーは容易に払拭できるものではありません。

　従来は、完全競争がパレト最適であるということが大いに強調されました。資本主義は自動的に資源の最適配分を行うから合理的な制度だという訳です。もちろん寡占市場だとそうは行きませんが、その場合は特殊なケースが多いので、初め経済学の理論は寧ろそこを避けて通っていました。ところがゲーム理論の研究が進むと、逆にワルラス均衡はナッシュ均衡の特殊ケースだということが言えるようになりました。そして寡占市場では「囚人のジレンマ」のような解がむしろ普通だという主張が一般に受け入れられるようになってきたのです。しかし、これは言い換えれば、「戦略的な」競争市場では資源の最「不」適正配分がむしろ常態であるということになります。それを知って知らぬふりをする「市場原理主義」は、明らかに体制維持に固執するイデオロギーでありますが、もっと穏健な近代経済学でも、現体制を肯定するという前提では変わりがない。つまり経済活動は市場によって統合・組織するのが一番良いという価値判断は、証明なしに受け入れておる訳であります。

　マルクス主義経済学の方をみると、これは資本主義を否定するという正反対のイデオロギーから出発しています。ですから、一方では資本主義の欠点を誇張し、その自動崩壊までも主張するのですが、他方では、資本が常に強大かつ横暴になる傾向にあるから、こういう制度は暴力的に破壊しなければいけないと言うのであります。敵は自己矛盾を内包しているにも拘らず、著しくシタタカで油断ならぬ相手だからあくまでも要注意だと言うのです。しかしマルクス主義経済学はそういう摩訶不思議な（訳の解らない）「資本主義」を理論的に expose（暴露）できるでありましょうか。実はそれができない。だから資本主義は「得体の知れない化け物」と想定されるに留まっています。そしてその理論的にはよく

解らないものに（場当たりな）闘いを挑むことをこそ「革命的実践」と呼んで賛美する訳であります。しかし、それは自然科学者が、物自体としては不可知な自然の解明に、（必要に応じて）手を変え品を変え挑もうという場合と同じ立場になるのではないでしょうか。人間が自ら造った社会は、ここでも神の造り賜うた（不可知な）自然、あるいは悪魔が（測り知れない悪知恵で）作り上げた資本主義、と同化されてしまう訳であります。自然科学の方法をひたすら真似ようとする近代経済学も、資本主義をとにかく打倒しようというマルクス主義経済学も、実は全く同じ（自然の物自体も資本主義の物自体も解らないという）方法論を前提にしていることが明らかになります。

　マルクス主義の場合は、自然と同じように不可知と見立てられた資本主義をとにかく破壊しようというのですが、そういう資本主義を（じぶんにとっては便利だからと）擁護する側からは、「それは無茶な自然破壊だ」と言って批判されても返す言葉はないはずです。破壊された自然と同じような状態になる筈の革命（ハルマケドン）後の混乱のなかで「我々はどうやって生きていくのか」をハッキリと示そうとしないマルクス主義が、最近あまり信頼されなくなってくるのは蓋し当然ではありますまいか。そもそもマルクス主義が、批判の対象である資本主義を、自然科学的に研究しようということ自体がおかしいのです。最近、このような方法論的混乱が英米のマルクス主義経済学者を大いに惑わせているように思います。例えば価値論などをみても、年々厖大な研究が発表されますが、殆どが「線形生産モデル」の無批判な応用によって空虚な観念論を繰り返しています。線形生産モデルを使って価値を解釈すれば、価値は単なる Leontief 乗数となって、技術的に資本主義の外から与えられた与件になってしまいます。そんなマルクス解釈は「独創的」かも知れないが、資本主義のソフトを解読するためには全く無意味なことは言うまでもありません。しかし、「得体の知れない化け物」としての資本主義についてなら、どんな馬鹿げたことを言っても用が足りるのでしょう。要するに、自然科学的に資本主義を研究しようとする経済学は全く無軌道な観念論に陥るしかないのです。

　ではどうして、そうまでもして、自然科学的方法（前提）に固執するのかというと、それは有用な（と言うのは「技術的に応用できる」）科学

でありたいと願う気持ちからでしょう。自然科学の命題は常に (a, b, c) $\rightarrow x$ という予測的（predictive）形式をとるから、技術的な利用（応用）が可能なのです。特定の条件さえ揃えれば、所望の結果を得ることができます。ここで「所望の結果」とは自然破壊が起こらない範囲で、人類の物質的生活を豊か（便利）にすることだとでも言えばいいでしょう。しかし、経済学では、そう簡単に「所望の結果」を前提にする訳には行きません。近代経済学でいう政策提言は、現体制を安定・発展させることを「所望の結果」としていますし、マルクス主義経済学は、現体制下で抑圧され搾取されるものを解放することがそうでありましょう。何れも、自然科学を真似て「経済学も道具として利用さるべきものだ」と信じている訳です。「何に・何を・どう・利用するのか」はイデオロギーが決めることになります。

　宇野理論はこういうイデオロギー主導の経済学を否定したため「総好かん」を食ったのです。宇野の説いた「科学とイデオロギーの峻別」は、今では宇野学派の信条になっていますが、それはよく誤解されるように「自然科学のように」イデオロギーに影響されない経済学という意味ではないのです。宇野は「資本主義のソフト・内的プログラムの理解はイデオロギーによらない」と言ったので、「資本主義を自然科学的に解明せよ」などとは述べていません。逆に「資本主義は自然科学の方法では解明できない」と主張したのであります。

　ところで宇野が発見した経済学に特有な方法とは、実はヘーゲルの論理学と同じものでした。私はそれを拙著（The Dialectic of Capital）で確認しているので、ここで詳述いたしませんが、要は、経済学の理論が「灰色」だということであります。「夕闇が迫る頃に、ミネルヴァの梟は漸くその翼を広げる」（ヘーゲル）という有名な比喩にあるように、資本主義世界の正体すなわちそのソフトが解読できた時には、もう資本主義そのものが既にピークを過ぎ老衰しつつある。その灰色な理論は決してpredictive（予測的）なものではなく、むしろ（強いて言えば）post-dictive（事後確言的）です。だから将来を見据えてその理論を技術的に利用することなどできません。ここが重要なのです。「それでは何で我々はそんな無益な経済学を研究しなければならないのか」と苛立つ学生の詰問に対して、宇野は苦笑いしながら「それはインテリになるためです」と応え

ました。当時は私自身も、「また先生は上手い冗談を言って逃げられたものだな」としか思い及びませんでした。しかし良く考えてみれば宇野はソクラテスと同じことを言ったに過ぎないのです。

資本主義社会のソフトを解読することで我々は何を学ぶのか。それは自分がこの社会で何をしているのかを自覚することです。そうでなければ、我々は盲目で何も解らぬまま衝動的に動いているにすぎません。その前提で、経済学を科学技術的に役立てようとしてもそれは単なる自己欺瞞にすぎないのではないでしょうか。

＊脱資本主義過程における経済学

以上が経済学の純粋な理論について私が理解するところですが、この説は余りにも世間の常識から隔たっているので、これまでも大勢の人達を苛立たせ、顰蹙を買ってきました。また「そんな抽象的でツマラヌことはどうでもいいではないか」と言って無視されてもきました。そこで話題を此処でもう少し我々の生活に近い、現実的なところに持ってこようかと思います。純粋な資本主義の定義と現代経済の実情とはどのように関係づけたらよいのでしょうか。

人間社会が、その中で実質的な経済生活を営んでいる世界を「使用価値空間」と名付けることにしましょう。この空間は殆ど無限に多様ですが、純粋な資本主義を組織しうるものを基準として原点におくことにします。これは抽象的で実在しない使用価値空間です。実際の使用価値空間は多かれ少なかれそれから隔たっていますが、原点から遠ざかるに従ってだんだん資本主義的には組織しにくいように配置してみましょう。すると原点から一定の距離を保つ円周内に位置するものが資本主義社会を構成しうると言うことができます。この距離をどう決めるかは判断の問題で、厳密に定義できるものではありません。従来、資本主義の発展段階として認められた重商主義・自由主義・帝国主義経済といったものは全て円内にあります。すなわち不完全ながら資本主義の「ソフト」によって動いているとみなされるのです。現代経済はまだこの円内にあるのか、既に円外に出ているのか、という問いに対する答えには意

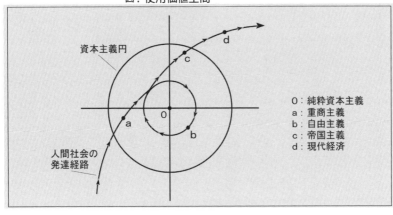

図．使用価値空間

資本主義円

人間社会の
発達経路

O：純粋資本主義
a：重商主義
b：自由主義
c：帝国主義
d：現代経済

見の差がありますが、私自身は多数意見に反して、既に円外に出ている（古典的資本主義とはいえない、脱資本主義過程にある）と判断しています。それは労働力の価値が市場的に決定できない（従って価値法則が妥当しない）と思うからであります。これは勿論、判断の問題ですから、それ自体で正しいとも正しくないとも決めるわけには行きません。問題はどちらが現代経済の理解にヨリ効果的であるかということに尽きるのです。

　宇野理論の立場が他とことなる重要な一点は、「理論」が基準であって道具ではないことにあります。純粋資本主義は実在するものではなく、それを基準に実在するものの「資本主義度」を測るものです。だから現実が変わったからといって、理論をそれに合わせて変える必要は全くありません。現実が理論（基準）から遠ざかれば、その分だけ現実が「資本主義的でなくなった」だけであって、理論が旧くなり現実の変貌に立ち遅れているなどと心配する必要は全然ないのです。宇野理論が提供する「灰色な」経済原論、すなわち資本による資本主義の定義は、理論を道具とする自然科学的発想や、現実が常に「資本主義」であるという独断とは無縁なものであります。この点も「常識の壁」によってしばしば拒絶反応に曝されますが、我々にとっては、譲れない方法論上の基本原則となっています。

　私の「脱資本主義」論は、このような立場から、現代経済を「解体期にある資本主義」と規定しています。資本主義の本質は「労働力の商品

化」にあり、価値法則の貫徹もこれに基づいているのですが、現代経済ではその点が相当に怪しくなってきている（と言うのは、そこに資本の市場原理以外の要素が色濃く介入してきている）ように思われます。この点をちょっと説明しておきたいと思います。資本の蓄積は、原理的に「拡大」と「深化」の二局面を繰り返しますが、それは好況と不況の景気循環となって表面に現われます。不況期には現存の技術のもとで資本の蓄積を続行できなくなるので、新技術が導入され、それが定着すると景気は自動的に回復に転じます。好況期は回復・中位的活況・過熱の三位相に分かれますが、この中位的活況期にのみ諸部門の成長や利潤率が均等に近づき、労働力にたいする需給もほぼバランスするのです。実は、資本の蓄積過程が必ずこの位相を通過するからこそ、資本主義市場の一般均衡という概念も存在論的に意味をもつことになります。言い換えれば、資本主義が資源を最適に配分するという傾向が、単なる空想（figment of the imagination）ではないと主張できる存在論的根拠（ontological ground）が与えられるのであります。つまり、ここでは、マクロがミクロを基礎付けているのです。(因みに、これはミクロでマクロの基礎付けをしようとする近代経済学とは逆の立場であります。近代経済学では、予定調和の神学に基づき、ミクロの方が基本的だと思っています。ところが、ミクロでマクロを基礎付けようとすると、結局サプライサイド経済学のように、本来のマクロが骨抜きになってしまいます。これについては別の機会に詳論したいと思います。)

それはともかく、以上のような理論的想定が今日でも妥当するでありましょうか。資本による自主的な新技術の導入で、景気の自動的な回復が十分に期待できるでありましょうか。現実には、産業政策とか科学技術政策とかで、産業技術の選択と導入に国家が深く関与していることがよく知られています（日本では勿論ですが、アメリカでもそうであることを宮田（由紀夫）さんが詳しく書いています。(『アメリカの産業政策』八千代出版　2001年）。そのため景気循環は本来のジューグラー波を大きく逸脱し、中位的活況の位相が確認できない状態になっています（ニュー・エコノミーだと景気循環もなくなるというのは誇張かもしれませんが）。と言うことは労働力の価値が市場的には決まらないことを意味し、そうだとすると一般均衡も実在性を持たなくなると言わざるを得ませ

ん。すくなくとも基準としての原理論を真面目に考える限り、価値法則が妥当するとも、労働力が商品化しているとも言えなくなる筈であります。言い換えれば、現代経済が資本主義の「ソフト」を体現しているとは言えないことになります。

　実際、寡占市場における価格決定は戦略的なものであり、価格機構が匿名的に企業を束縛しているなどとは言えません。だからこそ近代経済学のミクロ理論も、従来のように解析数学的なままには留まれず、ゲム理論的になってきているのです。また、そうしなければ（着実に基準から遠ざかりつつある）現実に対応できなくなっているのです。要は、国家による市場介入が、（ケインズの全盛期のように）需要サイドのみに留まらず、供給サイドでも強化されてきている、ということです。従来、ブルジョア国家の経済政策は、外部性を内部化するための「課税／補助金」方式を主流としていました。しかし今日の政策は、優にその範囲をこえて通貨・総需要のみならず、総供給の管理にまで及んでいます。これらの「マクロ政策」は、古典的なブルジョア国家の範囲ではとうてい起用することができないものです。いわば舞台の裏方であったブルジョア国家よりも、はるかに強力な国家の活動を必要とするのが、脱資本主義過程にある（第一次世界大戦以降の）現代経済の顕著な特徴であります。「強力な国家」とは必ずしも「大きい政府」ということではありません。例えば、郵便事業を民営化したからといって、その分、国家が強力でなくなる訳ではないのです。「小さな政府」でも国民経済の動向に枢要な変数を操れる国家は「強力」であります。それが資本主義の「ソフト」を制約し侵食する限りにおいて、資本主義は解体せざるを得ません。私はそう考えて居ます。

　しかし、このような判断と、先に述べた経済学の技術的応用との関係はどう考えたらよいでしようか。宇野弘蔵の『経済政策論』では、資本主義の発展段階に対応する三つの政策タイプが示されています。しかしその何れも「資本の市場原理」を貫徹させるためのインフラを確保しようとするものです。近代経済学的な表現では、「市場外部性を市場に内部化する」ものといい切ってよいと思います。資本主義が健全である限り、（ブルジョア国家の）経済政策にこれ以上の自由度はない筈であります。従ってこういう場合には、社会にとってどんなに望ましくても、資

本の論理に反する政策を遂行することはできない。言い換えれば、資本の論理を映しだす経済学理論を技術的に（政策に）利用することができない、と宇野は結論したのです。私は、一方でこれに同意すると同時に、他方でそれと整合的に、今日の国民国家の「マクロ政策」はブルジョア国家の範囲を超えたものである、と主張したいのです。

　それができるためには、現代経済が、「脱資本主義過程」＝「資本主義の解体期」にあると、言わざるをえないことになります。ポランニー的に言えば、自己調節的市場 (self-regulating market) が「社会の実在 (reality of society)」を保全できるのなら、マクロ政策などは要らないのです。或いは、自己調節的市場のパフォーマンスを確保するだけの「内部化」政策があればいいのです。ところが第一次世界大戦以後の世界経済ではそれが出来ないから、あるいは外部性が大きすぎてブルジョア国家の手では処理できないから、（資本の市場原理とは異質な国家の計画原理に基づく）マクロ政策が必要になるのであります。それがないと社会の安定そのものが危うくなるからです。現代社会の経済運営を資本の市場原理だけに委ねておいたのでは、単純な「課税／補助金」方式では内部化できない外部性が発生し、社会が不安定になります。これが資本主義解体期＝脱資本主義過程の顕著な特徴である、と私には思われるのです。それゆえ国家は、最低限の社会的安定を確保するためにマクロ政策を遂行せざるを得ないのですが、その選択には当然、多様な内外の利害が絡んでくるのであって、国家が中立で諸利害から超然としていられる訳では決してありません。

　今日の国家は、単純に特定の階級や利益集団だけを代表するのではありませんが、そうかと言って、全ての利害を平等に配慮できるというのでもないのです。何処の国にも有力な利害とそうでないものがあり、これらの複雑な抗争と連携が政策を動かすことになります。その結果、資本主義的な残滓が強化されることもあり、逆に新しい社会の兆しが急に浮上することもあります。脱資本主義は、資本主義社会から新しい社会への「過渡期」ですから、それが当然でありましょう。だから、マクロ政策を基礎付ける今日のマクロ経済学には、それなりの政治的要素が組込まれていると見てよいのだとおもいます。今のところシカゴ学派的なマクロが支配的ですが、これは一時的な現象だとおもいます。これは基

本的に Wall Street に代表されるアメリカの金融利害の要求に基づいてグローバル化を推進するための学説ですが、私の判断ではそのイデオロギー基盤である新保守主義にも、既に自壊の兆候が現れ始めているのではないかと思います。

＊結論

　以上、私がなんとなく「迷い込んだ」経済学について、これまで歩んできた道を顧みながら、自分なりに理解できたことの一端をお話しましたので、残された問題について若干のコメントをしてから締めくくりたいと思います。もともと経済学はモノづくり中心の社会で発達し、その前進とともに変遷してきました。今の若い人達には想像もできないでしょうが、例えば、シャルルマーニュの頃のヨーロッパでは、1ブッシェルの麦を播いて、2ブッシェル採れればいいという程度の生産力しかなかったと言われます。その後、農業生産性が飛躍的に向上して、工業社会を支えられるようになった時、産業革命が起こったのです。そこでようやく農業中心の伝統的社会が、工業中心の近代（産業資本主義）社会になっていきました。モノの生産が社会の下部構造だというのも、資源は最適に配分して無駄なく使うべきだというのも、こういう事実を背景にして考えられたことであります。貧困はまだ身近にあって、多くの人々が昼夜、汗水たらして生産的（モノづくりの）労働に従事しなければ、社会がもたないというのが常識でした。経済学はこうしたことを前提にして発達してきたのであります。

　ですから、できるだけ大量のモノを、できるだけ能率的につくるのがよいことだと考えていました。その結果として、人間社会が自然環境の劣化や汚染物質でその生存を脅かされるとか、飽食による生活習慣病や肥満症に苦しめられるとかいう事態は、およそ思いもよらなかったことであります。ところが「オシンの一代記」ではありませんが、第二次大戦後の世界は一変してしまいました。いまや直接にモノづくりに関与している人の数は、先進国では労働力の20％（総人口の10％）にも満たないでしょう。こうなると経済学も従来のままに留まっては居られません。

近代経済学のミクロが、従来の解析数学的なものからゲーム理論的なものに変った理由もここにある訳であります。もはや完全競争によって資源の最適配分を成立させる必要は余りない、と言ってもよいのではないかと思われます。先進的な社会が必要とするのは、むしろ（広い意味での）サービスや知的財産の適正な管理なのですが、従来の経済学では、そうした問題に十分に対処できないのが現状です。例えば、厚生経済学の手法を使って今日の環境問題を処理できるなどとは考え難くなってきて居ます。それゆえ、私のもう一つの研究テーマである「広義の経済学」が避けて通れないのです。

　広義の経済学は、従来のような資本家的市場を前提する「狭義の経済学」に対するものとして考えられるものですが、その研究はまだほんの序の口に差しかかった程度にすぎません。しかし、そのような研究が本格的になる前に、我々はもっと根本的な問題を考えなければならないのではないでしょうか。「社会とは何か」という哲学的な問題です。ニュートンは「形而上学には警戒せよ」と論したといいます。当時の自然科学はその市民権を認めてもらうために、中世の神学と闘わなければならなかったのです。近世哲学は、自然科学に安全な研究領域を確保するために大きな貢献をしました。それを集大成したカントは、「感性界（現象の世界）」と「英知界（物自体の世界）」とを分け、前者を自然科学者に固有な領域と定めました。これは間違いなく偉大な思想であり、以後、圧倒的な影響力を保ったのですが、彼の体系の中に「社会」というカテゴリーは見当たりません。つまりカントは「人間社会」というものの哲学的な基礎付けをしていないのです。ヘーゲルの法哲学やマルクスの唯物史観は或る程度その空白を補うものではありますが、私にはまだ決して十分なものであるとは思えません。

　西田（幾多郎）先生もまた独自の方法でこの問題に迫っておられますが、大きくヘーゲルやマルクスを越えるには至ってはいないのではないでしょうか。自然科学の方法とは異なった社会科学の方法を明確に意識できなかったことが、その限界になっているのではなかろうかという気がします。そうとすれば、宇野の経済学理解はここに全く新たな光明を与えるものとなる筈であります。宇野はその点を理解して貰うために、梅本克己氏などと熱心に語りあいましたが、双方に限界があって殆ど理

解しては貰えなかったように思われます。しかし、ここに未解決に残された大きな問題があります。宇野の資本主義理解と西田の歴史的身体との間に、どんな結節点を見出せるでしょうか。こうした問題をこれからの課題として、ゆっくりと考えて行きたいものだと思っております。

〔質疑応答〕

Ａ：東京農工大学で人口社会学とか農村社会学、環境問題などをやっております。関根さんがまだヨーク大学におられる頃から、玉野井先生を通じてお名前を伺っていました。「広義の経済学」や「エントロピー学会」のことなどのことも聴いていましたし、私自身、沖縄で入浜権運動などにも参加していた関係で、まだお元気な頃から玉野井先生の思想に深く感化されておりました。あれ以来、環境問題などにも深く関わっております。関根さんと玉野井先生の関係についてもう少し教えてください。

関根：私が最も大きな影響を受けたのは宇野先生ですが、玉野井先生からも深く感化されました。私にとって玉野井先生は兄弟子のような関係で、直接に先生のお教えをうけたのではありません。一度、海外での宇野理論に対する反響を知りたいということで先生からご連絡があり、それ以後、急に親しくなりましたので、日本に戻る度に駒場の研究室や成城のお宅に伺っては、先生のお話を伺いました。そのうちにご自分の書かれたものの抜き刷りをよく送ってくださるようになりました。しかし、正直に言って、はじめは先生の言われることがよく理解できませんでした。先生は学説史がご専門で、マル経にも近経にもお詳しいし、比較体制論などもやっておられました。それからドイツにいって地域問題をおやりになってから、広義の経済学への方向転換が本格的になり、『エコノミーとエコロジー』という本を出されました。定年退職されるしばらく前でした。環境問題についても深く考えておられ、狭義の経済学の立場からでは、本格的に処理できないと結論されたのです。槌田さんのエント

ロピー理論なども積極的に取り入れて居られました。生産の熱力学的な側面を無視するような経済学はもはや通用しない、というように考えられたのだと思います。玉野井先生はよく宇野先生とポランニーを比較して、二大碩学だとか言っておられました。確かにこの二人には資本主義の共通認識のようなものがあります。私もポランニーを通じて「広義の経済学」に入門することができたように思います。当時、環境問題は日本でも海外でも大きくクローズ・アップされ、多くの人々が関わっていましたが、玉野井先生の切りこみは抜群の鋭さを持っていたと思います。

　玉野井先生との違いといえば、私の場合に「広義の経済学」を一種の社会主義論（新社会論）とみる傾向が若干強いかもしれません。社会主義というものを、単に「資本主義の後にくることを予定されている社会」と抽象的に考えるのではなく、もっと具体的に、公害問題をコントロールできる社会とか、ジェンダーの問題を解決する社会とか、直接民主主義を実現できる社会とか、地域通貨を使う社会とか、土地や企業の優先株を公共団体とか芸術家協会とかが分有する社会とかいうようにイメージしているのです。そしてそのような社会の存在可能証明として「経済表」を提示しないと社会主義論にならないとも考えております。玉野井先生はもっと古典的に社会主義論を（地域社会論とは別に）考えて居られたのではないかと思います。

B：社会科学の方法が自然科学的方法と異なるということを強調されているようですが、例えば自然科学の方でも今直面している問題は、物事を小さく見ていけば世の中がシンプルになるというのは嘘で、もっとグローバルに考えなければいけないということになってきています。いくら細分しても複雑なものは複雑なので、分解せずにマクロ的に見るべきだという考え方が出てくるのです。ミクロの分子を積み上げれば質の変更もなくマクロな存在が出来上がるというものではない。例えば生命体などでは、何十万という分子の配列のどこかでダメージを受けた時に、マクロのレベルであっという間にそこを修復してしまうのです。いちいちミクロのレベルに戻っていたら、そんなに速くはとてもできない。だから自然科学の方法にもい

ろいろな考え方があるのです。経済原論ではマクロがミクロを基礎付けるというようなことを言われましたが、その辺りをもう少し具体的に言ってもらえないでしょうか。

関根：近代経済学のほうではミクロがマクロを基礎付けるべきだ、という考え方が支配的なのです。それは「予定調和」の摂理にしたがって商品市場が相反する利害を調和する（harmonize）という発想が先にあって、経済学理論が先ずミクロの一般均衡理論として体系化されたためです。従来は景気循環の実証的（統計的）研究に過ぎなかったものが、ケインズ以来マクロの理論として体裁を整えてきましたので、古くからあるミクロで新しいマクロを基礎付けよう、と考えるようになったのです。しかしやって見ると上手くいかない。例えば、ミクロの効用極大化から出発してマクロの消費関数を導出せよと言われても駄目なんです。その点で impossibility を証明した人も居るくらいです。またシカゴ学派のように、供給サイドを強調すると、マクロだったはずのものがミクロに戻ってしまうこともあります。いずれにしても近経では macro の micro-foundation などと言っても成功したためしがない。ところがマルクス経済学ではミクロの価値法則がマクロの人口法則で根拠付けられるのですから、両者の不整合などという問題は起こらない。資本主義にミクロ側面とマクロ側面があるということを、キチンと説明できているだけでも近代経済学より信憑性が高いということを申し上げたかった次第です。坂田先生がおっしゃっているのは、自然科学の方法といっても、私ども門外漢が単純化して見ているほど簡単ではない、ということだろうと思いますが、それは良く解ります。けれども、最近の脳の研究が非常に発達してきたことを背景に、自然科学がこれまで物質について得てきた知識を、次には生命に、その次には精神に拡張していけば、全てのことが「（自然）科学的に」説明できる、と多くの人が思い込んでいます。こういうのは非常にオカシイと私は思うのです。最近、脳科学について茂木健一郎さんの書かれた『意識とは何か』（ちくま新書）という本を大変面白く読みました。専門的なことは私には解りませんが、この人が言っているのは、脳という物質のふるまいに伴って、なぜ意識というものが生まれるのか、とい

う問題は哲学的現象学の問題で自然科学の方法では解けない、というのです。先ず仮説を立ててそれを実験や観察で検証しながら次のステップに進む、という方法では、脳の機能は外側から理解できるだけであって、内側からそれを見ることには繋がらないのではないでしょうか。その点に疑問を持つものですから、やや単純化して申し上げたのですが、自然科学の考え方で最も基本的なのは、やはり仮説を立てて検証（empirical testing）するというものではないでしょうか。

B：それはそうです。

関根：とすると仮説を立ててそれを検証していくのでないと、自然科学的とはいえない。ところがそういう考えを経済学に持ち込むと、おかしなことになりかねない。人間が造っている社会を、あたかも神から与えられた自然のようなものと前提することになりますので。

B：では社会科学には基本的には法則性がないと思われる。つまり人間も組み込まれた現実に(自然科学的な)法則性はないのではないか。

関根：それはそうなのです。実際、資本主義というのは、人と人との関係を物と物との関係に近づける（reification）という傾向がある。人間社会を物化した極限で資本主義のソフトを抽出できるということがあります。とすると社会科学の原点である経済学の純粋理論は、人間社会が自分自身でなくなる極限を基準と定めざるを得ない。だから「社会」というものを哲学的にどう位置づけるかという問題がのこる。本来だったら行為的直観とか歴史的身体とかいう方から迫っていくのが当然でしょう。人間社会は「対象界」ではないのですから。けれども社会科学としてはこれを対象として外からみる必要もある。この問題は形式論理のレベルでは解決不可能なので、私はヘーゲル流の弁証法を重視するわけです。

ユダヤ・基督教の中に imago dei という教えがありますね。「神が自らの姿に似せて人間を創り賜うた」という発想です。ところがFeuerbach はそれを逆転して「人間が自分の姿に似せて神をつくった」と主張しました。慈悲・英知・能力など人間が持っている美徳を人間的な有限性から解放して無限なものとして対象化すれば神が

できると言うのです。とすれば人間のもっている経済的動機（損を最小にし得を最大にしようとすること）を無限化すれば資本という神ができる。そういう資本に自己を語らせると資本弁証法（宇野原理論）になりますが、それは絶対者が自己を解き明かすヘーゲルの弁証法と照合する（homomorphic（同形的）になる）のです。私の言いたいのは、人間のやっていることを、その有限性のまま観察しても法則性は出てこない。しかし無限化した極限（超越性）においては、またそこでのみ、論理的に捉えることができるのではないか。こういうことなのです。

C：工業コンサルタントをやっている三上と申します。レジュメの3ページのところで、社会というのは人間が造るものだから、人間がそれを全面的に知ることができる筈だ、というのは非常に疑問だと思います。最近はあらゆる情報が入りこんでくる時代ですが、人々はその中から好きなものを選んで行動を起こすのですから、ますます複雑な情報を創り出すことになる。それゆえ社会構造というようなものは解らないのが当たり前です。以前にロシアと仕事をした時に、向こうは不可抗力（force majeure）条項というのを持ち出して、人間のすることはどれも（戦争であろうとゼネストであろうと）不可抗力だとは言えないと主張していました。しかし人間のすることでもコントロールできない場合は多いのではないか。それから純粋な資本家という考えですが、今日の非常にグローバル化している社会のなかでは、純粋に私的企業にも社会的責任が問われます。環境問題や雇用問題に無関心で利潤を追求できるわけではありません。これを資本主義がなくなってくる兆候と見るべきなのか、それとも資本主義の存続のための譲歩なのかという問題があります。

関根：企業についてのお考えには同感です。もっと資本主義的な世の中でも、実際の企業は教科書的にガメツイ資本家企業という訳ではなく、例えば嫌でも老舗の家訓をまもって懸命に営業しているものもあります。また無闇に利潤追求の一点張りでないために却って顧客の支持を受けて成功する場合もあるでしょう。しかしそれは寧ろ「経済社会学的」な問題であって、それに拘泥すると資本主義の原理は見えてこない。具体的な経済生活を全て原理で片付ける訳には

いきませんが、同時に全ての具体的詳細を解明できる原理もない訳でしょう。具体的な経済生活が使用価値空間をなすと考えれば、その座標を原点にある純粋な資本主義と比較することによって、それが「どの程度に資本主義なのか」を判定することができます。そうでないと何が資本主義なのかを決めないで、資本主義を論ずることになる。

D：先ほどお示しになった図（本書29頁）のなかでは、倫理的とか文化的とか、そういう要素は含まれているのですか。

関根：それは考えて居りません。二次元のデカルト座標で例解していますので、四つの象限が出てきてしまうのですが、夫々の象限に特別の意味があるわけではありません。人間社会の軌跡を示す矢印のついた曲線も、全くコンセプチュアルな図解であって、数学的な意味はないのです。ただ原点とそうでない点との間には距離があって、その距離が大きければ大きいほど資本主義度が低下すると言うように考えたらどうか、ということです。灰色な理論は基準であって道具ではないということを強調したかったのです。

D：価値判断のようなものはないのですか。例えば社会がもっと人間中心的になるべきだとか。社会科学としては、将来の人間社会のあり方に対する指針のようなものは、どう考えるのですか。

C：関根さんは資本主義とは別の構造の社会を念頭においているのですか。そこはやはりイデオロギーが入ってくるのではないのですか。

関根：経済学そのものは価値判断とかイデオロギーとかいうものから独立であるべきでしょう。特に、近代主義的な偏向（どんな使用価値空間も原点に近づくべきだとするような偏見）は、あってはならないと思います。しかし「それがおかしい」ということは、語らずして明らかになっているのではないでしょうか。何故なら、それは我々がますます非人間的になり、資本の化身になることですから。経済学は「資本家を打倒せよ」とは言わないが、我々人間が「資本の論理に束縛されたままでは決して真に自由にはならない」ことを暗に示している。客観的真理はそれ自体が当為ではないが、真理に啓蒙されることで我々がおのずから特定の当為に導かれるのは、自然なことではないでしょうか。「汝自らを知れ」とは、真理（自己の発見）

に則って自分のすべきことを決めよ、という意味でしょうから。資本主義が本当に解れば誰でも社会主義者になるだろう、と言うようなことを宇野先生も口にされていたように思います。しかしその場合の社会主義というのは、資本主義が市場を通じてやっていたことを集権的な国家計画でやればいいといった程度のことではなく、「狭義の経済学」から「広義の経済学」に移行することで、等身大の人間社会を求めようとすることだと思います。

Ｃ：これだけ科学技術が発達したら、おそらく労働時間が非常に短縮された社会にするとか、そういう風にお考えですか。

関根：勿論そうです。実際に生産的労働（モノを作る労働）は、今日の先進国では人口の 10% 位がやってくれれば十分という生産力があるので、残る 90% のひとは文化・教育その他、人間生活を豊かにするようなサービス労働に従事すべきです。しかし従来の市場的な（資本主義的な）発想だと、そのようなことをする人は金持ちのボランティアで十分だから、生活可能な報酬（生活給）を払わなくてもいいことになっている。それでは新しい社会はできない。資本主義というのは、モノを効率的につくるのに最も適した制度ですから、何時までもそれに固執しているとサービス中心の社会などはできないのです。

Ｃ：ヨーロッパでは社会民主主義政党が有力だが、なかなか政権を取れない。それは市場に変わる何らかの確固たるものが未だ生れてきていないためではないでしょうか。

関根：もともと社会民主主義にしても共産主義にしても、資本主義の批判ということで始まっているのですけれども、その批判される相手の資本主義が随分昔風のもので、いま解体期にある資本主義とは似ても似つかぬものです。つまりモノをつくることが、人間社会にとって非常に大きなエネルギーを要するという前提で話をしているのです。今日の社会はそうではなく、モノの代わりにサービスとか知的所有権とかが中心的な問題になっています。簡単に言えば、教育とか医療とか事務・行政とか、そのような面に大勢の人材が関わってくるのですが、未だにモノづくりのための資源配分のような考え方で対処しようとするから、うまくいかないのだと思います。その

間隙に政治的 empowerment（権限付与）というのか、権力や金を持つ人達が発言権を伸ばし、社会的弱者とされるような人達は無視されたり踊らされたりしている。これは現代政治、現代社会の問題として、経済学の方法とは別の次元で深く考えるべきだと思います。また、ちょっと補足しておきたいのですが、新しい社会は基本的に直接民主主義の社会でなければならない。代表民主主義というのは、もともとブルジョア的な発想ですので、それに一任していると（強者が弱者を制圧する）管理社会になってしまいます。直接民主主義が可能な小地域にある程度の不可侵な権利を認めるのでないと、単なる管理社会を超えた新しい社会は見えてこない。

E：いま指摘されたように、資本主義の現段階では、人間の働き（労働の「価値」）というものを市場では決定できないというところがポイントだと思います。それはどのように決まっていくだろうか、あるいはどういう決まり方が望ましいか、という点はどうでしょうか。今の経済学はまだ答えを出して居ませんね。やはり経済学はソクラテスではちょっと寂しいのですよ。ただインテリになれと言うだけでは。私も関根さんと同じように、統計の仕事から経済学に入りました。大内兵衛先生の統計委員会というのがありまして、それに関わってからずっと考えてきたのですが、統計を使って実証的な政策立案のために役立つ経済学、またその政策を批判する枠を与えるものとしての経済学、こういうものが考えられないか。そうでない経済学は要らないのではないか。

　それからもう一つ、20〜30 年まえにはやったマクロ理論のミクロ的基礎などというのは、お話にあったようにもともとナンセンスですね。経済学というのは William Petty や Gregory King の時代からマクロなのです。アダム・スミスもそうです。古典はみなマクロです。限界革命や効用理論が発達してからミクロが優勢になりましたが、マーシャルの場合は「代表的な」企業や消費者を見る場合がミクロ理論になっています。しかし代表的な経済単位はもともと仮定に過ぎない。現実的なマクロ理論に仮想的なミクロ理論で基礎を与えることなど、はじめから無用なことです。ところが今はミクロ理論が大流行で、成長とか貯蓄率とかのマクロ指標もミクロ的に議

論するひとが多く、経済学が混迷し、大変心配な状況ですね。

関根：マクロはもともと経済統計的な調査からはじまったものです。しかし理論的に整備されるにはケインズを待たねばなりませんでした。ミクロの方は理論が計測よりも早くできてしまい、今でも余り相性が良くないようです。以前に同僚だった Papandreou さんなどが聞き取り調査か何かをやって、限界代替率の試算をされたことがありますが、余り大きな成果は得られませんでした。ですから政策に関わる経済学は専らマクロであるというのは、おっしゃるとおりだと思います。

E：計量モデルでも、例えば、家計と労働供給とが構造的にどう対応しているか、と言うようなことを調べるには意味があると思います。けれどもマクロ経済全体と労働力供給の関係はよく解らない。

関根：つまり色々な政策に必要な戦略的パラメータを試算するとか言う点では、計量経済学が非常に役立つ。しかし金利の変動で経済全体がどういう影響を受けるかについては、あまり精確な予測はできないのでは。

E：いやかなり精確です。

関根：そうですか。たとえ精確でなくても、こうした試算は有意義ですね。モデルが精巧であれば益々いいでしょうが、その問題を別にしても、今の代表的な経済学者には、レーガノミックスが盛んなときにアメリカで勉強したような人達が多いわけでして、サプライ・サイドの経済学を信奉している。竹中大臣をはじめ、そのような連中が一番活躍しているわけです。しかしテレビなどでそういう人達の意見を聞いていると、どうも違和感をもちます。確かに50年代60年代に我々が勉強したマクロでは、インフレのコントロールにてこずったのですが、ケインズが全部間違っていたわけではない。サプライ・サイドのマクロにも良い点があるが、最近は政治的な理由でそちらに傾きすぎる傾向があります。それが権力や資力のある人達に悪用されているような印象も受けます。

　ただ先ほども言いましたように、マクロ政策というのは、ブルジョア国家でなく、その次にくる国民国家、すなわち社会民主主義国家（または福祉国家）の政策です。ブルジョア国家では対応しきれない

現代社会の諸問題を前提にするものです。国家というものは、マルクス主義者が考えたように、特定の階級の道具とか装置とかと単純に言えるものではないが、そうかと言ってあらゆる利益団体の意向を全部平等に反映することができる訳でもない。どの社会にも様々な利益団体があり、国家はその複雑な駆引きを利用しながら政策を立案し実施するのですから、純粋に階級的でも中立でもない。偶然な要素にも影響されるし、予期しない結果が出ることもある。決して空白の中で政治的・社会的要因を捨象して遂行されるものではないから、常に不確定要素を伴っているのです。

愛知学院大學商学部教授

2004 年 4 月 24 日講演

第2章

私の学んだ宇野理論

〔未発表原稿〕

　この未発表原稿は、退職を契機に宇野理論の独自の解釈を示す『宇野理論入門』（ファイル名「自伝的緒言」）というタイトルの本の原稿として 2005 年 10 月に執筆を始めたが、12 月頃に中断されている。第 2 章・第 I 節と第 II 節の一部は、講演会のために用意されたメモをもとに書かれているので、講演会記録である本書第 1 章と同じ内容になっている。第 IV 節は中断されているが、各節は纏まった内容をなしているので、そのまま掲載した。なお、原稿における「章」は本書では「節」に変更した。

恩師の宇野弘蔵先生（元東京大学教授）

第2章　私の学んだ宇野理論

　世にいう「宇野理論」とはどんなものか。日本でなら最近の若い学徒でも、何処かでこういう言葉を耳にしたことがあると思う。特に社会科学や経済学に興味のある諸君はそうであろう。しかし一昔まえに一世を風靡したというこの学説について、気軽にその要領を知りたいと思っても、なかなか手ごろな解説書が見つからないとか、たとい古本屋でそれらしいものに出会っても、今では何となく「かび臭く」思えて近づきにくい、というのが本心ではあるまいか。そういう現状を踏まえて、本書は「宇野理論」の内容を出来るだけ解りやすく紹介してみたいと思う。私の考えでは、それは決し難しいものではなく、虚心坦懐に話しを聞いてもらえれば、誰にでもある程度はその核心が理解できるものである。

　しかし他方、宇野学派にはそれ独特の（しかも今ではやや古風な）言い回しとか術語とかがあって、初めからそれを振りかざされては読むほうでも興が醒めてしまうに違いない。そこで、ここ第一節では筆者の自己紹介から始めて、私自身がどのようにして「宇野理論」と出会いこれに傾倒するようになったかを説明しながら、「宇野理論」の全体像を提示するという手法をとりたい。先ずここで全体を鳥瞰しておいた後に、そこで十分に説明し切れなかった部分を、第二節以下で更に敷衍し掘り下げていくという順序で進めば、初学者にも無理なく入門して貰えるのではないか、たとい途中で投げ出されても全体の骨格だけは記憶に残るのではないか、と期待するのである。

第Ⅰ節　宇野理論との出会い
（一経済学者の回想）

　本節では、私がどのようにして宇野理論と出会い、それが私の研究活動にどの様な影響を及ぼしてきたかについて、やや放談風に語ってみたい。放談風とは「自由闊達に」すなわち「教科書や専門書を書くときのような注意深さを怠る」という意味である。最近まで私が勤めていた某大学では、定年に達した老教授が引退するとき、同僚の先生方に対する挨拶として、自分の研究遍歴について一くさり話をするという習慣になっている。それが終わると一席が設けられ退職者への心づくしの夕食が振舞われるという訳である。私の場合も、こうして丁重なご歓待をうけたが、その折に用意したメモが本節のもとになっている。しかし、その後二回にわたって別の場所でも講演を依頼されたので、勢いこのメモに追加・修正したものをネタに使用することになった。こうして、少なくとも三回は口述用に用意したものを、今回はじめて「文章化」したのである。そのため、まだ対面的な「話しかけ」のスタイルが多少とも残っていると思われるが、それは却ってこのような入門書の初節には相応しいかもしれない。と言うのは、序文でも断ったように、本書は常識的な入門書ではなく、極めて個人的（idiosyncratic）な宇野理論解釈を披瀝するものだからである。すなわち「こういう私だから宇野理論に惚れ込み、それを一生の指針としたのです」という弁明書のようなものであるから、先ず自己紹介から始めるのが当然なのである。

私の研究遍歴と「宇野理論」

　私が一橋大学の社会学部に入学したのは、朝鮮動乱が終わった1953年のことであるが、その時には、人文分野で何か（例えば西洋史とか、社会思想とか）を専攻するつもりでいた。ところが当時、学内では「近

経とマル経」の対決気運が充満しており、自分がそのどちらに与するか
を決めないと何事もできないといった感じであった。そこで、二年生の
ころから『資本論』に取り組むことに決意し、その Dietz 版原本、英語
訳・仏語訳本、長谷部訳などを手に入れた。その頃は若気の至りで第二
外国語に過剰な自信があったように見える。どれも英語とは大差なく理
解できたが、その英語自体が大変お粗末なものだったので、今から思う
と気恥ずかしい次第である。しかし難しい内容のものに、色々な言語的
角度から立ち向かう方法は今でも実践している。私はまだ小平の前期
キャンパスにいたが、副島（種典）先生が国立の後期キャンパスで『資
本論』の研究会を開いておられたので、早速そちらに出むくことにした。
（向坂逸郎・宇野弘蔵など）当時のそうそうたるマルクス経済学者の令名
にはじめて接したのも、その研究会においてであった。

　三年になって都留ゼミに入った頃には、もうマルクス経済学をやるつ
もりになっていた。その頃、都留（重人）先生は経済研究所に所属され、
正式にはゼミ生を募集して居られなかったが、社会学部から数人、経済
学部から数人でそれぞれ先生を説得に行き、何度か強引に交渉してやっ
と認めていただいた。杉本（栄一）先生が逝去されたあと、そのゼミ生
の多くを都留先生が引き受けられたということを聴いていたので、「で
は我々も入れて欲しい」と勝手な理屈を盾に押し切った次第である。都
留先生も仕方なく応じて下さったようである。それと同時に、従来から
杉本先生がやっておられた「特殊講義」の後任には、東大の社研から宇
野先生が非常勤で出向いてこられたので、我々マルクス・ボーイは皆そ
れを聴講に行ったものだ。こうした事情で、私はまだ経済学の勉強では
ほんの入口にさしかかった程度の段階で、宇野弘蔵先生の謦咳に接する
ことができた訳であった。

　しかし私は、家庭での雰囲気もあって、それよりも前からずっと海外
留学の夢を抱いており、一橋の社会学部を卒業して経済学研究科に進学
したころには、その思いがますます高まってきていた。また当時の私は、
近代経済学についても唯やみくもに批判するのではなく、多少はその内
実を学んでおきたいという気持ちになっていた。ところがその頃、偶然
に書店で手に入れたケアステッド著『経済変動の理論』という本を読ん
で見たところ、存外に理解しやすく感じたのである。そこで、若しこの

人のところにでも留学できれば、私にも近代経済学が何とか理解できそうに思った。そのケアステッド（B. S. Keirstead）が教えていたのは、カナダ（モントリオール）のマギル（McGill）という大学だったので、私は自分で勝手にそこと交渉して、大学院に入学を認めてもらった。そこまでは好かったのだが、実際には資金があるわけでもなく、この留学は単なる夢物語に終わらざるをえないであろうと覚悟していた。ところが全く幸運なことに、1958年にカナダ連邦政府は外国人を対象にした給費留学生制度を発足させ、日本からも学生を募集し始めたのである。私はその情報をいち早く掴み、試験当日の面接に駆けつけた。その結果、戦後日本からのカナダ政府給費留学生の第一号として1958年9月モントリオールへ旅立つことになったのである。

　マギル大学では、後に国際経済学者として著名になったケンプ（M..C.Kemp）氏などの指導を受け、二年間も牧歌的な留学生活を満喫することができた。カナダ政府が支給してくれた留学費も当時としてはかなり高額なものであった。そうこうするうちに国連本部の統計局（ニューヨーク）から声がかかったので、留学が終わると直ぐさま其処に勤務することになった。しかし二年ほど勤めると、やはりもっと勉強しなければいけないという気持ちに駆り立てられ、1962年、兼ねてから希望していたロンドン・スクール（London School of Economics）の博士課程に入学を果たした。そこでは、当時まだリーダー（準教授）であったアラン・デイ（Alan Day）氏の下で国際金融論を専攻した。そして博士論文には、国際収支調節の理論にパテインキン（Don Patinkin）風の実質残高効果（real balance effect）を導入することで、以前からあった購買力移転学説（Kaufkraftvershiebungstheorie）を再現してみた。それで1966年に何とか博士号（Ph.D.）を得たので、カナダ（ヴァンクーバー）のサイモン・フレイザー大学（Simon Fraser University）に就職することができた。その頃の研究テーマは新古典派の貨幣理論で、個人的にも付き合いのあったクラウアー（Bob Clower）氏などから強い影響を受けていた。1968年にはトロントのヨーク大学（York University）に移ったが、同じテーマに打ち込んでいるうちに、ワルラス流の一般均衡理論に魅了され、数理経済学(均衡解の存在や安定に関わる定理)などにも深い関心を持つようになった。しかし一流の学術雑誌に論文を送ってもなかなか相手にして貰えな

かった。そのため実力の不足や研究環境の不備などが気になると同時に、これから先に自分が進むべき道もよく解らないまま、気ばかり焦る日々に悶々とする時期もあった次第である。

それと前後して、サイモン・フレイザーでの同僚ボーランド（Larry Boland）君に刺激されて、英米流のいわゆる科学方法論（the scientific method）にも強い興味を覚えるようになっていた。私がロンドンにいた頃には、経済学の勉強だけで精一杯で、ポッパー（Karl Popper）の講義などを聴いたことはなかったが、ボーランド君の勧めで遅まきながらこの人の著作も若干読んでみた。またその延長線上で「positive economics 対 Marx」といったような問題も考えた。近代経済学のほうは実証主義でよいとしても、マルクスや宇野先生の方法はどうなっているのか、ということが気になったからである。その結果ヘーゲルの論理学に接近することになり、帰国した折に、暫らくご無沙汰していた宇野先生を訪ねてみることにした。東大出版会から出した『経済学の効用』（1972）という本は、経済学の方法について宇野先生と話し合ったことを、問答形式で整理したものであるが、これを機会に私は宇野理論に立ち戻るきっかけを掴むことになったのである。新古典派の貨幣理論に関する論文は 1973 年に発表したもの（Zeitschrift für Nationalökonomie）が最後となった。しかし 1974 年に、私が『経済セミナー』で提唱した「脱資本主義論」には賛同者が皆無で、マルクス経済学者（宇野派も含めて）からも近代経済学者からも、嘲笑されるだけの結果に終った。この「脱資本主義論」というのは、当時の西欧でも既に「労働力の商品化」が疑わしくなっているから、資本主義は解体しつつあるという主張である。しかし、そう簡単に「資本主義」に消滅してもらっては、それを擁護する側も批判する側も、食い扶持を失って困るという切実な事情があったからであろうか、誰もが挙って反対したのである。先輩の高須賀（義博）さんなどは「君の説が解らぬでもないが、経済学者の常識に挑むようなことをそうハッキリ書くものではない」といって窘めてくれた。しかし、そのとき以来、私はこの「経済学者の常識」とやらにこそ挑んでやるぞ、と深く心に決めたのである。実はそういう精神こそが宇野理論の底流になっているという点に気づいたのは、これよりずっと後になってからのことであったが。

　それはともかく、1975 年に宇野理論の紹介論文をアメリカ経済学会の機関誌 Journal of Economic Literature に発表することができ（これは多分に Bronfenbrenner 先生のご尽力によるものであるが）、1980 年には『宇野原論（全書版）』の英訳をイギリスの Harvester 社から出版することができた。要するに 1970 年代の後半から約十年間は、宇野理論に沿ったマルクス経済学の研究に集中し、その中から自分流の経済原論 The Dialectic of Capital（資本弁証法）なるものに開眼できた時期であった。日本では当時まだ大勢のマルクス経済学者がいたが、北米ではいわゆる「マルクスの復活（Marx Renaissance）」が始まったばかりで、マル経に明るい人など殆どおらず、全く孤立無援の研究生活であった。しかし今から考えると、それが却って良かったのだと思う。傍に大勢の協力者がいて学問をするのは愉しいし業績もつくり易いが、そのため逆に真理への道をそれてしまうこともあるし、仲間が居なくなった途端に自分も破産してしまうことも多い。また「宇野理論」のようなものを日本語だけで学ぶことにも、大きな落とし穴があると思う。というのは、自分では必ずしも理解しきれていないことでも、誰しもが口にする「言葉遣い」で安易に表現できてしまうため、却って十分に深く掘り下げる機会を逸してしまう危険があるからである。宇野理論の真価を、何処まで外国語で説得できるかを死活問題としていた当時の私は、「下手をすれば谷底に転落する」ことを覚悟して自分のキャリアをそれに賭けたのであった。

　暫らくして 1982 － 84 年には国際基督教大学で客員教授に迎えられたが、この少し前から玉野井（芳郎）先生の感化で、環境や地域の問題に興味を持つようになっていた。従来の経済学が工業ベースの生産論を展開しているのに対し、人間社会の生産はむしろ農業を中心に考えなければならない、という玉野井先生の発想に大きく共鳴したためである。そのため 1983 年に経済学者と物理学者の有志で「エントロピー学会」が創立されたとき、私も先生とともにそれに参加し、その結果、物理系の槌田（敦）さん・室田（武）さん・河宮（信郎）さんなどから多くのことを教えてもらった。このときから「広義の経済学」という分野が私の研究対象の一つになったのである。そうして結局、ヨーク大学での最後の十年間（1984-1994）に、ようやく自分に固有の研究領域が確立し定着して、「資本弁証法」「脱資本主義論」「広義の経済学」の三本柱に集中

することになった。しかし私の場合、これら三分野の研究は全て「宇野理論」に立脚している。そう言うと、「どうして何時までもそんな古臭いものに拘泥するのか」と不思議に思う人も多いだろう。また若い人達にとっては、そんな古色蒼然たるものを耳にするだけでもう退屈だし、やや不愉快でさえある、という印象を与えるかも知れない。そこで次に私が宇野理論というものをどう理解しているのかを、簡単に説明しておきたいと思う。

　既に述べたように、私は学生時代から宇野先生に傾倒していたが、正直に言って当時の未熟な自分には、まだ宇野理論の核心がどこにあるのか等という高級なことはよく解っていなかった。唯なんとなく偉い先生だと思っていたにすぎない。当時、先生を取り巻いていた連中の中で、私は最も若輩に属していたし、先生も私のことをまだ子供っぽい学生だと思って可愛がって下さったようである。私の方でも先生のことを祖父のように思って甘えていた。子供は親の後姿をみて育つとかいうが、あの頃の私はそういった年齢だったのかも知れない。大学院の一年の時にカナダ留学が決まったので、「これからは少し近代経済学を勉強してきます」とご挨拶に行った。すると先生はご自分の留学時の話をされ、「君にもきっと良い経験になるだろう」といって励まされる一方、「これを英訳して提出しなさい」と懇切な推薦状まで書いて下さった。私がもう少し年長者であったら、むしろ逆に「そんな無駄なところには行くな」と論されたかもしれない。先生は自分の学説を祖述する人に対しては結構厳しいところのある方であったから、「誰々のあれはイカン」とか「それはコマル」とかよく話して居られた。私はまだそこまで進んでいなかったので、先生も安心して自由にさせて下さったのだと思う。

　当時はまだマッカーシー時代の余波も残っていたので、留学の際、私は『資本論』やその周辺の文献は一切持参せず、宇野先生の『演習原論』一冊だけを隠し持って旅立った。この一書でそれまでに自分が受けた経済学の教えを代表させた訳である。マギル大学に着くと、先述したようにケンプ氏などに指導されて、本格的に新古典派とケインズを学ぶことになった。ケアステッドはもうトロントに移ってしまって居なかった。当時はまだサミュエルソンの有名な教科書が現れる以前であったので、シュナイダー（Ehrich Schneider）やボールデイング（Kenneth Boulding）

の本で初歩を勉強したものである。しかし、それまでとは環境が一変したため、却ってスンナリと近代経済学の世界に入っていくことができた。その後、国連時代には計量経済学にも若干興味を抱き、カナダの輸出入関数の推計などをしたこともあるが、当時の「計量」は今から考えると極めて幼稚なものだったし、私自身もあまり深入りしようとする気にもならなかった。

　その後、ランゲ（Oscar Lange）やパテインキン（Don Patinkin）の影響が決定的になって、その線で理解したミクロとマクロが私の頭のなかに定着した。ところが当時すでにマクロではシカゴ学派再興の兆し（Milton Friedman の進出）がみられ、やや遅れてミクロにもゲーム理論の浸透が始まった。ケインズの影響は当初まだ健在だったが、ヘラー（Walter Heller）などの「新経済学」はジョンソン政権とともにすでに行き詰っていたように思われる。私が一時、集中的に勉強しようとした数学的な一般均衡理論（存在・安定に関する定理）なども、急速に近経主流の関心事から脱落していった感があり、一時は絶対的と思われていたケインズの権威もやがて失墜し、その影響も次第に下火になってきた。せっかく私が学び取った学説がもう「古道具屋行き」という状態になったのだから、私自身の近代経済学にたいする興味も尊敬も、ここに至って次第に薄れて行ったように思う。

　ところが、ちょうどその頃、アメリカでの反ベトナム戦争運動の高揚の中からマルクス主義復活の動きがみられ、その勢いは急速に全米に広まった。私が勤務していたヨーク大学でも、学生の要望でマルクス経済学の講座が設けられ、私が勧められてそれを担当することになった。それに他の事情も重なって、結局、私は宇野理論に復帰することになったのであるが、それはロンドンで博士号を取得してから、十年間の彷徨を経た後のことであった。以後 75 年から 85 年にかけて（それは私が 42 歳から 52 歳の頃にあたるが）ほぼ孤立して宇野理論を独学すると同時に、それをワルラスとヘーゲルで再構築することで国際的に通用させようと図ったのである。これが私のいう「資本弁証法」であり、私の経済学理解の核心になっている。

なぜ宇野理論に固執するか

　宇野理論は「純粋」な資本主義を想定して原論を説くのであるが、これはよく誤解されるように近代経済学でいう純粋理論（pure theory）とは違う。ワルラスのような「数学的に純粋」な理論ではなくて、ヘーゲルのいう「形而上学的な意味での純粋」なのである。前者の「純粋」は、「いったん公理・公準を受け入れれば、後はすべて同義反復的論理で導出できる」ということであり、後者の純粋は「概念のうちから感性に訴える内容をすべて抹殺する」という意味である。これは（重複する場合もあるが、発想の点から）全く違うことである。しかしその説明は先に譲って、先ず次の点によく注意してほしい。すなわち宇野理論は党派的イデオロギーを排するから「マルクス主義経済学」ではなく、「マルクス経済学」であると自称していることである。（日本語のこの区別には英語の marxist に対する marxian　を当てることにしている。）何故そんな区別にこだわるかというと、マルクス主義経済学と近代経済学とではイデオロギー的前提が正反対だが、科学的方法論は実は全く同じで、両方とも経済学に自然科学の方法を当てはめようとしているからである。宇野理論は、これに反対して、社会科学の原点である経済学には独自の方法があると一貫して主張しているのである。この点が重要なので、自然科学的であることを前提する「マルクス主義経済学」と混同されたくないのである。

　自然科学では「$a, b, c, \ldots$　という条件が満たされれば x という事象が起こる：（$a, b, c, \ldots$）→x」という仮説をたてて、実験や観測でそれを検証し（test empirically）、反証（counter-evidence）が現れない限りそれは暫定的に真理と認める。これが、いわゆる経験科学の方法で、形式的な側面は数学と同型である。というのは、数学ではどんな定理も（$a, b, c, \ldots$）→x という形式で定式化され、反例（counter-example）が一つでも出れば無効とされる。これは自然が我々の外側にある限り（つまりカントのいう現象界である限り）正しいのだが、これでは現象の裏に存在するとされる「物自体」は明らかにならない。我々は自分自身が造物主ではないから、これは当然なことであると言ってよい。但しそれは同時に、我々が全ての自然現象について、その近因（proximate causes）を知りえても究

極的原因（the ultimate cause）は解らないというに他ならない。その証拠に、条件 a についても、それが起こるという仮説をたて、遡行すると（a_1, a_2, a_3...）→ a という形になる。同じことを b についても c についても a_1 等についても行うと、この手続きは明らかに発散してしまい、いくら遡行しても究極的原因には到達できる筈がない。それは、自然の「物自体」がよく解らないと言うことである。だから、我々は自然の力に「順応し便乗」できるのみであって、我々の都合に合わせてこれを自在に改変したりすることはできないのである。「自然を征服する」とか言っても、それはいわばレトリックに過ぎず、本当にそんなことができる訳ではない。

　しかし我々の研究対象が「社会」だったら、そんな呑気なことは言えない。与えられた社会秩序に順応したり便乗したりすることを教えるのは、（王権神授説などに代表される）御用科学ではあっても（客観的な知識という意味での）科学ではありえない。いかなる社会構造も人間がつくるものであって、我々は（本当は）それを全面的に知っている筈である。それを暴く（透明にする、自覚する）ことこそが社会科学の課題なのである。もっとも、誰しも特定の社会に生きていると、それがどのような構造を持っているのかがボンヤリと解ってくるものである。それには必ずしも科学的分析を必要とする訳ではない。自問するだけでもある程度は解ってくる。しかし資本主義社会（近代社会）だけは経済学（という体系的な知識）を必要とするのである。なぜなら、この場合に限り、社会の構造が「市場」の裏に隠されていて直接に見えないからである。「市場」では売り手と買い手が自由で平等な資格で向き合うことになっているので、その背後にある人間関係（生産関係）はむしろ隠蔽される傾向になる。社会科学が近代の到来とともに発生した理由も、実はそこにあったのである。

　そもそも経済学の純粋理論は、これから検証するために立てられた仮説などではない。少なくともワルラスの一般均衡理論のようなものは、検証を要する仮説とはいえないし、実際そんなことを企てたものもいない。やろうとしてもできないに決まっているからである。その点は宇野の原理論（マルクスのいう「資本主義の内的論理」を純粋にしたもの、すなわち私のいう資本弁証法）も同じである。それは本質的に資本主義の定

義（規定）であるから、全て内省的に確立される。「定義」といっても我々が勝手に定義するのではなく、資本自身が資本主義を定義するものが「原理論」となる。ここでは公理を前提する同義反復的（tautological）な形式論理ではなくて、自己説明的な（自分が自分自身を説明する）弁証法という総合的（dialectical）な論理が関わってくる。と言うと、何か神秘で訳の解らないものが出現したと訝しがられるかも知れないが、そんな心配はない。資本主義の定義というのは「資本主義をして資本主義たらしめるもの」、その内的プログラム（ソフト＝OS）だと思ってよい。パソコンを扱った人なら誰でもハードとソフトの区別くらいは解っている筈である。資本主義にも、それを動かすソフト（OS）があるのだといっても別に驚く必要はないであろう。マルクス経済学の純粋理論（原理論）は、「資本による資本主義の定義」なのだが、誰がそのようなソフトを書いたのかというと、それはたとい無意識でも実は我々自身でしかありえない。だから、注意深くそれを解読（decrypt）すれば、我々は全面的に「資本主義」の正体を掴める筈なのである。

　では経済学がどういう方法でそれを解読するかというと、それは自分が純粋な資本家であった場合にどう行動するかを内省（自問自答）してみればよい。それは必ず正解を与える。そういう正解を集めたものが「経済原論」であり、それは「純粋な資本主義の定義」に他ならないのである。例えば、同じものがA店では10円、B店では15円だったら「純粋な資本家」は必ずA店に行ってそれを買う。この点で「絶対に間違えない」かぎり、それは客観的な経済法則に従ってしていることになる。そうする人は、純粋に「資本の論理」に則っており、それを反映している、と言っても宜しいわけである。B店では高いが、あれは息子が経営している店だからそっちで買うのだと言うのなら、そういう人は「純粋な」資本家ではなく、もっと生身の（話しのわかる）人間であるというだけのことである。このようにして創った論理体系には、検証（empirical testing）など全く必要ないし関係もない。経済学を理解するには、先ずこの点をしっかりと確認することから始めなければならない。それなのに、自然科学だけが「科学」だと思っている人達の前でそう言うと、「あれは非科学的な奴だ」と言って忽ちにして排除・粛清されてしまうのである。少なくとも私はそうでない場合を経験したことがない。

では何故そうなのかというと、純粋な経済法則がもつ以上のような性質は、自然界には存在しないからであある。万有引力の法則といえども、これまでに反証されていない仮説であって、内省的に確かめられた真実ではないのである。だから究極の原因がわからない暫定的真理(so-far-so-good truth) に過ぎない（数学の場合なら、例えばユークリッド幾何学における平行線公理のように、証明なしに受理されるものである。）。ところが経済学の法則はそういう種類のもの（単なる仮説）ではない。純粋な資本家どうしの関係では絶対にそうならざるを得ない究極的真理として成立する事実を「法則」と言っているのである。この区別を無視して、経済学をも「物理学風に」研究しようなどという発想がソモソモおかしいと言わなければならない。自然科学でいう客観性は「自然が人間の思い通りにはならない」という意味であるが、経済学でいう客観性は「純粋な資本家は絶対に迷わない」という意味である。同じ「客観性」と言っても意味が全く違う。チャント説明すればこんなことは子供にだって解ることだが、そこを誤魔化さずにハッキリと認識しているのは、実は宇野理論だけなのである。だから私は宇野理論に基づく経済の理論だけを信用するのである。

　マルクス主義経済学も近代経済学も、経済学の客観性と自然科学の客観性の区別をウヤムヤにしたままでいる。この区別に気づかないほど鈍感ではないが、見て見ぬ振りをして問題を回避しているのである。宇野理論以外の経済学は、自分が科学的であることよりも、人から「科学的だ」と言われることを望み、「科学的でない」と思われることを極度に怖れているらしい。そして常識的には自然科学者が誰よりも「科学的」に見えるから、「自分もそれに近い」と主張したがる訳である。ではどうして、そうも熱心にこのような自己欺瞞に執着するのであろうか。それは、これらの経済学の性格が、基本的にイデオロギー的だからであろうと私は思っている。

　今日、近代経済学の中枢をしめている新古典学派は、古典学派の伝統を継承するものである。従って、古典学派のように資本主義社会が人類社会のうちの最も発展し完成した形態であると考えている。アダム・スミス以来の「予定調和」の摂理を信仰している限りにおいて、それは根源的に「市場原理主義」であると言ってよい。そこには、神の案出し賜

うた市場原理に勝るものを人間に造れるわけがないという信仰があるのである。これは資本主義を是認するいわゆる「自由主義的」または「ブルジョア」イデオロギーであって、近代社会の発生時においては進歩的な側面も持っていたが、今日では甚だ疑わしい信仰でしかない。しかし一旦、経済学に組み込まれビルト・イン（built-in）されたイデオロギーは容易に払拭できるものではない。

　従来は、完全競争がパレト最適であるということが大いに強調された。資本主義は自動的に資源の最適配分を行うから合理的な制度だという訳である。もちろん寡占市場だとそうは行かないが、その場合には特殊なケースが多いので、近代経済学の理論は寧ろそこを避けて通っていた。ところがゲーム理論の研究が進むと、逆にワルラス均衡はナッシュ均衡の特殊ケースだということが言えるようになった。そして寡占市場では「囚人のジレンマ」のような解がむしろ普通だという主張が一般に受け入れられるようになってきたのである。しかし、これは言い換えれば、「戦略的な」競争市場では資源の最「不」適正配分がむしろ常態であるということになる。それを知って知らぬふりをする「市場原理主義」は、明らかに体制維持に固執するイデオロギーに相違ないが、もっと穏健な近代経済学でも、現体制を肯定するという前提には変わりがない。つまり経済活動は市場によって統合・組織するのが一番良いという価値判断は、証明なしに受け入れている訳である（→ 第III節）。

　他方マルクス主義経済学の方をみると、これは資本主義を否定するという正反対のイデオロギーから出発している。だから、一方では資本主義の欠点を誇張し、その「自動崩壊」までも主張するのであるが、他方では、「資本が常に強大かつ横暴になる傾向にあるから、こういう制度は暴力的に破壊しなければいけない」と言う。敵は自己矛盾を内包し自己破壊的であるにも拘らず、著しくシタタカで油断ならぬ相手だから、あくまでも要注意だと言うのである。しかし、マルクス主義経済学はそういう訳の解らない（摩訶不思議な）「資本主義」の論理を暴露（expose）できるのであろうか。実はそれができないので、資本主義は「得体の知れない化け物」と想定されるに留まっているのである。そしてこの理論的にはよく解らないものに（場当たりな）闘いを挑むことをこそ、「革命的実践」と呼んで賛美する訳である。しかし、それは自然科学者が、物

自体としては不可知な自然の解明に、（必要に応じて）手を変え品を変え挑もうという場合と全く同じ立場になるのではなかろうか。人間が自ら造った社会は、ここでも神の造り賜うた（不可知な）自然、あるいは悪魔が（測り知れない悪意によって）創り上げた資本主義、と同化されてしまう訳である。自然科学の方法をひたすら真似ようとする近代経済学も、資本主義をとにもかくにも打倒しようというマルクス主義経済学も、実は同じ（自然の物自体も資本主義の物自体も解らないという）方法論を前提にしていることが明らかになる。

　マルクス主義の場合は、自然と同じように不可知と見立てられた資本主義をとにかく破壊しようというのだが、そういう資本主義を擁護する側からは、「それは無茶な自然破壊に等しい」と言って批判されても返す言葉はない筈である。破壊された自然と同じような状態になる筈の革命（ハルマケドン）後の混乱のなかで、「我々はどうやって生きていくのか」をハッキリと示そうとしない「常識的マルクス主義」が、最近あまり信頼されなくなってくるのは蓋し当然ではなかろうか。そもそもマルクス主義が、その批判の対象である資本主義を、自然科学的に研究しようということ自体がおかしいのである。最近では、このような方法論的混乱が英米のマルクス主義経済学者を大いに惑わせているように思われる。例えば価値論などをみても、年々厖大な研究が発表されるが、その殆どが「線形生産モデル」の無批判な応用によって空虚な観念論を繰り返している。線形生産モデルを使って価値を解釈すれば、価値は単なるレオンチエフ乗数となって、技術的に資本主義の外から与えられた与件になってしまう。そんなマルクス解釈は「独創的」かも知れないが、資本主義のソフトを解読するためには全く無意味なことは言うまでもない。しかし、「得体の知れない化け物」としての資本主義についてなら、どんな馬鹿げたことでも悪口（批判？）として説得的なら用が足りるのである。要するに、「自然科学的に」資本主義を研究しようとする経済学は、全く無軌道な観念論に陥るしかないことが明らかになるのである。

　ではどうして、そうまでもして、自然科学的方法（前提）に固執するのかというと、それは「有用な（と言うのは「技術的に応用できる」）科学」でありたいと願う気持ちからであろう。自然科学の命題は常に $(a, b, c...) \rightarrow x$ という予測的（predictive）形式をとるから、技術的な利用（応用）

が可能なのである。特定の条件さえ揃えれば、所望の結果を得ることができる。ここで「所望の結果」とは自然破壊が起こらない範囲で、人類の物質的生活を豊か（便利）にすることだとでも言えばいいであろう。しかし、経済学では、そう簡単に「所望の結果」を前提にする訳には行かない。近代経済学でいう政策提言は、現体制を安定・発展させることを「所望の結果」としているし、マルクス主義経済学は、現体制下で抑圧され搾取されるものを解放することがそうであろう。何れも、自然科学を真似て「経済学も道具として利用さるべきものだ」と信じている訳であるが、「何に・何を・どう・利用するのか」はイデオロギーが決めることになる。宇野理論はこういうイデオロギー主導の経済学を否定したため「総好かん」を食ったのである。宇野の説いた「科学とイデオロギーの峻別」は、今では宇野学派の信条になっているが、それはよく誤解されるように「自然科学のように」イデオロギーに影響されない経済学という意味ではない。宇野は「資本主義のソフト・内的プログラムの理解はイデオロギーによらない」と言ったのであって、「資本主義を自然科学的に解明せよ」などとは述べていない。逆に「資本主義は自然科学の方法では解明できない」と言うことを、繰り返し主張したのである。

　ところで、宇野が「発見」した経済学に特有な方法とは何であったのか。それは実はヘーゲルの論理学と同じものであったのである。この点は後で詳述したいと思うが、要は、経済学の理論が「灰色」だということである。「夕闇が迫る頃に、ミネルヴァの梟は漸くその翼を広げる」（ヘーゲル）という有名な比喩にあるように、資本主義世界の正体すなわちそのソフトが解読できた時には、もう資本主義そのものが既にピークを過ぎ老衰しつつある、というのが「灰色な理論」である。それは決して予測的（predictive）なものではなく、むしろ（強いて言えば）事後確言的（post-dictive）である。だから将来を見据えてその理論を技術的に利用することなどできない。ここが重要なのである。「それでは何で我々はそんな無益な経済学を研究しなければならないのか」と苛立つ学生達の詰問に対して、宇野は苦笑いしながら「それはインテリになるためです」と応えた。当時は私自身も、「また先生は上手い冗談を言って逃げられたものだな」としか思い及ばなかった。しかし良く考えてみれば宇野はソクラテスと同じことを言ったに過ぎない。我々は個人的にばかりでな

く、社会的にも「自らを知るべき」なのである。我々が知らず知らずに実践している資本主義の仕組みやカラクリを知ることが、社会的に「自らを知る」ことに他ならない。資本主義社会のソフトを解読することで我々が学ぶのは、「自分がこの社会で何をしているのか」を自覚することに他ならない。そうでなければ、我々は盲目で何も解らぬまま衝動的に動いているにすぎないであろう。その前提で、経済学を科学技術的に役立てようとしても、それでは単なる自己欺瞞によって自己破壊を招くだけに終わるかもしれない。

脱資本主義過程における経済学

　以上が経済学の純粋な理論について私が理解するところであるが、この説は余りにも世間の常識から隔たっているので、これまでも大勢の人達を苛立たせ、その顰蹙（ひんしゅく）を買ってきた。また「そんな抽象的でツマラヌことはどうでもいいではないか」と言って無視されてもきた。そこで話題を此処でもう少し我々の生活に近い、現実的なところに持ってこようかと思う。純粋な資本主義の定義と現代経済の実情とはどのように関係づけたらよいのだろうか。

　人間社会が、その中で実質的な経済生活を営んでいる世界を「使用価

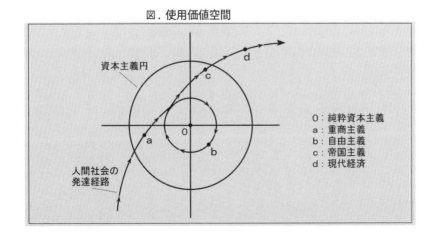

図．使用価値空間

値空間」と名付けることにしよう（前頁図参照）。この空間は殆ど無限に多様だが、純粋な資本主義を組織しうるものを基準として原点におくことにする。これは抽象的で実在しない使用価値空間である。実際の使用価値空間は多かれ少なかれそれから隔たっているが、原点から遠ざかるに従ってだんだん資本主義的には組織しにくいように配置してみよう。すると原点から一定の距離を保つ円周内に位置するものが資本主義社会を構成しうると言うことができる。この距離をどう決めるかは「判断」の問題で、厳密に規定できるものではない。しかし、従来から資本主義の発展段階として認められた重商主義・自由主義・帝国主義の経済といったものは全て円内にあるものとする。すなわち不完全ながら資本主義の「ソフト」によって動いているとみなされるのである。現代経済はまだこの円内にあるのか、既に円外に出ているのか、という問いに対する答えには意見の差があるが、私自身は多数意見に反して、既に円外に出ている（古典的資本主義とはいえない、「脱資本主義過程」にある）と判断している。それは労働力の価値が市場的に決定できない（従って価値法則が妥当しない）と思うからに他ならない。これは勿論、判断の問題であるから、それ自体で正しいとも正しくないとも決めるわけには行かない。問題はどちらが現代経済の理解にとって、ヨリ効果的であるかということに尽きるのである。

　宇野理論の立場が他とことなる重要な一点は、「理論が基準であって道具ではない」ということにある。純粋資本主義は実在するものではなく、それを基準に実在するものの「資本主義度」を測るものである。だから現実が変わったからといって、理論をそれに合わせて変えていく必要は全くない。現実が理論（基準）から遠ざかれば、その分だけ現実が「資本主義的でなくなった」だけであって、理論が旧くなり現実の変貌に立ち遅れているなどと心配する必要は全然ないのである。宇野理論が提供する「灰色な」経済原論、すなわち「資本による資本主義の定義」は、理論を道具とする自然科学的発想や、現実が常に「資本主義」であるという独断とは無縁なものである。この点も「常識の壁」によってしばしば拒絶反応に曝されるが、我々にとっては、譲れない方法論上の基本原則となっている。

　私の「脱資本主義」論は、このような立場から、現代経済を「解体期

にある資本主義」と規定している。資本主義の本質は「労働力の商品化」にあり、価値法則の貫徹もこれに基づいているが、現代経済ではその点が相当に怪しくなってきている（と言うのは、そこに資本の市場原理以外の要素が色濃く介入してきている）ように思われるのである。この点をここでちょっと説明しておきたいと思う。資本の蓄積は、原理的に「拡大」と「深化」の二局面を繰り返すのであるが、それは好況と不況の景気循環となって、資本主義市場の表面に現われる。不況期には現存の技術のもとで資本の蓄積を続行できなくなるので、新技術が導入され、それが定着すると景気は自動的に回復に転ずる。好況期は更に回復・中位的活況・過熱の三位相に分かれるが、この「中位的活況期」においてのみ諸部門の成長や利潤率が均等に近づき、労働力にたいする需給もほぼバランスする。実は、資本の蓄積過程が必ずこの位相を通過するからこそ、「資本主義市場の一般均衡」という概念も存在論的に意味をもつことになる。言い換えれば、資本主義が資源を最適に配分するという傾向が、単なる空想（figment of the imagination）ではないと主張できる存在論的根拠（ontological ground）が与えられるのでる。つまり、ここでは、マクロ（の資本蓄積論）がミクロ（の価値形成論）を基礎付けているのである。（因みに、これはミクロでマクロの基礎付けをしようとする近代経済学とは逆の立場である。近代経済学では、予定調和の神学に基づき、ミクロの方が基本的だと思っている。ところが、ミクロでマクロを基礎付けようとすると、結局サプライサイド経済学のように、本来のマクロが骨抜きになってしまう。この点はまた後で検討しよう。）

　それはともかく、以上のような理論的想定が今日でも妥当するであろうか。資本による自主的な新技術の導入で、景気の自動的な回復が十分に期待できるであろうか。現実には、産業政策とか科学技術政策とかで、産業技術の選択と導入に国家が深く関与していることがよく知られている。日本では勿論だが、アメリカでも「科学技術政策」として同じようなことが行われているようである。（宮田由紀夫『アメリカの産業政策』八千代出版　2001年）。そのため景気循環は本来の（10年周期の）ジューグラー波を大きく逸脱し、中位的活況の位相が確認できない状態になっている（いわゆる「ニュー・エコノミー」だと景気循環もなくなるというのは誇張かもしれないが、波動の型は明らかに大きく変わっている）。と言う

ことは、労働力の価値が市場的には決まらないことを示唆し、そうだとすると一般均衡も実在性を持たなくなると言わざるを得ない。すくなくとも基準としての原理論を真面目に考える限り、価値法則が妥当するとも、労働力が商品化しているとも言えなくなってくるのである。言い換えれば、現代経済が資本主義の「ソフト」を体現しているとは言えないことになる。

　実際、寡占市場における価格決定は戦略的なものであり、価格機構が匿名的に企業を束縛しているなどとは言えない。だからこそ近代経済学のミクロ理論も、従来のように解析数学的なままには留まれず、ゲーム理論的になってきているのである。また、そうしなければ（着実に基準から遠ざかりつつある）現実に対応できなくなっている。要は、国家による市場介入が、（ケインズの全盛期のように）需要サイドのみに留まらず、供給サイドでも強化されてきている、ということである。従来、ブルジョア国家の経済政策は、外部性を内部化するための「課税／補助金」方式を主流としていた。しかし今日の政策は、優にその範囲をこえて通貨・総需要のみならず、総供給の管理にまで及んでいる。これらの「マクロ政策」は、古典的なブルジョア国家の範囲ではとうてい起用することができないものである。いわば舞台の裏方であったブルジョア国家よりも、はるかに強力な国家の活動を必要とするのが、脱資本主義過程にある（第一次世界大戦以降の）現代経済の顕著な特徴である。「強力な国家」とは必ずしも「大きい政府」ということではない。例えば、郵便事業を民営化したからといって、その分、国家が強力でなくなる訳ではない。「小さな政府」でも国民経済の動向に枢要な変数を操れる国家は「強力」といえる。そういう国家が資本主義の「ソフト」を制約し侵食する限りにおいて、資本主義は解体せざるを得ないのである。私はそのように考えている。

　しかし、このような判断と、先に述べた経済学の技術的応用との関係はどう考えたらよいであろうか。宇野弘蔵の『経済政策論』では、資本主義の発展段階に対応する三つの政策タイプが示されている。しかしその何れも「資本の市場原理」を貫徹させるためのインフラを確保しようとするものに変わりはない。近代経済学的な表現を借りれば、「市場外部性を市場に内部化する」ものといい切ってよいと思う。資本主義が健

全である限り、（ブルジョア国家の）経済政策にこれ以上の自由度はない筈である。従ってこういう場合には、社会にとってどんなに望ましくても、資本の論理に反する政策を遂行することはできない。言い換えれば、資本の論理を映しだす経済学理論を技術的に（政策に）利用することができない、と宇野は結論したのである。私は、一方でこれに同意すると同時に、他方でそれと整合的に、今日の国民国家の「マクロ政策」はブルジョア国家の範囲を超えたもの（すなわち単に市場外部性を内部化する以上のもの）である、と主張したいのである。

　それができるためには、現代経済が、「脱資本主義過程」＝「資本主義の解体期」にあると、言わざるをえないことになる。ポランニー的に言えば、自己調節的市場（self-regulating market）が「社会の実在（reality of society）」を保全できるのなら、マクロ政策などは要らない訳である。或いは、自己調節的市場のパフォーマンスを確保するだけの「内部化」政策があればいいのである。ところが第一次世界大戦以後の世界経済では最早それができないから、あるいは外部性が大きすぎてブルジョア国家の手では処理できないから、（資本の市場原理とは異質な国家の計画原理に基づく）マクロ政策が必要になるのである。それがないと社会の安定そのものが危うくなるからだ。現代社会の経済運営を資本の市場原理だけに委ねておいたのでは、単純な「課税／補助金」方式では内部化できないほどの外部性が発生し、社会が不安定になる。これが資本主義解体期＝脱資本主義過程の顕著な特徴である、と私には思われるのである。それゆえ国家は、最低限の社会的安定を確保するためにマクロ政策を遂行せざるを得ないのであるが、その選択には当然、多様な国内外の利害が絡んでくるのであって、国家が中立でこれら諸利害から超然としていられる訳では決してない。

　今日の国家は、単純に特定の階級や利益集団だけを代表するのではないが、そうかと言って、全ての利害を平等に配慮できるというのでもない。何処の国にも有力な利害とそうでないものがあり、これらの複雑な抗争と連携が政策を動かすことになる。その結果、資本主義的な残滓が強化されることもあり、逆に新しい社会の兆候が急に浮上することもある。脱資本主義は、資本主義社会から新しい社会への「過渡期」であるから、それが当然であろう。だから、マクロ政策を基礎付ける今日のマ

クロ経済学には、それなりの政治的要素が組込まれていると見てよいのだと思う。今のところシカゴ学派的なマクロが支配的だが、これは一時的な現象だと思われる。それは基本的にウォール街（Wall Street）に代表されるアメリカの金融利害の要求に基づいてグローバル化を推進するための学説であるが、私の判断ではそのイデオロギー基盤である新保守主義にも、既に自壊の兆しが現れ始めているのではないかと思う。

結びにかえて

　以上、私がこれまで経済学者として歩んできた道を顧みながら、自分なりに理解できたことの一端を語ってきた訳であるが、残された問題について若干のコメントをしてから本節を締めくくりたいと思う。もともと経済学はモノづくり中心の社会で発達し、その前進とともに変遷してきた。近頃の若い人達には想像もできないであろうが、例えば、シャルルマーニュの頃のヨーロッパでは、1ブッシェルの麦を播いて2ブッシェル採れればいいという程度の生産力しかなかったと言われる。だから、ちょっと間違えば直ぐ飢饉になった。また一度、生産が低下すると次年度に播く種も足りなくなるから、回復にも長い歳月がかかった。その後、農業生産性が飛躍的に向上して、工業社会を支えられるようになった時、産業革命が起こったのである。そこでようやく農業中心の伝統的社会が、工業中心の近代（産業資本主義）社会になってきた。モノの生産が社会の下部構造だというのも、資源は最適に配分して無駄なく使うべきだというのも、こういう事実を背景にして考えられたことである。貧困はまだ身近にあって、多くの人々が昼夜、汗水たらして生産的（モノづくりの）労働に従事しなければ、社会がもたないというのが常識であった。経済学はこうしたことを前提にして発達してきたものである。
　だから、できるだけ大量のモノを、できるだけ能率的につくるのがよいことだと考えていた。その結果として、人間社会が自然環境の劣化や汚染物質でその生存を脅かされるとか、飽食による生活習慣病や肥満症に苦しめられるとかいう事態は、およそ思いもよらなかったことである。ところが「オシンの一代記」ではないが、第二次大戦後の世界は一変し

てしまった。いまや直接にモノづくりに関与している人の数は、先進国では労働力の20%（総人口の10%）にも満たないと思われる。こうなると経済学も従来のままに留まっては居られない。近代経済学のミクロが、従来の解析数学的なものからゲーム理論的なものに変った理由もここにある訳である。もはや完全競争によって資源の最適配分を成立させる必要も余りない、寧ろ大切なのは、売れるからといって環境破壊をかえりみず軽薄なものをつくらぬことだ、と言ってもよいのではないかとさえ思われる。先進国の社会が必要とするのは、むしろ無駄な生産の抑制と（広い意味での）サービスや知的財産の適正な管理であるが、従来の経済学ではそうした問題に十分に対処できないのが現状である。例えば、厚生経済学の手法を使って今日の環境問題を処理できるなどとは、とうてい考え難くなってきている。企業が負担せず社会に転嫁される生産費用の総てを市場に内部化するようなことは、観念的にはともかく現実にはできないからこそ、環境問題が発生するのである。それゆえ、私のもう一つの研究テーマである「広義の経済学」が避けて通れないことになる。

　広義の経済学は、従来のような資本家的市場を前提する「狭義の経済学」に対するものとして考えられるものであるが、その研究はまだほんの序の口に差しかかった程度にすぎない。しかし、そのような研究が本格的になる前に、我々はもっと根本的な問題を考えなければならないのではなかろうか。それは「社会とは何か」という哲学的な問題である。ニュートンは「形而上学には警戒せよ」と諭したという。当時の自然科学はその市民権を認めてもらうために、中世の神学と闘わなければならなかった。近世哲学は、自然科学に安全な研究領域を確保するために大きな貢献をした。それを集大成したカントは、「感性界（現象の世界）」と「英知界（物自体の世界）」とを分け、前者を自然科学者に固有の領域と定めた。これは間違えなく偉大な思想であり、以後、圧倒的な影響力をもったが、彼の体系の中に「社会」というカテゴリーは見当たらない。つまりカントは「人間社会」というものの哲学的な基礎付けをしていないのである。つまり「自然」と（個物としての）「人間」だけから成る世界を考えているのであって、それはバラバラな個人をただ恣意的にひとまとめにしたものが「社会」だという「近代主義」を前提しそれを強化しているのに等しい。ヘーゲルの法哲学やマルクスの唯物史観は、或る

程度この空白を補うものではあるが、私にはまだ決して十分なものであるとは思えない。すなわち哲学が近代主義を十分に超克していないのである。その理由は、「近代＝資本主義が如何なるものであるか」という社会科学的知識を、哲学がまだ知らないからである。この点に関しては以下の諸節で更に検討して行きたいと思う。

＊＊＊

　以上の論述のなかで、既に宇野理論の核心に触れる幾つかの重要事項に言及してきたが、この節の内容がもともと時間の限られた講演用のメモであったことから、その説明は何れも簡便に過ぎ、それだけでは十分に説得的でなかったかもしれない。それゆえ以下の節では、その一つ一つについてもう少し組織的に検討を加え、これまでの行論の説明を補強して行きたいと思う。それに先立って次の、用語上の二点について特に注意を喚起しておきたいと思う。

　まず本節では、マルクス主義経済学とマルクス経済学を区別し、それぞれの訳語にそれぞれ Marxist economics と Marxian economics をあてたが、補足的に次のことを付言しておきたい。1999 年にフランス語で書いた《 Polanyi, Marx et Uno 》という論文の中で、私は、普通マルクス主義（marxisme）という言葉には「常識的マルクス主義（marxistisme）」の意味と「本来のマルクス主義（marxiennisme）」の意味が共存していると主張し、前者の立場にたつマルクス主義者を marxiste と呼ぶのに対して、後者の立場にたつものは marxien と形容すると断った。これら二種類のマルクス主義については、次節で詳細に論述するつもりであるが、これと本節のマルクス主義経済学（Marxist economics）とマルクス経済学（Marxian economics）が対応しているのである。一般に Marxist（marxiste）は「マルクスの権威にしたがう」という比較的強い意思表示が含意されるのに対して、Marxian（marxien）の方は「マルクス風の」といった程度の比較的緩やかな共感を伝えるもののようである。そこで（「常識的マルクス主義」に基づく）「マルクス主義経済学」は、イデオロギー的にマルクス主義を信奉する人達の唱える経済学であるのに対し、（「本来のマルクス主義」に基づく）「マルクス経済学」は、方法論的にマルクス流のス

タイルを採用する経済学であるというように理解してよいのである。この区別ないし対比は、宇野理論を理解するために不可欠であるから、次節以下においても敷衍して行きたい。

　次に、本節でも「資本主義」という言葉を何度も使ってきたし、「マルクスが資本主義を批判した」と言うことは既に世間の常識になっているが、実はマルクス自身は一貫して「資本主義的生産様式」という表現を用いているのであり、これを略して単に「資本主義」というのは、マルクス以後のマルクス主義者が発明した用法である。もともと「資本主義」とは、「資本を持つものが個人的な利益（利潤）を求めて行動すること」を意味する一般的な言葉であり、経済学者が特に作り上げた術語ではない。実際、近代経済学では、利潤の極大化とか市場経済とかいう概念はあるが、それと別にシステムとしての「資本主義」という概念が存在する訳ではない。これに対しマルクスの系統の経済学には、システムとしての「資本主義」という概念があるが、それはマルクスの「資本主義的生産様式」と同じ意味である。長すぎるから省略しているに過ぎない。マルクスはまた「資本主義社会」という表現も用いてはおらず、「資本主義的生産様式」が支配的な社会のことを単に「近代社会」と呼んでいるのである。しかし我々は最近の用法に従って「資本主義的生産様式」のことを「資本主義」と略したり、「近代社会」のことを「資本主義社会」と呼んだりすることにする。この場合に注意しなければならないのは、我々がこれらの言葉で意味するものと、世間一般で常識的に「資本主義」といわれるものとが乖離する場合が多いということである。私の「脱資本主義論」が直ちに拒絶反応に直面した理由もそこにあった。マルクスの「資本主義的生産様式」の意味での資本主義を純粋に定義するものが「原理論」ないし「資本弁証法」であるが、第一次世界大戦以後の世界経済は、最早それを体化しているとは言えないと私は主張したのであるが、それは別に常識的な意味で「資本家的な活動」が消滅していると言っているわけではない。資本家的行為がいくら無軌道に行われても、それだけでは「資本主義社会」が成立しないことを指摘しているのである。この点についても、以下の節でもっと詳細に論じたいと思う。

第II節　マルクス主義と宇野理論

　前節では、「常識的マルクス主義」にもとづく「マルクス主義経済学」と、「本来のマルクス主義」に根ざした「マルクス経済学」とを区別し、宇野理論が後者に属するものであることに言及しておいた。しかしマルクス主義そのものを「常識的」と「本来の」という二種類に分ける根拠は、まだ十分に説明されていない。普通、マルクス主義というと、それは常識的に「社会変革のイデオロギー」と理解されるが、この立場をそのまま踏襲すると、資本主義の分析を意図するマルクス主義経済学という、これまた常識的な発想しかでてこない。それゆえ我々は、「常識的でない」すなわち「本来の」マルクス主義とはどんなものか、と言う点から話しを始めなければならない。宇野理論もマルクス主義ではあるが、それは普通にいう「常識的マルクス主義」ではなく「本来のマルクス主義」なのである。もともとマルクス主義に興味のない人々にとっては、このような区別はどうでもよい問題であろう。また既にマルクスに熱中している人々の殆どは、すでに「常識的マルクス主義」に共感しているので、これに対する批判に耳を傾けることは不快であるかもしれない。しかし、自分の聴きたいこと（すなわち既に納得していること）を補強するような「子守歌」だけに陶酔していても、新しい視野は全く開けてこない。ここでは、「宇野理論」について知りたいと思いながら、マルクス主義については既にある程度の「常識」をもっている人々に対し、それが如何にマルクス主義の本来あるべき姿を矮小化しているか、またその矮小化の原因がどこにあるかを解明してみたいのである。問題になるのは史的唯物論（または唯物史観）と経済学との関係である。従来、この両者の関係が正しく把握されないままで、「常識的なマルクス主義」が広く流布され定着してきた。しかし、その立場に固執すると、マルクスがせっかく開拓した『資本論』の経済学がほぼ完全に無視されてしまうことになる。本節では、敢えて「常識的マルクス主義」に真っ向から挑戦し、そこに重要な誤謬が潜んでいることを説き明かしたいと思うのである。

　第二次世界大戦後も、マルクス主義が広く関心を集めた時期があったが、冷戦期が終わると、世界的にその衰退が目を覆うようになった。わが国では、ソ連の崩壊につづいて国内のバブルも終焉し、グローバル化の波に曝されつつ長期不況に低迷するなかで、1955 年以来の戦後体制が大幅な転換を迫られるという事態になった。ここに至って、一時は隆盛を極めたマルクス主義のイデオロギー的影響力は、学界においても民衆運動においても急速にその説得力を失ったのであるが、今日のいわゆる「富裕化した」現状では、旧来の体制批判的イデオロギーがそのままの形で復活する余地は殆どないものと思われる。それは後節でも説明するように、現代社会そのものの構造が、20 世紀中期までのものとは一変しているということにも関係している。しかし、それならばマルクス主義はもう完全に老朽化し、21 世紀の社会には無縁なものと化したのであろうか。実は、それどころではないのである。今日、世界を席捲している「新自由主義」のイデオロギーも、実は「近代主義」の残影に過ぎず、近代社会批判のイデオロギーと同じ、深刻な問題を抱えているのである。それは近代社会そのものが既に限界に達しているという事実による。然るに、この「近代＝資本主義」そのものが何であるかを知らないままで、それを克服しようと言っても、そのようなことが始めから無理であることは言うまでもない。ところが、正に「近代を知る」ために欠かせないのが、マルクスの知的遺産のうちで、従来は等閑にされてきた一側面なのである。本節では、その側面を「常識的マルクス主義」に対する「本来の（常識的でない）マルクス主義」のなかに探し求めてみたい。

常識的マルクス主義の貧困

　マルクス主義といえば、それは何よりも先ず「資本主義批判のイデオロギー」と理解されてきた。（ここでいう「資本主義」はもちろん「資本主義的生産様式」のことを意味する。）　これはマルクスとエンゲルスが共同で起草した『共産主義宣言』(1845) の刊行以来、誰にとっても明らかな事実であった。しかし、一概に「資本主義の批判」といっても、そこ

には二つの異質な要素が含まれているので注意しなければならない。その第一は、資本主義が不正な（正義にもとる）社会制度であるからこれを打倒しなければならない、というものである。それは次のように主張する。資本主義のもとでは、「労働力」以外に売るものを持たない多数の無産労働者が存在し、彼らは生活のため少数の強欲な資本家に抑圧され搾取されながら生産活動に従事しなければならない。これはそもそも人道に反することであるから、反対運動が起こり嫌でも階級闘争は熾烈化して当然である。やがて労働者階級はプロレタリアート革命によって資本家階級を打倒し、自己を解放するであろう。また、その結果として、階級対立のない社会主義社会が到来するであろう。と大体このような主張が展開されるのである。従って、この「歴史的必然性」を支援するものは進歩的であり、そうでないものは反動的である、という結論になる。これは既によく知られた「常識的なマルクス主義」であるが、これに対し第二の資本主義批判は次のように主張する。資本主義は人間の労働力までも商品化する全面的市場経済であるが、これは「人間社会の優先順位を資本の営利性に従属させるもの」であり、一般に人間否定的（dehumanizing）な傾向を助長する。従って、自分がどの階級に属するかにかかわりなく、資本主義は人間にとって好ましくない（人間社会の優先順位を「転倒した」）制度である、というものである。この場合には、そのような資本主義社会で生活することでますます非人間化するよりも、もっと人間らしい（「人間の真の解放」を実現できるような）社会、すなわち社会主義社会を求めるのは、誰にとっても当然のことであるという主張を含んでいる。

　マルクスの書き残したものには、この両方の思想が含まれているが、これらを特に区別しようとする努力は、これまでのところ殆ど行われてこなかった。むしろマルクス主義者の間では、第一の批判が圧倒的に優勢であり、第二の批判はその陰に隠れ、（たとい口先で敬意が払われたとしても）無視もしくは軽視される傾向が強かった。これは従来、支配的であったソ連流の正統マルクス主義においても、マルクスのいわゆる『経済学・哲学草稿』の発見以後、盛んになった西欧マルクス主義においても共通した傾向であった。前者はどちらかというと決定論的・経済主義的・科学主義的な性格が強かったのに対し、後者はむしろ非決定論的・

人間主義的・主意主義的であるとして評価される面もあった。しかし何れの場合もその背後に、ユダヤ・キリスト教が教える「終末論」に酷似した思想が見え隠れしており、マルクスの到来を預言者の出現と同じように受け止めている。すなわち、階級闘争に彩られる惨めな「人類の前史」は資本主義をもって終わり、不可避的な共産主義革命（ハルマケドン）によって（神の国にも対応する）社会主義社会が一挙に実現される（「必然の王国」が「自由の王国」に転化する）、という信念に基づいている。このような立場に経てば、基本的には、人類の歴史がマルクスの唯物史観（または史的唯物論）の法則に従って展開するというイデオロギー的信条を出発点とすることになり、革命的実践によって資本主義を打倒することが第一の目標となる。その限りにおいて、たとい「御都合主義的に」第二の資本主義批判をも利用することがあったとしても、『資本論』の経済学によって資本の論理を認識することには、せいぜい第二次的な重要性しか認められないことになる。

　かつてレーニンはマルクス主義の三要素として弁証法的唯物論・史的唯物論・『資本論』の経済学を挙げ、もっとも普遍的な宇宙論としての弁証法的唯物論を人類の歴史に適用したものが史的唯物論であり、それをまた更に資本主義的生産様式に適用したのが『資本論』の経済学である、というような説明をしたが、ソ連型マルクス主義はこれをそのまま受け入れた。西欧マルクス主義はこれに対して、弁証法的唯物論のような自然哲学を「教条主義的」として廃棄し、むしろ史的唯物論（または唯物史観）をマルクス主義「科学」の中核に据えた。しかし、それは史的唯物論をマルクスの発見した「社会発展（変動）の理論」と理解し、言わば終末論的な信条としてこれを受け入れる傾向をむしろ強化するものであった。その結果として『資本論』の経済学は、益々その局部的例証に過ぎないものとして軽視されることになったのである。例えばルカッチによれば「マルクス主義は法律・経済・歴史等の独立な社会科学を認めるものではなく、全体としての社会発展に関する単一かつ統一された科学のみが存在すると考えるもの」であった。またアルチュッセールによると「経済学の理論は歴史の理論の一従属的領域にすぎない」という。ここで「社会発展全体の科学」とか「歴史の理論」とか称されているのは、言うまでもなく史的唯物論のことであるが、その科学的真理

性は何処までも不問に付されたままである。

　従って、このような立場からなされる（第一の種類の）資本主義の批判は、あくまでも「世界観（Weltanschuung）」に基づく純然たるイデオロギー（歴史哲学）であり、何ら科学的根拠をもつものではない。しかし西欧では比較的早くから、マルクス主義がこのような形で根付くことになった。それはマルクス主義が、資本主義廃絶の革命思想として、実践活動と直結していたことから避けられない運命であったのかもしれない。しかし、すでに示唆したように（また以下でもそれを更に力説するように）、マルクスの知的遺産は、その程度のもので継承しきれるほど貧弱なものではない。実際マルクス自身は、ヘーゲルに代表されるドイツ観念論哲学の影響下に知的成長を遂げながら、やがてイギリスに渡り、スミスやリカードの古典派経済学を学び直した後、その成果を『資本論』に結実させたのであった。いわゆる「空想社会主義」の学説に飽きたらず、当時の社会科学として最先端にあった英国流の政治経済学を徹底的に摂取することを必須と感じたからである。当時から大陸ヨーロッパ（特にドイツ）には永らく哲学の伝統が根付いていたのに対して、英国では（社会科学としての）経済学が早くから確立せられていた。この哲学的伝統と経済学（社会科学）的伝統は同質のものではないので、この両者に精通することはもとより凡夫の及ぶところではなく、マルクスのような天才にしてはじめて可能になったのである。それゆえマルクスの思想のなかには、哲学的世界観（歴史哲学）としての「社会発展の理論」とともに、経済学（社会科学）としての『資本論』が存在しているのであって、マルクス主義をその前者だけに矮小化してはならない。もっと具体的に言えば、マルクスは前者（史的唯物論）を「導きの糸」として経済学の研究に入り、この分野（あるいは更に広く社会科学）に決定的な足跡を残しているのである。この後者を無視した「常識的マルクス主義」の内容は、マルクスがプルードンの思想を「哲学の貧困」と断定したのと同じ意味で、「（社会）科学の貧困」と批判せざるを得ないものである。

　しかし実際には、マルクスの死後、彼に匹敵するほどの総合的能力を備えた人材は殆ど皆無であり、その知的遺産の継承は極めて困難なものになったのである。大陸ヨーロッパではそれが唯物史観を中心として「半哲学的に」世界観としてのみ受け継がれる一方、自由主義・功利主義の

伝統が強い英米の学界においては、『資本論』の経済学的価値が殆ど全く理解できないまま時が流れ、今日にいたっているのが現状である。そこには歴史的に止むを得ない経緯も絡んでいる。西欧ではまだマルクスが存命中から最初のマルクス主義政党としてドイツの社会民主党（SPD）が発足し、その巨大な影響力は紆余曲折をへて1920年代まで続いた。他方1917年のロシア革命によって成立したソ連邦では、マルクス主義が公認の教義として採用されたのである。いずれの場合にも、「革命の武器」としてのマルクス主義に政治的な効力のみが期待されたのであって、純粋に知的な『資本論』の研究などは始めから論外であった（むしろ反体制派の言動として抑制すべきものにすらなった）。勿論、大陸ヨーロッパにおいてもマルクス主義経済学の研究がなされなかった訳ではない。しかし党の戦略や国家の政策が常に念頭におかれる状況にあっては、経済学としての『資本論』の真価を評価できる余裕など殆どなかった。それを更にいっそう困難にしたのは、世紀末に到来した「帝国主義」という資本主義の新しい発展段階でもあった。『資本論』の経済学が前提したのは軽工業中心の資本主義であったが、現実の資本主義はすでに重工業中心になっていたのである。それゆえマルクスの経済学理論はもはや現実にそぐわず、老朽化したかのように見えたのである。そのような事情もあって、皮相なマルクス主義経済学は、ベルンシュタイン等の唱える修正主義とカウツキーの下に集う正統派の間で大きく動揺し、他方レーニン主義の台頭とともに次第に教条主義への傾向を強め、理論的に貧困化していったのである。この間、『資本論』の経済学よりもはるかに頼もしく思われたのは、「社会発展の法則」と解された史的唯物論の方であった。他方、英米の経済学は、大陸におけるマルクス主義経済学を、後進地域の特殊現象として無視し続けたのであった。

　こうして、英米の学界における経済学の発展と、大陸における史的唯物論への哲学的関心とは、相互に交流することなく別々の道を進んでいたが、第二次大戦後のいわゆる冷戦期には、一時この傾向がいっそう強められたかに見えた。ところが1960年代の後半になって、アメリカで反ベトナム戦争の機運が高まると、漸く英米の学界においても、永らく無視されてきたマルクス主義復活の兆しが現れた。この時期までにアメリカの大学は、すでに従来のエリート教育型から大衆教育型に転換して

いたので、いったんマルクス主義研究が解禁されると、限られた範囲においてではあるが、その普及もまた急速であった。それまで大陸ヨーロッパに蓄積されていた政治社会思想としてのマルクス主義はあっという間に導入され、それに刺激されて経済学者の一部も『資本論』の経済学に関心を示すようになった。しかし、この場合には、アメリカ経済学界の主流をなす新古典学派の理論を常に意識せざるを得ず、それが大きな障害になったのである。この点については後で詳述するが、これまでのところアメリカの学界を中心に行われてきたマルクス主義経済学の研究は、ブルジョア経済学と『資本論』の経済学との方法論的相違を曖昧にしたままで行われているため、やはり「常識的なマルクス主義」の限界を免れず今日に至っているように思われる。

宇野理論の出現

　以上では西欧における「常識的マルクス主義」の貧困とその定着の経緯について述べたが、実は日本やそれ以外の非西欧諸国におけるマルクス主義にも同様の病弊が広汎に行き渡っている。それは、非西欧諸国でも、先ずは社会思想や社会科学を先進的な西欧から輸入した訳であるから、当然の感染でもあり止むを得ない結果だったとも思われる。しかし日本においては特殊な事情があったため、例外的に「常識をこえた」マルクス主義が開設される可能性があったのである。宇野理論はこの特殊事情のゆえに、日本でのみ発生することができたと思われるのであるが、その点を次に明らかにしておきたい。

　宇野弘蔵（1897-1977）が経済学の研究を始めた頃、日本の経済学界はそれまでの関心を集中してきた（ドイツ歴史学派後期の）「社会政策学」から漸く解き放たれて、新たな関心をマルクスの経済学に向け始めていた。マルクス経済学の知識は当時まだ幼稚なものであって、これを日本の経済学界が爾後どのように摂取してゆくべきかについて、誰も確たる信念をもっていた訳ではなかった。だが、おそらく第一次世界大戦後にドイツの国際的地位が低下したのに対し、新興資本主義国として台頭してきた日本の社会が新しいタイプの経済学を模索したのは、時代の趨勢

でもあったのであろう。また従来、法学部の一部で行われていた経済学の研究が独立の経済学部に移管されたことも、この転換を援けたのかもしれない。そうした中にあって、宇野は先ず『資本論』を自分なりに経済学として理解しようと志したのである。この有名な著書が世界で圧倒的な政治的影響力を持っていることは直ぐに解ったが、宇野は「経済学者として」その内容を確かめることを主眼とし、イデオロギー的雑音に惑わされることを意識的に避けた。それには彼の出自が士族ではなく平民であったことと関係があったかもしれない。つまり「天下国家の不正を糺す」ことは自分には「分不相応」と信じていたようである。（これと対照的なのは河上肇博士の場合であろう。）自分が儒教的な倫理を実践して人の上に立つという立場にはないと思っていた宇野は、純粋に知的な興味によって『資本論』に引き付けられていったのである。言い換えれば、既によく知られていた歴史学派や古典学派の経済学に比べて、マルクスの経済学が理論的に優れたものであるということを見極めた上で、その研究に集中したのである。当初はそれも単なる直観であったかもしれないが、研究が深まるに従ってそれは次第に確信に変わっていった。その後、日本にも（新古典学派の）近代経済学が輸入されるようになったが、そのころには宇野の研究方針は既に定まっていたようである。

　宇野のように高度の知性を備えた人が、社会思想としてではなく経済学という社会科学の立場からマルクス主義に接近することができたのは、1920年代初頭の（すなわち第一次世界大戦直後の）日本における大学（しかも、そこでの経済学部の新設）という稀有な状況（シチュアシオン）があったからである。当時でも（大学外で）マルクス主義に接近する人達はほぼ例外なく「思想」から入っているし、20年代も後半になると、もうそれ以外の接近はあり得なくなった。大震災（1923）後の日本社会には様々な軋轢が噴出し、不穏な空気も漂い始めている。多くの人々が現存社会の矛盾や不正に義憤を感じ、社会変革の思想としてのマルクス主義に魅せられていった。社会主義国家ソ連邦の成立も、いまや重工業化する日本資本主義の搾取と抑圧に苦しむ人々に強い希望を与えたので、社会主義運動はいやが上にも盛りあがった。体制の改善が焦眉の急と意識される状況では、革命思想としてのマルクス主義への期待も高まるのが当然である。純理的に『資本論』の研究を志しても、それは有閑階級の

戯れ事くらいにしか評価されなくなる。「常識的なマルクス主義」に即傾倒し、その延長線上で実践活動を開始せざるを得ないほど事態は差し迫っており、またそうする人を非難することもできない。実際、宇野自身も、革命的実践に挺身した人達に深い尊敬の意を表しこそすれ、それを蔑視したり揶揄したりしたことは一度もない。むしろ彼等が望んでも叶えられなかった仕事（経済学の理論的研究）こそが、天職として自分に課せられているものと得心していたようでさえあった。

　問題は、「常識的なマルクス主義」を採用しなくてもよい（それほど緊急性のない）時代の人間が、それに甘んずることである。大学でその身分と自由を保障された研究者が、必要もないのに「革命家」を気取っても無意味であるし滑稽でもある。研究者と革命家の任務が異なることに気付かないことの方に寧ろ問題がある。しかし現実には、職業としての学問にもそれなりの陥穽があるのであり、いったん形成された「学界の常識」が爾後の研究を長年にわたって拘束することがある。それ故、その悪影響を受けない「処女地」においてのみ独創的な成果が期待できるのである。これを好く例証するのが西田哲学の場合であろう。西田幾多郎は、日本で西洋哲学の本格的研究に従事した最初の世代に属する人であった。当時の日本には勿論「その道の権威」など存在しなかった。そのような時代に、あれほどに深く西洋哲学のほぼ全域を学び取ることができるには、よほど非凡の才能を要したわけであるが、西田はもともと伝統的な和漢の教養に親しみ自らの参禅による宗教体験などをも通して、古くから我が国に伝わる東洋的な世界観・人生観に精通していた人であり、その立場から西洋哲学の粋を摂取しようとしたのであった。つまり「西洋の近代」と「東洋の伝統」を共に生かす必要に迫られたのであった。そこには異質なものが融合する時の緊張感があり、それこそが真に独創的な西田哲学の形成を促したものと思われる。西田の後の世代には最早そのような緊迫感も機会もなくなった。西洋哲学がすでに職業として確立してしまったからである。権威ある西洋の哲学者の学説を専門家として祖述するだけでもよいことになった。それゆえ大量の哲学教授が輩出したが（またそれにはそれなりの必要もあったのであるが）、西田のように独創的な哲学者が生まれることは稀になったのである。

　日本で西田哲学が生まれた事情と宇野理論が発生した事情とは、著し

く似通っているように思われてならない。西田にしても宇野にしても、まだ「学界の常識」が定着する前の「処女地」における自由な発想が、真に独創的な境地を切り開かしめる結果になったのである。日本でも西欧でも同じであるが、多くの専門家がすでに学界の一角を占拠して互いに縄張り争いを展開する状況で、真理への道を辿るのは決して容易なことではない。西洋哲学では古代ギリシャ以来、自己をも対象化して外に世界を観るという伝統が根強く、世界を自己の内面に観るという東洋的発想はむしろ例外的である。だがこの両者は決して矛盾するものではなく、互いに相補うものであるという斬新な西田の発想は、第二次世界大戦以後の日本の哲学界からは消えてしまう。それは「近代化と伝統の相克」という問題がそれほど強く意識されなくなり、西欧化＝民主化が時代の至上命令となったためでもあろう。しかしその後、西欧においても近代主義が相対化され批判されるようになった今日、漸く西田哲学が再発見されているという。

　宇野もまた「処女地」においてマルクスと出会うことで「宇野理論」（『資本論』中心のマルクス主義）を開拓できたが、宇野は戦前多くのマルクス主義者の関心を集めた「日本資本主義論争」には直接関与しなかった。また河上博士のように実践活動にも参加しなかった。そして戦後、マルクス主義が解禁されたとき、常識とはかけ離れた『資本論』研究によって同輩を驚かせたのである。それは当初「異端のマルクス主義」として排斥されたが、それを支える論理の強靭さが悟られるに及んで1960年代には学術的にも大きな影響力をもった。しかし、その後、日本社会の富裕化を反映してマルクス主義が一般に衰退し、1980年代後半にはソ連も終に解体するにおよんで、現在のわが国では殆ど顧みるものがなくなった。だが幸いにして、日本人の健忘症をよそに、むしろ海外でUno Theoryに対する関心が静かに深まっているのが現状である。いずれこのルートを通じて、日本でも「宇野理論」の再発見が果たされることが期待されるのである。そこで第二のタイプの資本主義批判、すなわち「宇野理論」に基づく「常識的でない（本来の）マルクス主義」とはどんなものか。それは本書全体の主題であるが、ここでは先ず「宇野理論」が史的唯物論と経済学の関係についてどう考えているか、という問題を検討しておこう。

史的唯物論と経済学

　さて史的唯物論とか唯物史観とか言われるものについて、マルクスは1859年に発表した『政治経済学批判のために』と題する比較的短い著書への「はしがき」の中でその内容を簡潔に説明しているが、それは次の三つの命題ないし原則から成っている。その第一は「下部構造の原則」とでも呼ぶべきもので、大体次のようなことを言っている。「いかなる社会でも、その物質的土台は生産関係（その社会でモノを生産するために人間同士がどのように組織されるか）にある。これが法的・政治的・宗教的・倫理的・文化的等の人間関係からなるイデオロギー的上部構造を規定する」。第二は、「照応の原則」といわれるもので、「どの社会の生産関係も、その社会における生産力の一定の発展段階に照応するものであり、もし生産力がその段階を越えて発展すると、現存の生産関係はその発展を制約する桎梏となるから、不可避的に新しい生産関係に取って替わられる」という。そして第三が「階級闘争の原則」であり、これによると「資本主義（的生産様式）をもって、階級闘争を基調としてきた人類の前史が終わる」というものである。マルクスは、ヘーゲルの法哲学を批判的に検討する過程でこのような構想を抱くようになったと言っているが、第三の「階級闘争の原則」は明らかに終末論的であり、ヘーゲルにおける「歴史の終焉」という観念を通してマルクスもまた、このユダヤ・キリスト教的な歴史観を受け継いでいるように思われる。ただし、この際マルクスは、第一の「下部構造の原則」において社会存立の土台を法律や倫理ではなく経済生活（生産活動）における人間関係とし、更に第二の「照応の原則」で生産力の発展こそが社会の性質を根底から変化させるという人類史の発展法則を付加することで、宗教的な教理を「唯物論的な」歴史観に作り変えているわけである。

　資本主義をさえ克服すれば人類の前史が終わる、すなわち長年の貧苦と収奪・侵略と殺戮・抑圧と搾取・等々から人類が解放される日は今や目前に迫っている。こんな希望に満ちた展望が体制改革派を勇気付けないわけがない。しかも、この歴史観が「唯物論的」に作り変えられたことによって、もはや神秘的な宗教性は剥ぎ取られ、「科学的」根拠があ

るかのような印象を与えることによって、その効果が倍増したことも確かである。しかし「歴史観」がそのままの形で社会科学の命題として真偽を問われることはありえない。社会科学は、「特定の社会が如何なる構造をもち如何に機能しているかを客観的（対象的）に明らかにする」のが目的であって、あらゆる社会に共通する一般原理とか、人間にとって（内面化しうる）社会が如何なる意味をもつか、といった哲学的な問いに答えるものではないからである。これに対し歴史観（歴史哲学）は、本来、神の意志によって人類の歴史が決定されるとする宗教的な教理であり、科学的な法則ではない。史的唯物論の場合には、「生産力の向上」という人間の意志らしいものが導入されてはいるが、現存の生産関係と矛盾するほどの「向上」がつねに人間によって志向される理由は明らかにされていない。それゆえ人類がそれを望むように運命付けられていると言えないわけでもない。そうだとすると、ここでは「運命」が「神」と入れ替わっただけで、基本的には人類の歴史が「測り知れない」何らかの霊力によって決定されているという点に変わりはないことになる。（もともとギリシャにはなかった歴史観を哲学に導入したのはキリスト教思想であるといわれる。）　一時カウツキーのような人は、唯物史観の三原則も自然科学的な仮説と同じように「経験的に検証可能」と考えたようであるが、実際には、そのように子供じみたことを本気で試みた人は皆無であった。

　しかし、それならば歴史観は社会科学とは無縁であるかと言えば、それは決してそうではない。自然科学の研究も（陰に陽に）何らかの自然哲学を前提としているように、社会科学の研究もその出発点に何らかのイデオロギーをもっている。実際マルクスの場合は、唯物史観を「導きの糸」として経済学の研究に入ったのであって、それが「どういう意味をもっていたのか」が反省されなければならない。宇野は、唯物史観をマルクスの「イデオロギー的仮説」と見ている。それはどういう意味であろうか。およそ「社会」とか「経済」とか「国家」とかいう概念は近世になるまで存在しなかったのである。それらは（また、それらに関する学問も）近代的ブルジョア社会の生成とともに発生してきたのであって、初めから「近代主義的なバイアス」を体現している。すなわち、社会とはもともと近代社会（資本主義社会）のことであり前近代社会は人

間社会の未発達な形態に過ぎない、という自由主義的イデオロギーの所産であるということができるのである。経済学に代表される近代的社会科学は総てこの近代主義的な歴史観を体現していると言ってよい。実際、今日においても経済学の主流は、全面的市場経済に依拠する資本主義を凌ぐ社会はあり得ない（人間の力では構築できない）という偏見から脱却していない。だから資本主義も、いずれは社会主義に取って代わられるという発想には馴染めないわけである。しかしマルクスはそういう経済学の「批判」を試みたのである。そのための第一歩は当然「近代主義的な歴史観」を打破することであり、彼が敢えて「経済学批判」に先立って唯物史観を提唱したのは、近代主義の歴史観に対抗しうる「イデオロギー的仮説」を必要としたからであろう。それは、資本主義も生産力の一定の発展段階に照応する一歴史社会であるという前提で、経済学を考え直してみようという意思表示に他ならないのである。

　ここで注意しなければならないのは、ブルジョア経済学を支える近代主義的な歴史観は「仮説」ではなくて信仰であるのに対して、史的唯物論は「信仰」ではなくて仮説に過ぎないということである。それは次の意味である。すなわち、ブルジョア経済学はその研究を如何に深めても、やはり資本主義を越える経済体制は考えることができないといいう性質をもっており、それゆえに何処までもイデオロギー的であるに留まる。これに対して、マルクス経済学の理論はそれが完成に近づくと、それにつれて資本主義社会が史的唯物論の三原則の総てと整合的であるという事実が判ってくる。宇野はこのことを、資本主義のなかで史的唯物論の「縮図」が確立されると表現しているが、その意味は、経済学理論によって資本主義の本体が明らかになったとき、このイデオロギー的仮説はもはやその役割を終了して不要になっている、ということなのである。この段階で改めて史的唯物論を「社会発展の法則」などと拡大解釈して「信仰」する必要など全くない。そのような必要を感じるのは、実は、マルクスの経済学理論によって何が達成されたのか（されるべきなのか）を知らない人である。つまり客観的な知識（科学）として「資本の内的論理（宇野はこれを「原理論」、私はそれを「資本弁証法」と呼ぶ）」が全面的に解明されれば、その研究に道筋をつけたイデオロギー的仮設は不要になるのである。

　マルクス経済学の理論は「資本による資本主義の定義（総合的規定）」を自己完結的（弁証法的）な体系として明らかにするものである。この体系は原則的にイデオロギー的な上部構造に属する人間関係を含んでいない。従って、資本主義社会の土台（下部構造）としての生産関係が（イデオロギー的な夾雑物なしに）純粋に経済的に規定できると言う事実が示されている。すなわち資本主義社会は史的唯物論の第一の原則を充たしている。また、この同じ体系は、定期的に発生する経済恐慌の必然性を内包している。すなわち一つの技術体系のもとで資本の蓄積が拡大すると、やがて労働力の供給が逼迫してきて実質賃金が騰貴する。それは利潤圧縮を招来し、現存技術に対応する価値関係が維持できなくなるので恐慌が起る。それに続く不況期に新しい価値関係を規定する新技術の採用がなされる。これは資本主義のなかでも、生産力と生産関係の照応が技術体系と価値関係の照応として繰り返されることを示す（すなわち「縮図」的に史的唯物論の第二原則を充たす）ものと解釈できる。そして最後に、資本主義の市場関係は前近代社会の「経済外的強制」を排除しており、階級対立は自由・平等の建前の下に少なくとも表面的には既に止揚されている。言い換えれば、資本と賃労働の関係が最後に克服されるべき敵対的階級関係であることを、暗に物語っている。かかる意味で、史的唯物論の第三原則をも間接的に示していると言うことができるのである。

　マルクスが生み出した『資本論』の経済学は、これを原理論ないし資本弁証法として完成させれば、資本主義（的生産様式）がこのように特異な形においてではあるが、もともと「導きの糸」ないし「イデオロギー的仮説」であった史的唯物論の三原則を総て充足しているのであるから、資本主義が一歴史社会として存在することが経済学的に証明できたわけである。こうして彼の企画であった「ブルジョア経済学の批判」が成功し、その近代主義的偏向が打破できたことになる。しかし、これは史的唯物論をそのままの形で、例えば「社会発展の法則」として、論証したことにはならない。そのようなことは、既に述べたように、社会科学の範囲を超えることである。史的唯物論は、資本主義の経済学的解明が完成した段階で不要になるイデオロギー的仮説として重要なのであって、何時までも宗教的歴史観として拘泥すべきものではないと思われるのである。むしろ今度は、資本主義経済の構造や機能を基準として、前近代的

社会の経済活動も明らかにされるべきなのである。もともと慣習などによって規定され、イデオロギー的上部構造と混然として見定めにくかった生産関係も、資本主義との対比においてこそ恰も「人間の解剖が猿の解剖を援ける」ように、複雑な絡まりあいの中から摘出して理解することができるようになる。(明らかに、他の特定社会の研究においても史的唯物論を念頭におきながら、「下部構造と上部構造の関係」とか「生産力の発展と社会関係の変遷」とか「階級闘争の具体的展開」などを精査するする指針とすることは有益であろう。) マルクス主義者の知的財産は寧ろこの点にあるのであって、その科学的真理性が一向に明らかでない「社会発展の法則」などを大上段に振りかざして大言壮語することにあるのではない。

結びにかえて

　マルクスの「経済学批判」を巡る研究のほぼ全体は、1857-58 年と 1863-65 年の草稿に含まれていると言われるが、1883 年に没するまでにマルクス自身が出版できたものは、『資本論』の第一巻などごく僅かなものであった。しかも晩年には彼の主要関心事が経済学から遠ざかっていたことも解っている。それゆえマルクスの死後、厖大な未発表の草稿を整理し出版する役割は、盟友エンゲルスの手に委ねられた。エンゲルスは速くも 1885 年に『資本論』第二巻を出版することができたが、第三巻は、諸般の理由で大幅に遅れ、1894 年まで日の目を見るに至らなかった。これはエンゲルス自身が没した年でもある。『資本論』の第四巻にあたるとされる『剰余価値学説史』は更に遅れ、1905 年から 10 年にかけて、カウツキーの手で (やや不満足な形で) 出版されたのであった。また今日ではよく知られている『資本論要綱』(1857-58 年の草稿のこと) の如きは 1953 年に至って初めてその存在が知られたという。こうした経緯を考えると、本格的にマルクスの経済学が研究されうる条件が整ったのは、既に第一次世界大戦が終わり、ソ連邦が発足して公式にマルクス・エンゲルス研究所が開設されてからだということになる。

　従って、第一世代のマルクス主義者は、『資本論』の第一巻以外に殆どマルクスの経済学を知らずに政治活動をしていたことになるし、彼等

は当然「経済学」ではなしに「思想」からマルクス主義に入ったのである。「常識的マルクス主義」が形成され定着する理由はここにあった。また、宇野が第一次世界大戦後の日本の大学でマルクスの経済学に関心をもったのは、その本格的研究のための条件が整ってからまだ間もない時分のことでもあった。しかし、既に述べたように、20年代の後半辺りからは西欧においては勿論、日本においても、政治・社会情勢の変遷により「常識的マルクス主義」に火急の出番が訪れている。このため勢い「もう一つの（本来の）マルクス主義」の影は薄くなり、今日に至るまで正当な市民権を認められずにきたのである。

　さて、既に述べたことから明らかなように、マルクス主義経済学は、言わば史的唯物論に従属しそれを補足する経済学に過ぎないと言うことになる。すなわちマルクス主義経済学の使命は、史的唯物論をすでに正しいものと受け入れたうえで、従って資本主義が矛盾を含み滅び行く社会であるという事実を確認しさえすればよいことになる。しかし、このように「正しい結論」が初めから与えられていると、多少その論拠が脆弱であったり恣意的であったりしても余り気にならなくなるのが自然である。だから後でも述べるように、経済学としては極めていい加減な理論が、あんがい平気でまかり通ることにもなる。例えば資本主義の自動崩壊説とか労働者階級の絶対的窮乏化説とかもその例であろうし、また最近では、「線形生産モデル」に依拠する価値論の無軌道な解釈などがこれに加わる（これについては後で詳論する）。これに対し、（本来の）マルクス経済学にとっては、史的唯物論の方が、ブルジョア経済学の近代主義的前提を批判できるためのイデオロギー的な「入り口」に過ぎないのであるから、そのような無責任に甘んずることはできない。経済学の領域にこそ真剣勝負の舞台があるとしなければならない。と言うことは、実際にブルジョア経済学の理論を批判しそれを乗り越えることができなければならない。ブルジョア経済学が古典学派の段階にあったときには、マルクス自身がその任務をほぼ完了したとも言えよう。しかしブルジョア経済学が新古典学派の成果によって格段に充実してきている現状においても、マルクス経済学は同じようにこれを批判し乗り越えることを求められるのである。今日の「宇野理論」は、当然その要請に応えられなければならない。マルクス主義経済学ならば、ブルジョア経済学を、た

だその外部から「邪教」と決め付け罵詈雑言を浴びせていれば、大体ことが足りるのであるが、宇野理論に基づくマルクス経済学は、それで済ますわけには行かない。

　そこで次節からは、そのような任務を帯びたマルクス経済学の可能性を更に深く検討して行くことになるが、実は、そこにこそ、真の「近代批判」の拠り所があるのである。何故ならば、それは先ず「原理論」をによって近代＝資本主義の拠ってたつものを確定するからである。宇野のいう「原理論」は「資本による資本主義の定義」であり、それは「資本主義をして資本主義たらしめているもの」すなわち「資本主義のソフト」を白日の下に曝すものに他ならない。「常識的マルクス主義」と「マルクス主義経済学」が不十分なのは、批判の対象を冷徹に透視することなく、単に憎むべき「得体の知れない」ものとして、外側からこれを非難するに過ぎないからである。これでは到底「近代批判」の任に耐えないばかりでなく、既に一般的傾向として定着しつつある「マルクス離れ」に抗うことはできない。21世紀においてマルクス再興の夢が叶うか否かは、「常識的マルクス主義」の限界を越えた「本来のマルクス主義」が把握できるかどうかに懸かっている。

第Ⅲ節　マルクス経済学と宇野理論

　前節ではマルクス主義における史的唯物論の役割について述べた。「常識的マルクス主義」が、マルクスの革命思想の中核として唯物史観（史的唯物論）を継承しているのに対して、宇野理論は（マルクスに従って）それを単に経済学批判への「導きの糸」と考える。つまりマルクスは、ブルジョア経済学を学びながらも、その近代主義的な偏向に感染しないためのイデオロギー的仮説（仮の世界観）として、唯物史観を採ったに過ぎない。しかし『資本論』において、資本主義という一歴史社会の経済学を確立できたマルクスにとって、唯物史観は既に与えられた使命を果たしているのであって、改めてこれを「社会発展の理論」などという

仰山なものに仕立て上げる必要はなかった。何故ならば、近代主義の呪縛から解放された経済学があれば、今度はそれが解明する資本主義経済の構造と機能を鏡（基準）として、あらゆる社会の下部構造をも透視することが可能になったからである。そこで本節では、『資本論』から出発した宇野が、如何にしてそのような任務を帯びた「マルクス経済学」を形成したのか、という問題に移ることにしたい。

　『資本論』の第三巻が刊行されて、マルクスの経済学的業績のほぼ全貌が明らかになったのは、19世紀が終わろうとする1894年であるが、資本主義は当時すでに「帝国主義」という新しい発展段階に入っていた。『資本論』は、それ以前の「自由主義」段階を前提として執筆されていたので、もはや現状から大きく乖離し、老朽化した理論をしか提供していないかのように思われた。そのため、修正主義に流れずマルクス主義を堅持したものは、如何にして理論と現実の乖離を埋めるかに苦慮したのである。宇野は、資本主義の原理と経済生活の現状との間に「発展段階」という中間項をおいて「媒介」せしめることによって、「理論の抽象的厳密性」と「歴史の具体的多様性」をともに生かすことができると考えた。そこで『資本論』の中から抽象的な資本主義の理論に係わる部分だけを取り出し、その罅隙を補うことで、始めて「原理論」または「純粋資本主義の理論」を確立することができたのである。従来のブルジョア経済学は、資本主義を「永遠の社会」と見る近代主義的なイデオロギーに縛られているので、自然科学と同じような方法で資本主義社会を研究しようとする。しかし、それでは商品経済的市場という資本主義の表面的機構にのみ照明をあてることになり、この社会の存立の根拠を示すことができない。このような経済学は満足な社会科学とは言えないのである。「原理論」として純化された資本主義経済の理論は、これまでに近代主義的偏向を排除することのできた唯一の、そして高度に洗練された社会科学的理論であることが、先ず理解されなければならない。

宇野理論の概要

　宇野経済学の特徴としてよく知られているのは、それが「原（理）論」

「段階論」「現状分析」の三重構造をもつことである。宇野はドイツ留学中に一方で『資本論』を読破すると同時に、他方レーニンの『帝国主義論』にも接し深い感銘を受けている。この本はスイスに亡命中のレーニンが1916年に書いたもので、出版されたのは1917年の夏であるが、宇野が読んだのは1920年のドイツ語訳である。彼の留学期間は22-24年であるから、当時はまだ比較的新刊の書であったことになる。レーニンはこの中でヒルファーディングとホブソンを利用し、帝国主義を資本主義の「最新の段階」と規定しているのであるが、その段階規定と『資本論』における資本主義（的生産様式）の原理的規定とは同質でない、ということを宇野は一種の驚きをもって悟ったのである。マルクスの場合には、資本主義の原理的規定と自由主義時代の段階的規定が、ハッキリと区別されないままに混在していたが、そのことが、世紀末から第一次世界大戦にかけて、マルクス主義者を無用に混乱させたのではないかと宇野は考えた。実際、『資本論』の全三巻は、自由主義段階の資本主義を前提に書かれており、既に帝国主義段階に入っていた当時の時代感覚とは調和しなかった。現状に密着して活動せざるを得なかったドイツ社会民主党は特にこの点に苦慮し、ベルンシュタイン一派ははやくも修正主義に走ったのであった。レーニンも高く評価した『金融資本論』を1909年に出版したヒルファーディングも、マルクスの貨幣論から直接に「金融資本」の概念を導出しようとしたが、宇野によれば決して成功したとは言えなかった。こうした一連の事情が、新進気鋭の宇野の発想に決定的な影響を与えたのである。

　こうした疑問をもって帰国した宇野は、1925年から東北大学で経済政策論を担当することになった。そこで彼は資本主義の世界史的発展を「重商主義」「自由主義」「帝国主義」の三段階に分け、それぞれに対応した経済政策の特徴を解き明かそうとした。当時の日本では、いわゆる「日本資本主義論争」が盛り上がっていたが、宇野はそれを横目で見ながら、資本主義の原理的規定と現状の分析を直結しようとしても無理が伴うことに、ますます確信を深めたようである。資本主義経済の現状を分析するためには、「発展段階」という媒介を経て、間接的に原理と係わらなければならない。逆に言えば、資本主義の原理は、資本主義の発展段階という「媒介」を通して、現状の経済に反映されるのである。こ

れが宇野の結論であった。マルクスの『資本論』では、原理・段階・現状の三レベルが意識的に区別されていないので、抽象的な原理と具体的現状が直結できるような印象を与えているが、それは一見、便利なように見えて実は大きな陥穽を隠している。むしろ抽象的理論と具体的現状とを「発展段階」という中間項で媒介することで、資本主義の解明はもっと精密で確実なものになるというのである。

　この「媒介」ということは、経済学の対象が資本主義という「歴史的」制度であることから、いずれにしても避けられない問題である。ブルジョア経済学のように、資本主義を永遠の制度だという近代主義的イデオロギーに固執していれば、こういう問題は起こらない。ただ永久不変の現実とそれを解釈する（地図やモデルのような）理論があればいいのである。しかし、資本主義が歴史的に一回しか起こらず、それには「始め」もあり「終り」もあるとなれば、当然、「歴史と理論」の関連をどう扱うかが問題になる。教条的なマルクス主義はエンゲルスの教えに従って、歴史の中からジグザグ（紆余曲折）を取り除いたものが理論である、という所謂「論理＝歴史主義」を採用していたが、これではとても経済学の役には立たない。誰でも厳密に考えれば、論理と歴史の間に必ず何らかの媒介が必要であることが判る。宇野はそれを「段階」にもとめたのである。彼の『経済政策論』は、資本主義の「世界史的」発展段階を、発生期・成長期・爛熟期に分け、夫々に商人資本・産業資本・金融資本の蓄積様式を対応させている。また、商人資本にはイギリス羊毛工業の家内生産が、産業資本にはイギリス綿工業の工場生産が、そして金融資本にはドイツ鉄鋼業の組織的独占による生産が対応しているが、これらは更に重商主義的・自由主義的・帝国主義的ブルジョア国家の政策に支援されている。このような形で提唱されている宇野の「段階論」は、そのままでは完全なものと言えないかもしれないが、それならばそれで、この段階論を更に洗練し深化して行くべきなのであって、（一部のマルクス主義経済学者が望んでいるように）「段階論」そのものを否定することはできないし、それに代置するものを提供せずに否定しても全く無意味である。

　さて、マルクスの『資本論』から、歴史的記述や自由主義段階の現状分析に関わる内容を除外して考えると、そこには資本主義（的生産様式）

の原理的規定が残ることになる。それは決して完全なものではないが、学説史上無類の卓越した経済学理論であるばかりか、それまでの経済学には果たしえなかった「近代主義的偏向の超克」に見事に成功することで、経済学に新基軸をもたらす画期的な業績でもあった。宇野はまずその不完全性を補うことで、マルクスの始めた資本主義の原理的規定を完成しようと努めた。これが彼のいう「原理論」である。しかし不完全なものを完全に近づけるためには、大胆な追加・削除・変更の手続きが欠かせない。それゆえ宇野の「原理論」は、マルクスの『資本論』をそのまま忠実に祖述するものではなく、むしろ大幅に改変するものとなった。これがマルクス主義経済学者を怒らせ、「宇野理論」を異端視させる原因にもなったのである。しかし宇野はマルクスの意志に反して『資本論』を改組したのではない。寧ろそれを本来あるべき姿に戻すことによって、マルクスによる資本主義の原理的規定が、決して「時代遅れ」にはならないことを示したのである。これはマルクス経済学が発足（『資本論』第三巻の出版）の当初から悩まされ続けた問題に関わる。資本主義が明らかに「帝国主義」という重工業中心の発展段階に入っているのに、軽工業中心の「自由主義」段階を前提に書かれた『資本論』がなぜ何時までも有効なのかという問題である。それは『資本論』がその中心的素材として（資本主義のあらゆる発展段階に通じる）「原理論」を持っているからなのである。

　では、かくいう「原理論」すなわち資本主義の原理的規定とはどういうものか。宇野はこれを「純粋資本主義の理論」とか「資本主義の純粋理論」とか表現しているが、すでに第一節でも指摘したように、この「純粋」がアダになった。「これではワルラスの『純粋経済学要論』と同じではないか」と難癖をつけられたのである。確かに数学の得意な新古典学派では純粋理論（pure theory）という表現を連発するので、マルクス主義経済学者は「純粋＝ブルジョア観念論」と思いこみ勝ちなのである。しかし、それなら原理的規定が「不純」でもいいのかと言うと、そうはならない。ただワルラス（や新古典学派）の場合のように「数学的」ないし「形式論理的」の意味で「純粋」というのとは違うのである。明らかに、資本主義の原理的規定を、全て数学ないし形式論理的に表現し尽すことはできない。数学や形式論理の特徴は、公理や公準を無証明で受

け入れれば、後は全部を（定理として）証明できる点にある。言い換えれば、どの命題も同義反復的に導出できる閉鎖体系を構成できるのである。これに対し「資本主義を原理的に規定する」というのは「純粋な資本主義を定義する」というのと同義である。ここで「純粋な」というのは、「どの使用価値も同じように完全に商品化できる」という意味である。実際にはこういうことはありえない。使用価値とは我々の生活に何らかの有用性をもつ生産物（＝有用物）のことであるから、繊維製品も農産物も、鉄鋼製品も自動車も、発電所も航空機も、公園もスキー場も、学校も病院も、ロケットも宇宙ステーションも皆そうである。しかし、そのどれも（資本家的工場で）同じように商品生産できるとも、またそうするのが適当とも言えない。ところが「純粋な資本主義」では1からnまで全ての使用価値が、全部「商品」として私的に生産され販売され購入されて消費者に入手できる仕組みになっている。そうでなければ「純粋」な資本主義の定義はできないし、資本主義の原理的規定もできない。言い換えれば、純粋資本主義とは資本主義のイデアのようなものであって、決して実際に存在するのではなく、ただ存在論的（ontological）に「想定しうる」ものに過ぎない。また、そうであるからこそ資本主義は、実際には歴史的一過性を免れないにも拘らず、論理的には、「永遠に持続可能であるかのような」法則に支配されるのである。

　マルクス経済学では、原理論によって資本主義を「定義」し、それからの距離で現実に実在する資本主義の「資本主義度」を測る。すなわち「原理論」は「基準」であって「道具」ではないのである。この点が曖昧だと、マルクス経済学の意味が全く解らなくなるので特段の注意を要する。ところが、我々は普通「理論」というと、直ぐにそれを「分析の用具」というように功利主義的に考えがちであるが、それは、自然科学の理論にそのような性質があるので、そこからの類推によって、経済学（のような社会科学）でも同じだと早合点してしまうのである。そのように知らず知らずのうちに誤解するという場合が大部分であるが、同時に、「科学」というからには自然科学でも社会科学でも同じことだ、と頑なに信じている人もいる。そこで次に、そのような一方的な思い込みを改めないと、マルクス経済学の理解は不可能であることを示したい。

自然科学の道具的「理論」

　第一節においても述べたように、自然科学の命題は総て $(a, b, c, ...)$ → x という形をとる。これは「条件 a, b, c 等が充たされれば、事象 x が起こる」という意味である。数学の定理も同じ形式で表現されるが、この場合は条件も結果も抽象的（論理的）なものであるから、その事実的内容（factual content）を指定する必要はない。しかし自然科学の場合には、条件も結果も具体的に設定されなければならない。と言うのは、実験や観測を実際に行う手続きや、その結果を認定する際の許容範囲を決めるなどの具体的検証の方法を、予め決めて置かなければならないのである。そういう「検証の方法」は予め専門家の間で合意される。そのように合意された「検証」を行って、当該命題に反する結果が検出されなければ、それは当面「正しい」もの（真理）と看做されるのである。勿論、このような個別的な検証結果をバラバラに寄せ集めただけでは自然科学にならないので、それらを整理し相互に関係づけて体系的な知識にする必要がある。そこにはカントのいう純粋理性の「先験的な」働きが加わってこよう。しかし、そのようにして得られた自然科学的知識は、何処までも「科学的研究の現段階においては」という曰くつきの真理（私の言葉では so-far-so good truth・暫定的真理）であって、絶対的なものではない。今後、科学的研究の水準が上昇すれば、改めて見直されるかもしれないという意味で、「相対的」なのである。

　これは「物自体」が摑み切れないままで、自然現象を個別的に研究せざるを得ないことからくる宿命であると言わなければならないだろう。即ち、我々は自然の全体を認識することはできない。われわれは自然を外側から局部的に観察し、その範囲での規則性を「記録」し「分析」し差し当たりの結論を導出できるだけであって、自然法則を全面的に知りうるものではない。例えば、地震という卑近な現象をとってみても、世界各地で何度となく繰り返される地震現象を記録し調査することによって、その（頻度、周期性、震源地、震度等々における）規則性をある程度まで把握することができる。そして、もし将来この規則性に大きな変化が生じる可能性がないと判断される場合には、次の地震が何時、何処に、

どのような激しさで襲ってくるかを（これまた「ある程度」まで）予測することができる。この予測性こそが、自然科学の知識の技術的応用（いわゆる「科学技術」）をも可能にするのである。実際、地震観測所は世界各地に設けられ、相互に情報や分析結果を交換している。それによって少しでも大地震の発生を事前に予知することができれば、人間社会への被害を最小限に食い止めることができるからである。しかし地震は飽くまでも自然現象である。と言うのは、自然がわれわれ人間には相談もせず勝手に仕組んだことである。だから我々は、事前に自然と交渉して特定の地震を起こさないで貰うことはできない。また別の地震と取り替えて貰うこともできない。何故この地球が、地震の起こらないように予め設計されていないのかと訊ねられても、我々にはその理由を知る由もない。

　それゆえにこそ我々は自然に対して謙虚でなければならない。自然を「征服」するなどと豪語しても、「それがどのように創られているか」が解らぬものを軽々に改造しよう等とすれば、結局、愚かな自然破壊を招来することになり、われわれ自身の生存の基盤を危うくするだけである。自然科学の知識は、人間中心的に自然を改造するためにあるのではなく、自然に順応し、便乗する知恵を我々に与えるためにあるのである。このことは自然環境の保全が大問題になった今日、誰の目にも明らかになったが、科学技術が未熟であった時代には「共生的」自然観よりも「対象的」自然観の方が支配的であり、それが（自然）科学的知識の過大評価をも助長していたのである。その盲目性を最も端的に表現するのが、自然科学一元主義（reductionism）や自然科学万能主義（scientism）である。前者によると、科学は一つしかなくそれは自然科学であるから、同じ方法が社会科学（や人間科学）にも適用されるべきであるとする。後者によれば、自然科学以外の知識はすべて形而上学であり「科学的に無意味」であるから、全てのものは自然科学の方法によってのみ「客観的」に認識できるという。何れも19世紀末に流行っていた実証主義思想に端を発する一種の「自然科学帝国主義」であるが、今尚、根強く生き残っていることを否定できない。社会科学よりも自然科学のほうが先に発達し、その方法を確立したことがその理由の一つであるが、それだけではない。

　自然科学の後から発達した社会科学は、これまでのところ、自然では

なく社会を対象とする別の種類の科学として、自らがどのような方法を採用すべきかについて十分の反省もしないまま、ただ自然科学に劣らず客観的で厳密でありたい（あるべきである）という願望にのみ衝き動かされ迷走してきた。それは、社会科学（特にその中心をなす経済学）も自然科学の亜流として考えたほうが都合がよい、というイデオロギー的要請があったためである。産業革命以来の「科学技術」の発展には目を見張るものがあった。それは人間生活（の物質面）を安楽にするものでもあったから、誰しもがその積極的な成果を称え熱狂したのである。しかし、自然科学の知識が「科学技術」として利用できるのは、既に述べたように、それが $(a, b, c, ...)$ → x のような予測的形式（predictive form）をもつからである。自然界で条件 a, b, c 等が充たされれば x という事象が発生するというのであれば、人為的に同じ条件を整えることで、同じ事象を自然の中で発生せしめることもできる筈である。科学技術はこの点を利用して驚嘆すべき成果を挙げてきた。自然科学に続いて発達した社会科学としては、同じように目覚しい成果を挙げないまでも、少なくとも人間生活にとって「役にたつ」科学でありたいと望むのは当然であろう。ところが、このあと直ぐに説明するように、社会科学の知識は自然科学と同じような「予測的形式」をしていない。だから原則的に科学技術としては利用できない（技術的な利用を許すものではない）し、人間生活（の物質面）を安楽にするのに役立つものとも言えないのである。しかし、このことは永らく悟られず、人間生活の（物質面での）向上に社会科学が直接の貢献をしないということが、科学としての未発達度を示すかのように短絡的に考えられてきた。そのような皮相な常識を支えてきたものは、実は社会科学にその出生の発端から備わっていた「近代主義（ブルジョア）的」イデオロギーに他ならないのである。

　既に前節で指摘したように、古典派経済学にとって近代（資本主義）社会は永遠の制度である。未開の社会が次第に自己の不備を補修し、最終的に資本主義社会になったとき、人類の歴史は終るという考えである。言い換えれば、資本主義社会も自然と同じように、神が人間に（上から）与え賜うたものであり、自由競争市場は「見えざる手」によって社会的諸利害の調和を達成するのであるから、これに勝る経済制度を人間達が考案することはできない。このような近代主義的イデオロギーに固執

すれば、資本主義（的生産様式）も自然と同じように不可知な「物自体」を秘めていることになり、これを研究する方法が、自然科学の方法と同じものでもよい（寧ろそうでなければならない）と考えるのが合理的である。そうすれば同時に、資本主義の運動法則を全面的に解き明かすことは不可能になる。我々に知りうるのは、資本主義市場の表面に表れた局部的現象だけになる。従って、資本主義そのものを改変しようとする意志は消滅し、その枠内での政策提言のみが経済学（社会科学）に期待されることになる。これは、資本主義制度のなかで権力をもち経済的に潤う階層の人達にとって、最高に都合のよいイデオロギーであることは今更怪しむに足らない。このイデオロギーこそが、近代的社会科学の大前提として長年受け継がれてきたのであった。また其処から「社会的ダーウィン主義」による「強者生存説」などのような、露骨に富裕者や権力者に都合のよい社会思想も出てきたのである。

　しかし、このような前提にたつ社会科学は本来の社会科学ではない。それは御用科学に過ぎない。ここで「御用科学」というのは、現体制を無批判に受け入れるイデオロギーに科学的粉飾を与えるもののことで、絶対主義の時代の「王権神授説」などに類するものである。自由主義の時代に発達した近代的社会科学にも御用科学的な要素があることに気付き、それを払拭した真の社会科学を建設しようとしたのがマルクスであり、『資本論』はその第一歩であった。それにも拘わらず大半のマルクス主義者がそのことに気付かず、マルクス主義を単なる革命（反体制）のイデオロギーに矮小化してしまったのは、歴史的経緯から止むを得ざる側面があったとしても、真に嘆かわしいことと言わなければならない。そのような俗流マルクス主義とは一線を画して、経済学中心のマルクス主義をもとめたのは、前節で明らかにしたように独り宇野弘蔵のみであった。我々が宇野の偉業を継承してマルクス主義の知られざる一面を明るみに出すことは、最近ひろく関心を集めるようになった「近代主義の批判」との関係においても、意義深いことであろう。もともと近代社会とは資本主義社会（資本主義的生産様式を基盤とする社会）のことであって、資本主義の何たるかを知らずに「近代」を批判しても、それは風車に驀進するドン・キホーテの滑稽さを免れない。単に心情的なポスト・モダニズムでは真の近代批判は不可能である。

社会科学の原点としての原理論

　マルクスや宇野が求めた（近代主義的偏向という呪縛から解放された）社会科学とはどのようなものであろうか。それを明らかにするのが本書の目的であるが、先ずは、その原点となる宇野のいわゆる「原理論」（私の表現では「資本弁証法」）の意味について説明したい。これは資本主義（的生産様式）の「運動法則」あるいは「内的論理」を展開するものと言われる。ここでいう「内的論理」とか「運動法則」という言葉については、（第Ⅰ節でもそうしたように）差し当たり「資本主義のソフト」と考えておこう。つまり「資本主義をして資本主義であらしめているルールの全体」である。それを体化していないと如何なるハード（実物経済）も資本主義にはならない。「実物経済」というのは、人間社会が繰り返し自然に働きかけて有用なモノ（生産物、使用価値）をつくりこれを消費する過程（すなわち人間社会と自然の「物質代謝」の過程）のことであるが、これは様々な社会で各様に行われる。これを資本主義的に行うためには、それなりのプログラム（ルールの集まり）に従うことが必要なのである。それを資本主義のソフトとか純粋資本主義とか呼ぶことにする。普通の（比較的単純な）社会であれば、その社会の経済活動を律するルールは（目に見える）慣習や身分関係で規定されるに留まり、概してそれほど複雑なものではないから、特に社会科学による考察を必要としないでも済む場合が多い。ところが（全面的市場経済・商品経済を特徴とする）資本主義となると、そう簡単にはいかない。実際、資本主義の到来を告げた近世になって、突如として「社会」とか「経済」とかいう言葉が使用されるようになり、近代的「社会科学」の誕生を促したという事情もそれを物語っている。

　資本主義社会では「身分制度」が「契約制度」にとって代わられる。契約は原則として対等の当事者の間に結ばれるものとされるが、これは市場で商品を売ったり買ったりするものが総て原則的に「対等」を建前とすることを反映している。しかし、これは表面的なことであって、それだけを認識しても資本主義社会の全貌が解明されたことにはならない。「近代主義的」社会科学はこの表面にこだわる傾向があり、特にブ

ルジョア経済学は市場関係に注意を集中する。その中でもマルクスが「俗流的」と呼んだものは其処にしか関心を示さない。これに対して「古典的」なブルジョア経済学では、資本主義にも収入源を異にする階級が存在することを認めているが、リカード派の社会主義者のように階級関係に深入りしようとすると、直ぐにブルジョア経済学の枠を超えてしまう。要するに資本主義社会の人間関係がどのように構成されているかを詮索することは、ブルジョア経済学にとっては科学的認識を超える「物自体」に触れるものとして「ご法度」なのである。史的唯物論をイデオロギー的仮説として資本主義（的生産様式）を全面的に解明しようとした『資本論』の経済学では、第三巻で資本主義市場の機構が詳論される前に、第一巻と第二巻で「資本と賃労働」の関係が詳細に研究されている。実際、第三巻では近代経済学の一般均衡理論の内容と重合するテーマが多く扱われているが、近代経済学には、第一巻と第二巻の「資本と賃労働の関係（剰余価値理論）」に対応する部分が欠如している。従って、資本主義経済の表面的現象を分析することはできるが（しかも、その点ではマルクス主義経済学よりもはるかに有能であるが）、その本質を看取できるようには始めからできていない。すなわち「資本主義のソフト」を解読できるものではないのである。

　それどころか、ブルジョア経済学には「資本主義（的生産様式）」という概念規定すらも存在しない。近代経済学者は、経済学とは別に「経済社会学」という分野があって、そこで資本主義社会の研究をやればいいと信じ込んでいるが、社会学者の方では資本主義経済のメカニズムは経済学者に教えて貰う積りでいる。結局、A課からB課にたらい回しにされる役所のような話で終わってしまう。ブルジョア社会科学には、資本主義の本体を見極めようとする意志がもともと無いのである。しかし経済学者が主観的にどう考えようと、資本主義社会の成立なしに経済学など始まりようがなかったのも事実である。何れにしても経済学は（学派の別を問わず）資本主義経済に関する知識を求めるものであることに変りはない。ただこの研究対象を、「自然」のように永遠に与えられたものと見るか、あるいは歴史的に一過性の人間社会と見るかによって、資本主義の表面だけを美化して満足するのか、その全体をあるがままに把握しようとするかの違いが生まれるのである。マルクス経済学は後者

の道を選ぶものであるから、先ずその原理論で資本主義のソフトを解読することになる。そこで、如何にしてそれを行うかを次に考えて見たい。これまで「資本主義のソフト」と呼んできたものは、別言すれば「資本による資本の定義」であるが、その意味をよく理解するために、先ず「資本」という概念の解説から始めることにしよう。

　個人的な話になるが、1960年代の北米大陸では、まだマルクスの経済学について知る人は非常に少なかった。そこで、私はその概説を意図した一文を英語で草し、現地の人に語法の誤りなどを訂正して貰うことにした。ところが、私が「資本」と言う言葉をそのまま capital と訳して使ったのを、彼は全部 the capitalist と直し、「資本のような抽象概念を人格化して使用するのはおかしい」と言う。しかも「君は観念論ではないと言うのに、まるで概念が自分の意志をもっているかのように書くのは納得できない」と主張して私を参らせたものである。その後まもなくアメリカでも「資本が剰余価値を追求する（Capital seeks surplus value）」というような表現が普通に使われるようになったので、その点では私も救われたが、逆に「資本」という言葉が無闇に汎用されるに及んで、それが厳密にどういうことを意味するのかが曖昧になってきたように思われる。勿論「資本財」のことではないし個別的「資本家」のことでもない。そうかと言って「資本家全体」だとも言い切れない。「資本主義社会の人間関係だ」と主張する人もいるが、資本の定義に資本主義を前提しても堂々巡りになるだけである。では「資本の論理」などというときの「資本」の正体は一体何であるのか。この点を問い詰められて満足に応えられるマルクス主義経済学者は、おそらく百人に一人も居ないのではなかろうか。何故ならば、「資本」はどうしても「資本家の精神」とか「資本家の神様」とかいうような意味にならざるを得ないのであって、単純に「物質」とは言えない。それだからこそ「資本」は抽象名詞なのだが、常識的なマルクス主義者にとって、このように「観念的」な資本解釈を認めるのは「踏み絵」の上に自分の足を運ぶほどに恐ろしいことなのである。しかし、実際には、「資本」を単純な物質として定義することなどは誰にもできない。

　私自身の理解は次のようなものである。唯物論の立場からヘーゲルを批判したフォイエルバッハは、「神が自らの姿に似せて人間をつくり賜

うた（imago dei）」というユダヤ・キリスト教的な教えを逆転して、「人間が自分の姿に似せて神を想像（創造）したのだ」と主張した。人間は、ある程度までなら、誰しもが慈愛（love）も知恵（wisdom）も能力（power）も備えているが、それを「無限に」行使することはできない。ところが人間の宿命的な有限性を取り払い、これら全ての人徳を「無限化（もしくは絶対化）」した場合を考えると、それが神であるというのである。若しこのように人間の性向を無限化することで「神」を創り出せるとすれば、「得を最大にし、損を最小にする」という人間の経済的性向を無限化することで「経済神」を導き出すこともできる筈である。これが抽象的な富を無限に追求する「資本」なのである。アダム・スミスのホモ・エコノミクスもこの意味の「資本」を体現した人間像であり、資本家一般を指したものに他ならない。具体的な富であれば、必ず堪能して「もう要らない」という限界に突き当たるから無限に追求することはできないが、「抽象的な富」であれば何処までいっても決して満ち足りることはない。原理論では抽象化された富を「価値」と呼ぶから、そこでは「無限に価値を増殖するもの」が資本なのである。

　さて、このような性質をもつ「資本」を想定すると「原理論」を構築することができる。すなわち「純粋な資本主義」を定義することができる。何故なら原理論とは、既に示唆したように、「資本が自ら資本主義を定義」するものに他ならない。我々がこれまで「資本主義のソフト」と呼んでいたものである。ではどのようにして「原理論」の構築ができるかというと、その答えは極めて簡単である。資本主義（的生産様式）のなかで起こりうるあらゆる状態を想定し、「こういう文脈にあった時お前はどう行動するか」と資本に尋ねればよい。資本は（人間的な有限性を無視して）何処までも「損を最小にし得を最大にする」ように行動するから、第一節でも述べたように、どの問いに対しても迷わず正解を提供するのである。問題は、資本から必要な回答を総て引き出すために、どうしたら完全で組織的な「質問表」を用意できるかである。言い換えれば、どのような質問をどのような順序で行ったら、収録された答えを総合して「資本による資本主義の定義」に纏め上げられるかが問題になる。ところがそのような「質問表」のモデルを提供しているのが、他ならぬヘーゲルの『論理学』なのである。

ヘーゲルの『論理学』は、「絶対者（神）が自然や人間を創造する前に、天上で自己を総合的に開示する論理」である、とヘーゲル自身が述べている。またこの「論理学と形而上学は一致する」とも述べている。形而上学とは感性的な（sensuous）な含みを一切もたない純粋な概念の世界であり、そのような世界は論理的なものである。（例えば「犬」といえば特定の犬ではなく「犬一般」の概念ではあるが、犬好きの人と犬嫌いな人では感性的にその捉え方が異なる。だが有とか無とか、形態とか実体とか、主観とか客観とかの「形而上学的な概念」には、最早そのような感性的要素は含まれていない。故に、形而上学的な概念を相互に関連づけるものがあるとすれば、それは論理的関係でしかない。）ところがフォイエルバッハによると、神（絶対者）はもともと人間の美徳（性質）を「無限化」して創出したものであるから、それを総合的に自己開示する論理（すなわち「弁証法」）は、同じように人間の経済的性向を無限化して創った「資本」を総合的に自己開示させるにも、有効に利用できる筈である。「資本による資本主義の定義」として原理論が構築できるというのは、「資本が自己を総合的に開示したもの」すなわち「資本の弁証法」が「原理論」であると言うのと同じことになる。つまり原理論は、謂わば「具体的な資本主義が地上に形成される以前に、ソフトとして存在するその論理」なのであって、それは、絶対者の論理学が形而上学と一致するというのと（対応的に）全く同じ意味で、「経済学の理論と一致する」のである。
　実際、宇野の「原理論」の構造はヘーゲル論理学の構造と完全照合（homomorphism）している。ヘーゲルの「有論」「本質論」「概念論」に対応して、宇野の原理論は「流通論」「生産論」「分配論」の三部に分かれているし、もっと細かい点までも同様に構成されている。私は宇野から直接にこの照合について教えられたことはないが、カナダで宇野原論を独学するうちに、この完全照合に気がつき驚嘆するとともに深い感銘を覚えた。これについては1984年と1986年に東信堂から出版した *The Dialectic of Capital*, I, II で確認している。しかし「絶対者」の総合的な自己開示の論理と「資本」のそれとが、何故こうも完全な対応を示すのであろうか。私は当初その理由が理解できずに苦しんだ。単なる偶然と言って済まされるものではないし、そうかと言って「社会科学の理論」と「哲学的・宗教的な論理」が完全に照合すると言うのも拙いと思った。

マルクスの「唯物論」とヘーゲルの「観念論」とが同じ論理展開をするのだと主張するからには、それ相応の論拠が求められる筈なのに、私にはそれが見当たらなかったのである。しかし、上述したフォイエルバッハの「神人同形論（anthropomorphism）」に出会うことによって、この疑問が氷解したのであった。もともと人間に備わる性質や性向を無限化（絶対化）して創り上げた主体が、自己を総合的に開示する（自分がこういうものであると自ら説明する）論理的手法は、「ヘーゲル弁証法」的でしかありえない。我々自身の精神構造がそうなっている（論理は我々の頭の中にある）からである。だから、絶対者の自己説明（論理的総合）も資本のそれも同形であって然るべきであり、不審な点は少しもないのである。

結びにかえて

このようにして構築された「原理論＝資本弁証法」は、近代主義の呪縛から解放された社会科学研究の原点となるべきものである。これは純粋な（イデアとしての）資本主義の論理であり、経験的には存在しないが、概念的に存在することによって、日常経験的な人間社会の「資本主義度」を測る「基準」となるのである。この点については更に詳論を要すると思われるが、先ずはこういう経済学理論の「真理性」について考えておかなければならない。経済学の理論は、史的唯物論のように単なる世界観ではなく社会科学の理論であるからには、何故これが「ウソ（空想の産物）」ではないのかを論証できなければならない。自然科学的な方法を採用する（ブルジョア経済学の最先端にある）近代経済学の場合は、当然、その理論の経験的な検証が要求される訳である。しかしこの場合には、自然科学で行われるような観測や実験でそれを行うわけには行かない。ただ従来から、経済活動の記録として、厖大な統計資料が蓄積されているばかりでなく、新たな調査によって特殊目的のデータを収集することもできるので、これらがどのように利用できるかが問題であるが、最近ではそのために高度の計量経済学的な技術も開発されている。ところが、これまでのところ、こうした技術が援用されるのは、経済事情の特殊研

究のために「計量モデル」が作成されたり応用されたりする場合に限られており、経済学の一般的理論の命題を検証するためには殆ど適用されていない。特にミクロ理論の中核にある一般均衡理論とか限界効用学説のようなものが、経験的な検証によって確立されている訳ではない。それどころか、経験的検証を行う「手続き」についての専門家の合意というものも存在しない。これでは実証主義的経済学（positive economics）などと言っても掛け声倒れに終わり、経済学理論の真理性は全く立証されていないことになる。

　では、どうしてこのような状態にとどまっているのかと言うと、それは基本的な「経済の論理」というようなものが、もともと「内省的なもの（人間の普遍的性向に関するもの）」であって、自然現象のように外的環境にかかわるものではないからである。例えば「得を最大にし、損を最小にする」のはどの人間にも本来的に備わっている性向であって、人間の外部で起こる現象から類推されることではない。それゆえ実験や観測によってこれを検証するまでもなく、我々が自問自答してみれば十分なのである。だから特別の理由がなければ、我々は同じ商品をできるだけ安いところで購入し、できるだけ高いところで販売するであろう。いわゆる「経済合理性」というものは我々人間の性向であり、内省的に（人間の有限性を「括弧に入れる」だけで）確認できるのである。明らかに我々の行動は経済合理性だけで規定されるのではなく、ポランニーも主張したように「他の動機」にも支配される。だが経済理論は「他の動機」を捨象し（括弧に入れ）て、経済合理性だけを絶対化（無限化）することで構成されるのである。これは人間を純粋な経済人（純粋な資本家）と看做すのと同じである。「原理論」は純粋にこういう論拠で構成されているのに対し、近代経済学の場合はそうでない部分もある。例えば、産業間の移動が自由であればどの部門でも収益が同じになるというようなミクロ的部分では、「原理論」の場合と同じ論拠を使っているが、貨幣数量説のように貨幣供給が増えるのとほぼ比例的に価格水準が上昇するという場合はそうではない。「原理論」では、訳もなく貨幣供給が増えるというような非資本家的行為は想定外であるが、近代経済学では、このようなマクロ「理論」も採用される。この場合には、内省的に説明できないので経験的（計量的）な検証を必要とする。

　別の言葉で言えば、近代経済学ではミクロとマクロが理論的に断絶しているのである。労働価値説があれば、ミクロを集計してマクロを組み立てることができるが、近代経済学にはそれができないので、経済理論の二つの部分が分断される。たとえば消費者選択の理論からマクロ的な限界消費性向を導き出すことはできないし、マクロの生産関数では資本財の集計が常に問題になる。ミクロは「経済的合理性の公理」から演繹されるものだが、マクロは（もともと景気循環の統計的調査から発展したこともあって）経験的なデータの解釈と深く結びついている。実際、大半の計量的研究もマクロ分野で行われる。いずれにしても、経済合理性の公理は経験的に確かめることのできないものである。そうだとすれば、それは内省的に真理と判断するしかない。数学ならば公理のままでよいが、社会科学でも自然科学でも公理を科学的事実と主張する訳にはいかないからである。だが、そうだとすると経済合理性は人間の経済的性向を「無限化」した結果だということになるし、更に突き詰めれば弁証法的な「原理論」と同じものになる。言い換えれば、ワルラスの一般均衡理論のようなものは、「原理論」の一部を切り取ってきて「近代主義的」に調理したものに過ぎない。近代経済学の目的は資本主義のソフトを解読することにはないので、経済合理性を「便宜的に」公理として使っているだけである。その証拠に、次節で見るように、従来、ミクロ理論の根幹をなしていたワルラス型の一般均衡理論の影は、最近、急速に薄くなり、ゲーム論的な発想と入れ替わりつつある。こうなると新古典派のミクロ理論はますます「原理論」から離れ、「分析の道具」に徹していく。現実が変化すれば、理論も対応的に変化するのが当然と考えているのである。

　これに対して「原理論」は、「資本による資本主義の定義」としての純粋資本主義を規定することであり、これは「道具」として利用できるものではなく、単に我々に判断の「基準」を与えるものである。原理論は「予測的」な形式の命題から成り立っていないので、原則的に「道具」として利用することはできないものである。つまり技術的応用に役立つものではない。それは経済学のような社会科学が、我々の生活を安楽にさせるために直接には役に立たないということであるが、この結論は一部の人を落胆させるかもしれない。しかし、我々が社会科学に対して勝

手な期待を抱いたからと言って、社会科学の方では、そのような通俗な要望に好意的に応える義務はないのである。本来あるべき（御用科学ではない）社会科学の理論が我々に提供するのは、飽くまでも「判断の基準」であって「役に立つ道具」ではない。次節ではこの点を更に追求し、宇野理論に基づく「マルクス経済学」がどのような点で他の経済学、具体的には「近代経済学」と「マルクス主義経済学」と異なっているのかを論じたい。これが同時に我々の「近代批判」であり「経済学批判」なのである。

第IV節　マルクス経済学による近代の超克

　前節までの所論で、マルクスが意図した「経済学批判」がどういうもの「であったのか」、或いは「でなければならなかったのか」が明らかになった。それは近代主義の呪縛と限界を越えて資本主義の真理を把握しようとするものである。この真理をマルクスは「資本主義の運動法則」とか「資本の内的論理」などと呼んでいるが、それは我々が「資本主義のソフト＝OS」とか「原理論＝資本弁証法」などと表現したものと同じであり、要するに「資本自身による資本主義の定義（規定）」という内容をもっている。言うまでもなく宇野弘蔵はこのことをマルクス自身から、とくに『資本論』から決定的に学び取った。しかしそれは、『資本論』を始めから正しいものとして無批判に受け入れたためではない。多くのマルクス主義者は既に思想的にマルクスに共鳴しているので、『資本論』を読んでも「常識的マルクス主義」を補強する部分だけしか頭に入らない。マルクスの展開する理論が果たして「資本による資本主義の定義」として通用するであろうか、ということを批判的に検討するわけではないのである。これに対し宇野はむしろ「デカルト的な懐疑」をもって『資本論』に立ち向かった。それゆえに、彼は単なるマルクス主義経済学者や『資本論』の「表面的に忠実な」祖述者には終わらなかったのである。しかし、彼は反マルクス主義者として『資本論』のアラ捜しを

意図したわけでもない。始めからイデオロギー的にマルクスに敵意や反感をもって『資本論』を読む者には、「豚に真珠」の喩えしか当てはまらない。宇野は逆に、経済学者としてのマルクスの力量に終始深い尊敬の念を保持していた。つまりマルクスを経済学の師として畏敬しつつ、その先に進もうとしたのである。具体的にはマルクスの方法を堅持し、それを徹底しようと試みたのである。宇野はマルクスの「方法」に特段の注意を払いその革命的意義をよく理解していたものと思われる。それが、経済学（社会科学）における近代主義的偏向を克服する方法であることも、（本人はそのように表現してはいないが）よく解っていたに違いない。

　しかし独創的な思想家がしばしばそうであるように、宇野には器用な表現力などと言うものはなかった。むしろ彼の文章は晦渋で難解とされたし、何人かの哲学者に「経済学の特有な方法」を理解してもらおうと努力したが、その度毎に「舌足らず」で失敗している。その反面、『資本論』の中から史実や段階規定を落とし、純粋な「原理論」を抽出しようとする努力においては、本格的な成果を上げているのである。その過程で、『資本論』の理論的内容の展開順序にまで変更を加え（例えば、「資本の流通過程」を「蓄積と再生産論」の前に持ってきたり、「地代論」を「利潤論」と「利子論」の間に挿入するなどして）、マルクス主義経済学者からは厳しい非難を浴びたが、その結果、「原理論」は『資本論』よりも更に厳密にヘーゲルの論理学と対応するようになった。最近では西欧でも Chris Arthur 氏などを中心に、『資本論』とヘーゲル論理学の相同関係（homology）が云々されるようになったが、彼等の知らない「原理論＝資本弁証法」とヘーゲル論理学は、「相同」どころではなく「同形関係 (homomorphism)」にある。本節ではその点から論を起こし、近代超克的な社会科学の理解を更に深めることにしよう。

ヘーゲル的方法の意味について

　レーニンが、『資本論』の理解のためには先ずヘーゲル『論理学』の勉強が欠かせない、というような発言をしたことは有名であるが、宇野

の場合には、むしろ逆に『論理学』から『資本論』に接近することを勧めなかった。これは直接に質した訳ではないので真偽のほどは解らないが、『資本論』を純化するためには何処までも経済学の論理（資本の論理）に従うべきものであって、形而上学の論理に頼るべきではないというのが宇野の信念であったものと思われる。『資本論』の中の推理で納得しがたいものがあれば、経済学的な説明が不備である（資本の論理と整合しない）として正されなければならないのであって、『論理学』の推論と対応しないからと言ってそうするのではない。宇野自身も『論理学』を参照しなかった訳ではないが、「原理論」は飽くまでも経済学の理論として筋を通したものであって、その結果が期せずして『論理学』との同形関係(homomorphism)を示すことになったのである。その理由は、「論理学と形而上学が一致する（coincide）する」というヘーゲル自身の言葉と同じ意味で、「資本の弁証法が経済学理論と一致する」からであろう。そして、以上でも述べたように、この両者の間に完全にパラレルな構造が成立するのは、資本もヘーゲルの絶対者と同じく、人間の性向を「無限化」して得られる実在に他ならないからである。弁証法とは、人間の性向を無限化したものが自己を総合的に開示する論理（方法）であって、その例は、これまでにヘーゲルによる「絶対者の弁証法」と宇野の「原理論(資本弁証法)」の二つしかない。この事実を悟らずに、ただ表面的に、ヘーゲルの『論理学』とマルクスの『資本論』の間に「相同(homology)」的関係がある等と論じてみても意味がない。そのようなことは衒学者の遊びごとに過ぎない。

むしろ両者の「同形関係 (homomorphism)」が確立されることの中に、近代主義を越えた社会科学の誕生が認識されるべきなのであり、また、かくして誕生した社会科学がどのような特性を備えているのかが、十分に深く理解されなければならないのである。あらゆる社会科学の原点をなす資本弁証法の特徴は、先ず第一に、それが「灰色な理論」であるということである。ヘーゲルは『法哲学』への序文の中で、既に第一節でも言及したが、「夕闇の垂れこめるとき漸くミネルバの梟はその翼を広げる」という有名な比喩を述べている。「夕闇が垂れこめる時」というのは、我々の世界（我々を取りまく現実）が既にその進化を遂げきって老境に達しようとするとき、という意味である。また「ミネルバの梟が

翼を広げる」というのは、哲学的（真理の）認識が始まるということである。ヘーゲルはまた別のところで、子供でもある程度は自分のことが解っているが、年寄りの自己認識とは比べることができない、というようなことを言っている。要するに、「年寄りの自己認識」のように、自分の一生がもう既に確定してしまっており改めてやり直すことができない状態に至ったものが、現実を自己認識したものが「灰色の理論」なのである。これを経済学の理論に当てはめて敷衍すれば、資本主義の生成期や成長期には、まだその真理を認識しようとしても無理である。それが爛熟期にはいりその生涯の終わりが見え始めた時に初めて、我々はその内的プログラム（ソフト）を完全に把握できるのだ、と言うことになる。だとすれば、資本主義の最後の発展段階となった帝国主義が到来する以前に書かれた『資本論』は、如何にマルクスの天才をもってしても「灰色な理論＝原理論」として完成したものではあり得なかったのである。これを完成させるのは我々の役割であるし、またそれをすることで我々も資本主義の完全な認識に近づく。すなわち、マルクスが企てた「（ブルジョア）経済学批判」の真の（おそらくマルクス自身が意識した以上の）意味を把握することもできるのである。

　だが、この意味で「灰色」な資本主義の完全認識の理論は、既に述べたように、我々に判断「基準」を提供するものであって、分析の「道具」であったりその技術的利用の可能性を保証したりするものではない。もともと社会科学の理論は、功利主義的に利用可能なものではなく、あくまでも自己認識の理論である。すなわち我々に「自らを知らしめる」理論である。第一節でも述べたように事後確言的（post-dictive）な理論である。経済学の場合には、「我々が資本主義社会のなかで生きるとはどう言うことか」を実際の体験を通じて教えるものである。それは、資本主義を絶対化するのではなしに、逆に、どの程度まで資本主義に近づき、どの程度それから離れて生活すべきかを、自主的に判断するための「基準」を与えるものでなければならない。このような「基準」となる原理論＝資本弁証法は、マルクス主義経済学のように、「資本主義そのものが自己矛盾を含み、それゆえ不可避的に自己崩壊するであろう」などという、安っぽい論理を展開しようとしたりはしない。逆に原理として「資本主義が永遠に持続可能であるかのように」説くのである。勿論、これ

は「現実の資本主義が永遠に持続する」と主張するのではない。経済学が資本主義という研究対象を全面的に認識するためには、そのように想定せざるを得ないだけなのである。逆に言えば、現実の資本主義が崩壊するのは、「原理論」で説かれるような資本の純粋な論理が、経済の実物的要因（私のいう「使用価値空間」）を十分に掌握しコントロールできなくなった時である。資本主義は、資本の「商品経済的（価値的）論理」が「実物経済の物質的（使用価値的）素材」を十分に包摂しコントロールできる限りで、またその程度に応じて存在するのであって、後者が前者の手に余るようになれば、それは（共産主義革命などを経過せずとも）崩壊する。原理論は後者をいわば「理想化」して、資本の論理が可能な限り最も完全に実物経済を掌握する場合を想定して展開されているのである。またそうしなければ原理論を完結した体系として説くことはできない。資本主義の「灰色な理論」は、実物経済を（経済生活の使用価値面を）いわば理想的に中和することで成り立つのである。マルクス主義経済学のように、資本主義の自動崩壊までも「資本の論理」の中に含めるのは、「価値と使用価値の矛盾」を正しいコンテクストで理解している結果とは言えない。これを資本主義的「生産関係」と「生産力」との矛盾として（史的唯物論的に）捉える前に、資本主義に適合した「生産力」を想定することで、その「生産関係」が予め明らかにされなければならない、という経済学の要請が全く無視されているのである。つまり「歴史の弁証法」に先立って「資本の弁証法」が必要であるという意識が欠如しているのである。

　資本の弁証法すなわち「原理論」は、人間が本来もっている経済合理的性向を「資本」として無限化してから、それに自己開示させたものであり、いわばその「独我論」である。前節でも触れたように、我々が特定の経済的コンテクストを設定した上で「ここでお前はどう行動するか」と問えば、資本は迷わず一意的な回答を返してくる。それを全部あつめたものが「原理論」なのである。要は、如何なる順序で網羅的なコンテクスト設定を行うかであるが、既に指摘したようにヘーゲル『論理学』がその模範を提示している。経済学理論と一致する「資本弁証法」がそれと同型関係（homomorphisim）を維持するのは、その主体が人間の性向を無限化して得られた実在であるがためである。ヘーゲルの場合と同じ

ように、第一部では「移行の弁証法」による「有論」が、第二部では「反映の弁証法」に基づく「本質論」が、そして第三部では「展開の弁証法」を示す「概念論」がくるのである。資本弁証法では、第一部が「流通論」、第二部が「生産論」、第三部が「分配論」となっている。「流通論」というのは『資本論』で「単純な流通形態」と呼ばれた「商品・貨幣・資本」の三者を「移行の論理」にしたがって展開するものであって、産業資本主義の運動を（その内容の規定に先立って）外皮としてこれを包む三形態を移行論理的に説明している。「生産論」では、資本の「価値生産」があらゆる社会に共通な基盤である「使用価値生産」と如何に係わっているかという問題が「反映の論理」に基づいて問われ、資本主義も、特定の条件下では一歴史社会として存在可能であることが立証される。そして「分配論」では、既にその存在を保証された産業資本が、「利潤」という主観的（対内的）分配方式と「地代」という客観的（対外的）分配方式とを「展開の論理」によって総合し、「利子」という形式で自己自身に適用することで、資本家的市場の秩序を形成する過程が明らかにされるのである。この三部構造において資本主義のソフトは全面的に解明されるのであるが、ここには唯物史観にみるような「歴史の弁証法」は全く関与してこない。

　次に、このように形成された「原理論」がもつ真理性についても確認しておきたい。前節の末尾でも述べたが、資本が体現する経済合理性というものは、人間が本来もっている性向を無限化したものであるから、我々自身が「内省的」にその真理性を確認できるものである。経済学の理論が人間の経済合理的な行動を前提するのは当然のことであるが、近代経済学のミクロ理論の場合のようにそれを単に公理・公準として受容するのでは、その科学的真理性の問題を回避しているのも同然である。公理や公準は差し当たり仮説であるから、それは理論の外部から（例えば経験的に）確認されなければ、科学的真理性が立証されていないことになる。（近代経済学でもマクロでは「限界消費性向」が０と１の間にあるとされるが、ケインズはこれを公理ではなく心理学的事実であるとしている。）しかし「原理論」にとっては、その論理を自己展開する主体としての「資本」は、我々自身の性向を無限化した実在であって我々が単にその存在を仮想するものではない。その実在性は寧ろ「原理論」の完結性によっ

て証明されるという関係にある。何故なら若し「資本」が我々の経済的性向の無限化として実在しないならば、それが弁証法的に自己を開示することはできないからでる。我々は誰しも自分に経済的「性向」ないし「動機」が備わっていることを知っている。唯それは感性的で有限なものであるから、我々が何時・何処ででもその性向に従って行動するとはいえない。他の「性向」や「動機」がそれを無効にする可能性は常に存在するのである。しかし、逆にその可能性が除去された文脈においては、我々は経済合理的にしか行動しない筈なのである。これは我々自身が「内省的」に事実として知っていることであるから、我々が自分の外部に設けた規範に照らして、それを改めて検証する必要などはないのである。こうして「原理論」は、全ての資本主義社会がそれを体化する客観的論理として成立する。「客観的」というのは、我々の主観的・恣意的判断が介入しないと言う意味である。それは無限化／極限化の過程で排除されているからである。社会科学における「真理」とは、このようなものであり、またこれ以外にはありえない。

　「資本主義が永遠に持続するかのごとく」に説かれる「灰色な原理論」すなわち「純粋資本主義の理論」は、以上のような意味において「資本主義の定義」であり「基準」であるから、当然、不動点をなす。言い換えれば、資本主義が進化するに応じて、現実から乖離し老朽化するという種類のものではない。この点は近代経済学の理論とは大いに異なるわけである。そこで次に、近代経済学との比較においてその点を考察しよう。

近代経済学の方法的批判

　近代経済学では、理論が常に「現実即応的」に改造されなければならないように主張するし、事実、従来は完全競争を前提にした一般均衡理論が主流であったのに、最近では戦略的な寡占市場をゲーム理論でモデル化するようになってきている。これ自体は（考え方如何では）必ずしも不健全なことではなく、むしろその現実主義には積極的な側面もありうることは率直に認めなければならないだろう。その点には後でまた立

ち戻ることにするが、問題は経済学理論に期待されるこのような「現実即応性」・「技術革新性」をどう理解するかということである。近代経済学の核をなす新古典派理論の骨格は、1870年代初頭の「限界革命」から第一次世界大戦にいたる約四十年の間に形成されたものであるが、当時の資本主義経済は、既に軽工業中心の自由競争の時代（自由主義段階）から重工業中心の独占と保護の時代（帝国主義段階）に移っていた。しかし新古典派経済学の主流は、そのような時代の雰囲気に翻弄されることなく、完全競争を前提とした理論の整合性を追及することに執心した。そのため、やや回顧的・審美的という批判も受けたが、学界は殆どそれに動じなかった。それに対する反省が起こったのは戦間期になってからであり、特に30年代の大不況期に入ってからであった。第二次大戦後はケインズのマクロ経済学が全盛期をむかえたが、ミクロ理論の方では依然として基本的に新古典学派が継承された。焦点は、従来のマーシャル型の部分均衡理論よりワルラス型の一般均衡理論に移ったが、それはヨーロッパからアメリカに移住した経済学者の手でこれまで以上に数学的手法が練磨されたことにもよる。サミュエルソン等による「新古典的総合」は、これらの成果を集大成したものであった。しかし第一節でも述べたように、この時期のミクロ理論はやはり完全競争の前提が支配的であり、寡占理論はバラバラな特殊ケースを寄せ集めた程度のものに留まった。ところがケインズ経済学が急に衰退した70年代の終り頃から、ゲーム理論が大々的にミクロ経済学に導入されるようになり、事情が一変している。これは先進国経済の実物的な変遷と関係があるように思われる。この点については次節で更に論及したいが、ここでは、資本主義を「基準」または不動点として定義しようとするマルクス経済学に対して、常に進化する現実に即応した「理論の前進」を求める近代経済学との発想の違いに注目してみたいのである。

近代経済学は自然科学に習って「道具的理論」の立場を堅持しており、これは、既に述べたように、資本主義（近代）を自然と同じように（神から）与えられたものとして絶対化するイデオロギーに根ざすものであった。ところが既に説明したように、自然科学における知識は常に「相対的」なものだと言われる。その意味は次の通りである。我々はもとより自然の全体を知り尽くすことはできないので、常にその局部的現象を新たに

発見し、それについての暫定的な解明を求めざるを得ない。しかもその局部性は、現段階の自然科学が対応できるものに限られる。現段階では、まだ観察も実験も理論的解明もとうてい期待できないものが、将来は科学技術の前進によって、観察や実験を可能にするであろうし、またそれによって齎される新しい情報をこれまでの知識と整合的に理解するためには、自然科学の理論もこれまでの段階を越えて前進しなければならない。これは正にその通りである。しかし、それは我々の研究対象である自然自身が進化したためではない。今日の自然も百年前の自然も基本的には同じものであり、従来の段階では観察したり実験したりすることも十分にできず、従って科学的研究の対象とは成りえないという意味で隠されて（不問にふされて）いた自然の部分が、科学技術の発展にともない今日ようやく我々にも処理できる（手の届く）ものとして浮上してきたというに過ぎない。例えばニュートン力学では分析できなかったものが量子力学では解析可能になるというようなことである。自然科学の知識が「相対的」であるというのは正にこのことであるし、「自然」の「物自体」は永遠に不可知であるとか、その無数にある自然現象を我々は少しずつ理解して行くしかないとか、科学は日々前進し進歩するというのも、全ておなじことを別の角度から表現しているに過ぎない。

　しかし経済学のような社会科学においても同様の主張をすることは許されるであろうか。それは明らかに不可能である。何故なら、近代経済学が新しい理論を必要とするのは、その研究対象そのものが変化するためであって、同じ対象なのに経済学者の観察しうる側面が変わったからではない。百年前の経済と現代の経済が違うのは、以前には存在しなかった原子力利用や情報技術が出現することで、我々の経済生活そのものが一変したためである。生産力の飛躍的発展のために我々の経済生活が一変したことが、経済学の理論に現実対応を要求しているのであって、百年前でも原子力産業が存在したのに我々にはそれが見えなかった訳ではない。情報技術も実際に使用されていながら、経済学が未熟な間はそれを不問に付し、何処かで大人しく出番を待っていて貰ったと言うわけではない。言い換えれば、経済学の理論が自然科学の理論と同じように「相対的」であると主張することはできない。そのような主張は全くのイカサマな目眩しであって、「子供騙し」にすら使えない程お粗末なもので

あるが、不思議なことに近代経済学者の大半はこれを信じているように見える。その理由は、繰り返すまでもなく、近代経済学が自然科学的な研究方法を採用しているからである。自然科学の知識が「相対的」であるのと同じように、経済学の知識も「相対的」であることが願わしいのである。しかし実際には、人間社会の営みである「経済」は自然とは比較にならない速さで進化するので、そのような願いは決して叶えられない。言い換えれば、経済学の理論が道具的でありたいと思っても其処には限度があるのである。

　この問題をもっと具体的に考えてみよう。戦間期までの近代経済学は新古典学派のミクロ理論を中心としており、これは既に指摘したように、「独占と保護」の時代的背景にも拘わらず、完全競争市場を前提とするものであった。それは、この時代の経済学に未だ「道具的理論」という意識がなかったことの現れであろう。言い換えれば、近代経済学においても、その理論を「政策提言の用具」として利用しようとするよりも、寧ろ資本主義経済の基本的構造を規定するものと考えられていたのである。ところが戦間期に資本主義経済そのものの危機を体験する過程で、厚生経済学やケインズのマクロ理論が登場すると、経済学がもっと「現実対応的」であることが求められるようになった。実際、第一次世界大戦が終ったあとで金本位制度を再興しようとする試みは成功しなかった。ケインズもイギリスの金本位再興が短命に終わることを予言し、世界が既に管理通貨制度の時代に入っていることを強調した。30年代になるとアメリカも金本位を離れ、各国は夫々独自な管理経済制度を採用することになった。経済学に「政策提言」の学としての役割が求められるに至ったのは、このとき以来である。特にアメリカは戦後の「雇用法」(1946) でそのことを内外に喧伝したのである。爾来、近代経済学における「道具的理論」の意識は次第に高まって行ったように思われる。その中心は勿論マクロ理論にあったが、ミクロ理論にもその影響がみられる。特に限界効用理論から計測可能な効用（measurable utility）が放棄されて限界代替率と入れ替わったこと、また実質費用（real cost）の概念が機会費用（opportunity or alternative cost）の概念に置き換えられた点が注目に値する。これは一言でいえば「価値論の放棄」に他ならない。本来「価値論」とは「実質的経済生活」と「市場」（労働や主観的満足の世

界と価格形成の世界）を関係付けるものである。しかし計量可能な効用と実質費用がなくなれば、経済生活は完全に市場にとり込まれ、市場の外には存在しないことになる。ポランニーの表現を使えば「社会の実在性」(reality of society)が消滅することである。いわゆる「新古典派的総合」とは、このように改変されたミクロ理論とケインズのマクロ政策論を両立させたものであるが、ここに「政策提言の用具」としての近代経済学が確立されるのである。基本的には、先ずマクロのケインズ政策で完全雇用を達成し、次に資源の最適配分のために市場原理を最大限に利用する、という考え方である。この後者は、市場外部性を内部化することで「社会厚生関数」を極大化すればよいという発想に裏づけされている。

　だが実際にはそう簡単にことは運ばなかった。ケインズ政策は社会民衆主義的（階級融和的）でありすぎる面があり、金融利害を厳しく規制する一方、政治的には得てして放漫財政に流れる傾向が強かった。そのため当初は比較的に緩慢であったインフレ傾向が次第に加速することになり、これがベトナム戦争の長期化、ソ連による小麦の大量買い付け、石油危機などの一連の偶発事情と重なって、いよいよ悪性のインフレを発生させることになった。70年代に「スタグフレーション」と言われた事態は、1979年にポール・ヴォルカーが連銀の議長に就任して徹底的な引き締めを行うことで漸く終息に向った。翌年にレーガン政権が成立した頃には、既に新保守主義の時代が始まっており、以後、金融利害の復権と同時にケインズの権威は失墜したまま今日に至っている。

第3章
マルクス経済学の試練と再生

〔初出〕
『季刊・経済理論』第45巻第1号　所収
2008年4月発行

著者英訳による、宇野弘蔵著『経済原論（岩波全書）』(Harvester 社,1980年) と宇野弘蔵著『経済政策論 (改訂版)』(Brill 社,2016年)

第3章　マルクス経済学の試練と再生

　冷戦の終結いらい、マルクスへの一般的関心は急速に消滅した。ソ連の崩壊で、その後ろ盾を失ったマルクス主義は弱体化する一方であるし、その背後では「新自由主義」を標榜する反動的勢力が、「資本主義」の復活を喧伝し、外見的には、それも可成の程度成功を修めているかのようである。こうした動静のなかで、いわゆる「経済の世界化（グローバリゼーション）」が進捗し、国民国家の主導性が後退すると同時に、（実業の目的では）資本化しきれない過剰資金が世界中に溢れ、その一部が投機的収奪の手段として（虚業に）動員され、「カジノ資本」[1] とでも言うべき新たな資本形式を生みだしている。他方、伝統的な労使関係は崩壊し、「使い捨て」労働力の再生産が、資本の市場原理と国家の計画原理の合作をもってしてもなお[2] 不十分となり、またその必要性も疑問視されるような事態が、日本を含め世界諸国で広汎に浮上している。資本主義社会ばかりでなく、社会そのものが崩壊する兆しとも見るべきなのであろうか。こうした傾向は「経済の金融化」とか「格差の拡大」などと言ったテーマで、この学会でも既に中心的な議題となって久しい。

　このような現代社会ないし世界経済の病弊は、正しく解析され把握されなければならないが、果たして今日の「マルクス経済学」はその任に堪えるものであろうか。今日それを取り巻く状況は決して恵まれたものではないし、またそのこと自体が、マルクス経済学の劣化と頽落（たいらく）に拍車をかけることも否定できない。そういう二重の意味で、マルクス経済学は今日、明らかに試練に直面している。しかし私はその再生が可能であることを確信しているし、また「再生を果しえたマルクス経済学」のみが、「近代主義の限界を突破できた新しい社会科学」として、次世代の経済学研究をリードするであろうとも信じている。では、その糸口を何処に求めるべきなのであろうか。

I.〔マルクスの知的遺産─社会主義思想と経済学批判〕

　マルクスの知的遺産は大別して「革命的社会主義思想」と「（ブルジョア）経済学の批判」という二つの柱から成り立っている。「イデオロギー的要素」と「社会科学的要素」といってもいい。しかし、従来この後者（「経済学批判」）の内容が、専門家以外には余り関心をもたれなかったため、一般的知識としても学術的研究においても、前者（「革命思想」）だけが突出する傾向が見られた。マルクスといえば「革命的社会主義者」というイデオロギー的側面だけが過大に喧伝され、彼が経済学史上に留めた科学的な足跡は（表面的外交辞令としては言及されても）、その内容が殆ど理解されないまま、無視ないし軽視されてきている。その結果、「通常の（通俗な）マルクス主義」は、マルクスを90％以上「革命的思想家」と評価し10％以下しか「経済学者」として認めないものになっている。しかし、私に言わせれば、そのようなマルクス主義は既にその出番（役割）を失って「博物館行き」となっており、今後、以前のような信頼と栄光を快復できる望みは、ほぼゼロに近いと思われる。このようなマルクス主義に基づいた所謂「マルクス主義経済学」の再生を志しても、それは恐らく徒労に終わるであろう。

　しかし同じマルクス主義でも、これとは正反対の立場がある。マルクスの偉大さの90％以上は「ブルジョア経済学の批判者」たる処にあり、それを可能ならしめるためにのみ「彼の社会主義」にも10％程の意義があると考える、そういうマルクス主義も成り立つ。そして、それに基づいた「マルクス経済学の再生」を考えることも十分にできる。そういうマルクス主義にこそ「現代的意味」が認められるというのが私の主張であるが、実は、これは宇野弘蔵のマルクス主義に外ならない。ところが、この重要な点が、常識的な「宇野学派」によっては必ずしも理解されていないように思われる。原理論と現状分析の中間に「段階論」を置くのが「宇野理論」だという程度の常識論では、マルクスの偉大さの90％が「経済学批判」の方にあるといっても、その意味を的確に理解できる

ものではない。そこで以下では、私自身の（というのは通常の宇野学派とは異なった）宇野理論解釈に基づいて話を進めたい。そして、その解釈の概要については、「補遺」の部を参照されたい。かかる私見によれば、宇野のマルクス主義は「イデオロギー的要素」を消極的に「社会科学的要素」を積極的に把握しており、そこが通常のマルクス主義とちょうど逆になっている。宇野理論の核心はその点にあると思われる。ここで「消極的な」イデオロギーというのは、ブルジョア経済学の場合とは違って「近代社会＝資本主義を絶対化しない」ということであって、「革命的実践によって現実の資本主義を廃絶しよう」という積極的な主張ではない。「積極的な」イデオロギーも、然るべきコンテキストではそれなりの意義をもつのであるが、そこから出発するだけでは「近代主義の批判」が不徹底なままで、政治的実践に走ることになる。それでは、空想的社会主義に通ずるいわゆる「哲学の貧困」が克服できないままに残存し、真の「経済学批判」を果たすことができない。また、それを始動することもできない。マルクスの偉業の90％が教えるのは正しくその点にあった、という主張が私の理解する宇野理論の核心をなすのである。

　この点を把握するための鍵は、近代の黎明期すなわち「近世」に至るまで、経済学も社会科学も全く存在しなかったという事実にある。社会・経済・国家などという今日の社会科学では不可欠な概念（そして、そういう言葉すら）も、近世以前にはまだ存在しなかった。経済学を始めとする社会科学は総て近代社会（＝資本主義社会）の形成とともに生まれ、当然、前近代に対して近代を称揚・謳歌する近代主義思想を体現するものとして成立している。だから、古典派経済学にも新古典派経済学にも、当然「近代主義的な偏向」は抜き難く含意されているのであり、その範囲でだけ正しいことを言っている。そしてまた、それに過ぎない。マルクスのいわゆる「経済学批判」の意味は、その一点の把握に集約される。マルクスは当時のブルジョア経済学を克明に批判し、その「正しさ」と「限界」とを明確に区別したのみならず、自ら『資本論』において「近代社会の運動法則」を客観的に解明しようと志した。その理論的内容を「純粋に摘出」すると、それが宇野「原理論」（私の場合は「資本弁証法」）になる。すなわち『資本論』は近代主義の克服をめざす社会科学の最初の（そして不朽の）業績であり、「原理論」はその粋を抽出したものに外

ならない。だからそれは、近代（ブルジョア）経済学の批判をすでに内包するものである。常識的な宇野学派は近代経済学を勉強していないから、この重要な点に全く気付いていない。積極的イデオロギーだけに基づく「近代経済学の批判」は、マルクスの「経済学批判」とは全く異質であり、平たく言えば単なる自己満足に過ぎない[3]。

Ⅱ.〔マルクス経済学の再生に必要なこと〕

　例えば近代経済学のいわゆる一般均衡理論では、ワルラスの法則という制約式（公理）を加えないと均衡価格を決定できない。しかし、こういう制約のもとでは蓄積が不可能であるから、ミクロ理論は静態的でマクロだけが動態化できることになっている。しかし、それではミクロとマクロが別系統の理論として分断されてしまい、総合的に一体化することができない。従来「マクロ理論をミクロで基礎付けよう」という試みがなされてきたが、実際やってみると、それが不可能だということが次第に明らかになってきている。物理学でもミクロとマクロは別扱いなので、経済学もそれで良いと思っている能天気な人も多いが、それでは資本主義を総合的に規定する理論にはならない。これに対し宇野「原理論」では、ミクロ的な価値法則とマクロ的な人口法則は初めから一体になっている。すなわち、労働力が商品である限り、その価値が不確定なままで諸商品の価値を決めても無意味である。ところが、資本の蓄積過程が、労働の需給を均衡に近づける位相（いわゆる「平均的活況期」）を必ず通過するから、そこで労働力の価値を定めることができ、それを前提にして諸商品の価値も（経済学的に）決まる。これは宇野が再三強調したことであるが、別の言い方をすれば、ミクロの価値法則をマクロの人口法則が基礎付けていることになっている。近代経済学がその逆（ミクロでマクロを基礎付けること）をやろうとして失敗し続けていることを、原理論ではいとも容易く（コロンブスの卵のように）立証しているのである。この点だけを見ても、原理論は「新古典的総合」のようなマヤカシから

解放された整合的論理をなすことが明瞭である。このほかにも近代経済学の理論と比べて、原理論のほうがよほど厳密かつ一般的であると思わせるケースが幾つもある[(4)]。

　ところが、通常のマルクス主義を信奉する「マルクス主義経済学」はもともと理論を「実践の用具」としてしか理解していないので、本格的な「ブルジョア経済学の批判」ができず、外部から正統派経済学に罵詈雑言を浴びせかける程度に留まっている。しばしば分析方法には自ら近代経済学と全く同じものを採用し、結論だけを「革命的イデオロギー」で粉飾するというお粗末なものである。だから英米では「マルクス・ルネサンス」等といっても、それは経済学「外」での話であって、経済学への実質的な影響は皆無とみていい。その近代経済学自体が、実は既に末期的症状を呈しているにも拘わらず、誰もその実情を見抜けない[(5)]。マルクス主義の研究は専ら経済学以外（の政治学・社会学など）で行われ、経済学の研究は、従来どおり、マルクスを完全に排除した舞台の上で（すなわち近代主義的偏向を堅持したままに）行われているのもそのためであろう。私自身も宇野の「マルクス経済学」を英米に伝承しようと努力したが、経済学科では全く歯が立たず、学際的な「社会政治思想」の分野で漸く少数の共鳴者を得たに過ぎない。けだし英米では、経済学研究が近代主義の牙城であるから、これもあながち理由のないことではあるまい。

　これに対し、いやしくも「宇野理論」発祥の地である日本では、こうした惨状は避けたいものであるが、実情は少しも芳しくない。外国産「マルクス主義経済学」の諸派、例えば「英米流の分析マルキスト」「仏のレギュラシオン」「政治経済学」「制度派経済学」等々、何れも「原論」を無視または軽視する（或いはそれをほぼ近経の理論で代用する）文字通りの「俗流経済学」が次々と輸入・伝承され、宇野が垂範した「経済学批判の精神」はその片鱗すらも見えない。宇野は直接に近代経済学と干戈を交えようとはしなかったが、その理論を凌ぐ「原理論」を構築したことで、事実上、その拠ってたつ基盤を根本的に批判しているのである[(6)]。家元制度の根強いわが国では、「宇野学説」と雖も実はその核心が理解されないまま、形式や外見のみが継承されて来たのであろうか。しかし、宇野が鋭く批判したドイツ歴史学派のように、「資本主義の理論」をもたない経済学

などいうものは、そもそもマトモな学問にはならない。経済学理論は、もともと「資本主義の理論」なのであるが、それが近代主義的な限界に縛られて一面的（平板）なものに留まるか、それを超越して多重的（重層的）になれたか（「価値と使用価値の矛盾」に気付いたか）の違いがあるだけである。再生されるべき「マルクス経済学」が必要とするのは、近代主義の呪縛を清算して多重的になりえた経済学理論でしかない。

III. 〔宇野原理論とヘーゲル弁証法〕

「経済学批判」なしに「資本主義批判」のみを口にする社会科学などというものは、そもそもオカシイのである。そんなものは「評論家のオシャベリ」にはなっても、マトモな学問にはならない。「近代主義を絶対化したまま」でなされた分析の結果に、左翼的イデオロギーの厚化粧を施しただけのものに過ぎない。言い換えれば、既に資本主義＝近代に「歴史の終末」を前提しながら、口先だけで社会主義者を気取る「精神分裂症」（近代主義を批判しないでも近代社会を批判できると思う妄想）に自ら気付いていないのである。こういう人達が「科学的」な分析だと誤解しているのは、実は「自然」科学的分析のことである[7]。しかし「資本主義」を自然科学的に研究したのでは、それを批判することなどできる筈がない。何故なら、資本主義を自然と同じように「変革不能」と既に前提した上で（すなわち私のいう「近代の絶対化」に惑わされたままの分析で）、その相対性を主張すること自体が自己矛盾（ないし自己欺瞞）に外ならないからである。宇野はこのことに気付いていたので、「社会科学の方法」と「自然科学の方法」が如何に違うかを執拗に論じようとしたが、この点では余り成功したとは言えなかった。彼は経済学者として抜群の才覚を示したが、科学方法論とか認識論には深入りしたがらなかったようである。しかし結論を先に言えば、カントに従って「物自体」を局外に置く「自然科学の方法」が predictive（予測的）であるのに対して、「社会科学の方法」は本来 post-dictive でなければならない。すなわ

ち、それは回顧的（post-dictive）知識であって予測的知識ではない。言い換えれば社会科学の理論はヘーゲルの意味での「灰色な理論」でなければならないのである。私の『資本弁証法』では、宇野の原理論が「期せずして」ヘーゲルの論理学と一々対応（isomorphism）の関係にあることを確認しているが、それは、宇野が「マルクス経済学」の方法と認めたものが、実は真に「唯物論的な」弁証法に外ならなかったことを示している[8]。

　マルクスが『資本論』を書く時に、意識的にヘーゲルの『論理学』をモデルにしたという訳ではないが（むしろ、そういう姑息な手段は避けようとした節さえもあるが）、マルクスの「経済学批判」は事実上（de facto）ヘーゲル弁証法的に行われたと考えてよい。宇野はこの点にも気付いていたが、故意にそれを口外しなかった。それは、彼が経済学者として、専門外の哲学に深入りするのを注意深く避けたためと思われる。それに（これは憶測に過ぎないが）宇野は余り哲学者を信用していなかったのかもしれない。それは哲学者が、哲学と社会科学とを区別せず、経済学も安易に哲学の手法で処理できるかのように思いがちだからである。上述のように、カントは「現象界を対象とする自然科学」の守備範囲と、「英知界を対象とする哲学」の守備範囲を判然と区別したが、社会科学と哲学の分担については何も言わなかった。そのため哲学の伝統が強い欧州大陸では両者の境界線が未だにはっきりとせず、哲学者による社会科学への領域侵犯が跡を絶たない。しかし、始めに法哲学を学んだマルクスは、新聞記者としての取材活動中に、「生活の物質的条件」を理解するには英国流の「政治経済学」の学習が欠かせないことを悟った。それゆえ唯物史観を「導きの糸」として経済学研究の道に入ったのである。

　しかし、宇野にとって、この「唯物史観」とは「イデオロギー的仮設」である。その一面を私なりに表現すると、経済学が本来的にもつ近代至上主義の悪影響から保身するため、マルクスが予め服用することにした「解毒剤」に外ならない。それは一種の「歴史哲学」または「消極的なイデオロギー」であって、それ自体では、まだ経済学でも社会科学でもない。マルクスの偉大さは、この仮説を踏み台にして、本格的に経済学の研究に移行出来たところにある訳であるが、大陸ヨーロッパの哲学者達は、マルクスに従ってその移行を果そうとはしなかった。むしろ「唯

物史観」そのものを無内容な「社会発展の一般理論」とか「歴史の科学的法則」などと勝手に謳いあげ、自分は相変わらず本格的な経済学研究をサボっている訳である。その傾向は既に新カント派のリッケルトなどに濃厚であり、マックス・ウェーバーですらその限界を越えられなかったようであるが、宇野はそういう連中との不毛な論争を避けたかったのであろう[9]。そんなことよりも原理論を彫琢し、その上に近代主義的偏向を超越した「マルクス経済学」を樹立することに専念したいと思ったのであろう。

IV. 〔「資本主義度」の判定基準としての原理論と段階論〕

　宇野原理論は、マルクスの『資本論』から、積極的な「イデオロギー的要素」を落とし資本弁証法としての不備を補ったものであるが、通常のマルクス主義を採る正統派から見れば、それは『資本論』をわざわざ貧困化したものとしか思えず、激しい非難の対象にしたのは蓋し当然であった。しかし実際には、「通俗マルクス主義」の方が、その「経済学の貧困」のゆえに、現代社会が到来してすでに久しい今日にあっても、時代遅れなイデオロギー的「階級闘争論」以外にはこれを解明する術を知らず、その再興は今や明らかに不可能かつ無意味なものとなった。とすれば、我々はもっと真剣に宇野のプロジェクトが含意したものを見究めなければならないであろう。そこで私は次の三点に注目したい。原理論は「資本自身による資本主義の定義」であるから「分析の用具」ではなく「判断の基準」にしかなり得ない。こうした「原論」に対してのみ「段階論」は意味をもつ。「原論」と「段階論」の関係が曖昧だと、宇野が第一次大戦後の世界経済を「社会主義への過渡期」としたことの意味が明確に理解できない。以上三点の押さえがいい加減では「宇野理論」の核心を掴んだことにはならない。結局、輸入の「俗流経済学」に振り回されるなどして、「宇野理論」とは無関係で不毛な現代資本主義「変貌論」に終始するだけで、それでは世界経済の新動向が示すものの真相は少し

も見えてこない。

　経済原論が「基準」であるということは宇野自身も繰り返し述べているし、宇野学派にも一応は伝承されているが、それは「分析の道具」ではなくて「判断の基準」だという点が重要である。そして「基準」というのは、純粋資本主義をもって「資本主義の論理的定義」とするということである。（もっと平たく言えば、資本主義をして資本主義たらしめている「ソフト」＝ルールの全体である。）しかも、それは我々が恣意的に定義するのではなく、資本自身に「定義せしめる」ものだからこそ、我々の主観を超越して客観的・科学的であると言えるのである。私の場合はそれを「資本による資本主義の定義」すなわち「資本弁証法」と呼ぶことにしている。マルクス自身は「資本主義」という言葉を多用していないようであるが、後世のマルクス主義者は「資本主義的生産様式」という長い表現を略して「資本主義」と簡便に呼ぶ習慣になっており、宇野もその用法に従っているので私自身も踏襲することにしている。従って、宇野や私がこの意味で「資本主義」と呼ぶものは、日常言語としてその用法が辞書などで解説される「資本主義」のことではない[10]。言うまでもないことだが、基準は道具ではないから、現状分析の用具として直接に利用したり、政策の立案に技術的に役立てたりはできない。いわゆる「科学技術」の一部にはならない。しかし、それは経済学的「判断基準」としては最も根本的なものである。というのは、資本主義経済であってもそうでない経済であっても、これなしにそれを論ずることは、原点のない座標のなかで位置を定めるようなものであって、何の判断基準もなしに恣意的な空理空論を展開することにしかならない。だから原理論は経済学（ひいては社会科学全体）の「原点＝ゼロ」を成すものとしなければならない。しかしこの原点は一度定めれば決して古くはならない。資本主義が如何に進化しようが、また資本主義が無くなろうが、この点は一向に変わらない。それは如何に未開な経済であろうと、また如何に先端的技術に支えられた経済であっても、その原点であり続けるのである。すなわち「原点からの距離」がどの程度のものか（言うなれば「資本主義度」）を判定する基準であり続けるのである。この点を弁えずに、最も具体的な「現状分析」の対極として、最も抽象的なのが「原理論」だという程度の理解では、その両極端を媒介する段階論の意味も正しく

は把握できない。

　そもそも、あらゆる経済生活のなかで資本主義だけが原理論をもち、しかも、それが経済学の原点という特権的な地位を占めるのは、資本主義だけが基本的に「商品経済の一貫した（そして一面的な）論理」によって組織され、またそれを通して「実質的な経済生活」の全体構造が、初めて人為的制度の偶有性（contingency）から解放されて「透明に浮上する」からである。逆に普通の経済生活では、使用価値の制約が厳しすぎて商品化が徹底しないから、その任には堪えない。また資本主義といえども、使用価値による実質的経済生活の制約を「商品化」によって完全に払拭できる訳ではない。その形成期（重商主義の時代）においては使用価値の商品化がまだ不十分であったし、その没落期（帝国主義の時代）では使用価値の商品化を維持することが次第に困難になった。資本主義の自律的発展期といわれる「自由主義」の時代に漸く、使用価値のほぼ全面的な商品化が達成されるものの、その間にも技術進歩があり新商品の登場があって、産業構造は軽工業中心から重工業中心へと移行すべく運命づけられていた。原理論ではこのような使用価値側の制約を最小限に想定しているのに対し、歴史的現実は「生の」使用価値が跳梁跋扈する世界である。だからこの両者を媒介するのに「段階論」が必要になる。使用価値が羊毛型・木綿型・鉄鋼型であるに従って資本主義の産業技術も産業組織も変わってくるし、それに応じて支配的資本の蓄積様式もブルジョア国家の政策も異なるのである。だが、いずれの場合にも、商品経済の論理に従わず資本家市場の外部にハミだす使用価値部分すなわち「外部性」があり、国民国家がそれを政策的に「内部化」することで初めて、社会の再生産過程が総て資本家的に処理できるようになっている[11]。宇野の『経済政策論』が教えていることの核心部分はこの一点に凝縮できる。それを言いかえれば、ブルジョア国家がもはや「外部性の内部化」によって、社会的再生産過程の処理を資本に一任できなくなった暁には、マルクスの「資本家的生産様式」という意味での「資本主義」はその命運を絶たれることになるからである。

Ⅴ．〔資本主義を脱する過程〕

　宇野はこのことを根拠に、第一次世界大戦以後の世界経済を「社会主義への過渡期」と理解したのである。過渡期といってもそれは短期間である必要はなく、1世紀以上の時間を要する長大な過程であるかも知れないし、19世紀にマルクスが想像しえた範囲を大きく超えているかもしれない。しかし過渡期とは明らかに本来の資本主義の「解体期」であり「脱資本主義過程」でなければならない[12]。到達地点はまだハッキリとは見えないが、明らかに、人間社会の再生産過程をこれまで通りに「資本の市場原理」のみに一任はできないので、「社会主義に至る過程」ではなく「資本主義を脱する過程」と認識する方が無難かと思うのである。しかし経済学者は、普通、このような見方に拒絶反応を示す。むしろ、現下の急転する世界経済の現実を見て、「現代資本主義」がこれほどまでに「変容」したのだから、マルクスや宇野の「資本主義観」には大幅な補正と拡張を要する等と主張したがる。もともと近代主義の呪縛に囚われっぱなしの近代（ブルジョア）経済学者なら、資本主義のそういう拡張解釈も止むを得ないであろう。また通俗なマルクス主義者の場合には、既に述べたように、その「積極的イデオロギー」の（近代主義批判が不徹底な）限界を露呈しているのであって、口では資本主義を激しく糾弾しながら、実は「資本主義は永遠」と思い込んでいるのである。何れも同情に値する「無思想」ぶりを実証しているに過ぎない。しかし宇野理論を標榜しながら、尚そのような戯言を口走ることは許されない。それは甚だしい思い上がりでなければ、宇野からもマルクスからも、何ひとつ根本的な真理を学び取らなかった証拠でしかない。彼等が辞書的な常識で「資本主義」だと思っているものは、我々がここで経済学的に問題にしている本来の「資本主義」（資本家的生産様式）とは明らかに別物である[13]。それは単に「まだ資本家の利潤追求が健在な経済」と言う程度の子供じみた常識にすぎない。そんな資本家達に最早「社会的再生産過程が一任できない」という経済学的事実への認識が完全に欠如しているのである。これでは何処からみても宇野理論にはならない。

　実際には、「純粋資本主義」で定義される「本来の資本主義」が既に解体しつつあるからこそ、彼等が漠然と頭に思い描く「資本主義」にも、得体の知れない「変容」が次から次へと襲いかかってくるのである。これらの変容を惹き起こす究極的な要因を原理論に求めるのは主客転倒であろう。それらの変容が原理論の基準を大きく逸脱する点（即ち「脱資本主義」の現実）こそが現代の問題であるとしなければならない。今日の世界経済に見られるグローバル化、先進諸国の脱工業化、非持続的成長の定着、国民国家の後退、虚業による実業の圧迫、米国の非商品貨幣（ドル）と投機的金融資産による世界的規模での収奪、常時拡大する世界経済の不均衡等々は、歴史社会としての「資本主義」には想定外のものとしなければならない。また、そうだからこそ問題なのである。これらの傾向は、「純粋資本主義」をソフトとして体現するものとしてではなく、寧ろそれを最早体現しないものとしてこそ解明されるべきものである。言うまでもないことだが、これらの傾向をブルジョア国家の経済政策によって資本家的に「内部化」し解消できる筈もない。我々が今日直面しているのはその程度の「変容」ではないことが問題なのである。従って資本主義の「第四段階」など構想してみても無駄である。それは何の解決にもならないばかりか、ますます思考の混乱度を深める結果にしかならない。我々の眼前に展開するのは、いまや資本主義が最終的に死滅する時の兆候であり、決してその復活を告げるものではない。すなわち「脱資本主義過程」がいまや終焉の時を迎えつつあるのである。ここで判断を誤るようでは、我々はマルクスからも宇野からも、学ぶべき何ものをも学んで来なかったことになる。

　私のいう「脱資本主義過程」についてここで詳論する余裕はないが、それは戦間期の混沌とした大転換を経て、第二次大戦後は先ずアメリカを中心とする西側諸国に「豊かな社会」を建設する過程として出発した。そこでは、ケインズ的な社会民主主義（大きな政府）と石油技術との融合によって未曾有の経済的躍進が見られたが、間もなく「資源・環境の危機」と「金の廃貨」という異常な事態を誘発して「歴史社会の一段階を成しえない」ことを示し、次いで1980年代には新自由主義の時代に入った。以来、冷戦の終結と同時に、従来軍事用に開発されていた情報通信技術が民間に転用されたことも手伝って、脱工業化・金融化・世界

化が世界経済（先進的な経済生活）の三基調となった。かくて「脱資本主義過程」は時系列的に、「大転換」「社会民主主義」「新自由主義」の三局面を画するに至ったが、要はこの間に、人間社会が（先ずはその先端的部分で）生産的労働の重圧から大幅に解放されて中産階級化し、その生活が極度に「都市化」してきたことにある。その結果、一方では、今日の通常な方法のまま生産と消費を続ければ、地球の温暖化と再利用不可能な資源の枯渇ないし絶滅による「人類滅亡の危機」が不可避となるばかりでなく、他方では、年々の貨幣貯蓄として大量に形成される遊休資金の大部分が、国内的にも国際的にも、もはや産業金融を通じて「資本化しきれない」という状態が恒常化するに至っている。こうなると自由競争市場は、「見えざる手に導かれて神の摂理（生産資源の最適配分）を実現」できる装置ではなく、終始、投機的資金が実物経済を攪乱しつつ「大魚が小魚を喰らう」収奪の機構と化さざるをえないのである。これは明らかに、今日の人間社会における実質的経済生活が、資本家的商品経済の論理をもってしては一歴史社会を構成し得ないことを示している。このような事態を放置すれば、「資本主義社会」はおろか「人間社会」そのものの崩壊を避けることはできない。とすれば、我々は今こそ、実体のない資本主義の幻想から目覚め、「脱資本主義過程」に後続する新しい歴史社会の青写真を積極的に探求し考案すべき時期に来ているのではないだろうか[14]。

【補遺】　私の宇野理論解釈について

　我が国で常識的に「宇野理論」と考えられているものと、本文で展開した私の解釈とは大分異なっているので、多くの読者に違和感を与えたかも知れない。それゆえ、私の解釈の由来と特徴をここで反省し要約しておきたいと思う。それは次の三点に集約できる。第一に、私は自国語である日本語から離れても「宇野理論」を理解・説明できるように心がけた。第二に、常に近代経済学の一般均衡理論との比較において宇野原

理論の優位を考えた。第三に、常にヘーゲルの論理学を念頭において原理論の「純粋性」を理解した。これらは、私の研究生活が長期にわたって海外で行われたという偶然の事情によるものであって、意図的にそうしたというより、自然にそうなったのである。

　留学生活を終えて私が博士号を取得したのは1965年であった。既に留学前の学生時代に、宇野弘蔵の謦咳に触れるという幸運に恵まれ、多大の感化と影響をうけてはいたが、この段階では、カナダの某大学に経済学の助教授として就職することになったため、近代経済学を教える立場に立った。当時は新古典派の貨幣理論をやろうかと思っていたのである。そこでG.W.Clower氏等の影響下で何年か努力をしてみたが、やがて、それには余り興味をもてないことに気付いた。丁度そのころ、欧米でもマルクス・ルネッサンスの風潮が湧き起こり、大学でマルクス経済学の講義を担当することになった。それを機会に宇野理論に立ち戻り、それを研究テーマとするようにもなった訳だが、周りに「同好の士」が居たわけではなく、新古典学派が圧倒的な勢力をもつ環境のなかで、孤立無援の状況であった。同じ時期に日本に居たら多くの利点があったであろうが、私は敢えてカナダに居残ることに決めたのである。そのため、先ずは、自分の研究テーマが如何なるものかを、同僚達に説明する必要に迫られた。すると、直ちに、二つの問題がおこる。第一に、宇野が晦渋な日本語で述べている基本的概念を英語にしなければならない。次に、それを理解させるためには、欧米の学界で既に親しまれ確立している学問的伝統を利用しなければならない。それゆえ私は、苦肉の策として、宇野理論をワルラスとヘーゲルで「料理」しようと考えた。

　経済学者ならば誰でも、ワルラス流の一般均衡理論に対して一応の理解と尊敬の念をもっている。私自身も、博士論文を書く段階で、ランゲやパテインキンの学説に親しんでいたし、当時は、一般均衡の解の存在とか安定とかの数理的解析や、線形の生産モデルの研究などが盛んであった。これらを利用すれば、マルクスや宇野が数値例に頼って説明していた「平均利潤の法則」なども、遥かに明確に定式化できるように思われた。それ故、私の資本弁証法では、これらを大々的に利用させて貰っている。しかし、それが有効なのは、「原理論」のなかで資本家的市場が登場するいわゆる「分配論」の部分にすぎない。それ以外の「流

通論」や「生産論」の部分は、数理経済的分析で処理できるものではない。資本主義の運動法則としての経済学理論には、「資本家的市場」を根拠づけるものとして「単純流通の形式」と「価値生産の基本的条件」が必要であり、それは別の方法で明らかにされなければならない。その際に頼りになるのがヘーゲルの「論理学」である。こちらの方は、当時の英米の学界で必ずしも「流行していた」訳ではない。しかし哲学の分野では従来から地道なヘーゲル研究が行われており、そのためヘーゲルの著書の英訳や解説書なども十分にあった。そこで私はやや古臭い（1920年代に使われた）W.R.Stace の教科書等を頼りにヘーゲルの勉強を始めた。私をその方向に導いたもう一つの理由は、当時、近代経済学の方でpositive economics ということが盛んに言われ、論理実証主義やポッパーの影響が濃厚であったのに、私が強い違和感を覚えたということがある。どう見ても「原理論」とポッパーは融合しない。それでは、宇野理論を支える科学方法論（scientific method）とはどんなものなのであろうか。私はそういう疑問に取りつかれた。「ひょっとしたら」それがヘーゲルの弁証法かもしれない、と最初に気付いたときには、まだ半信半疑であった。宇野が実際にヘーゲルの論理学を参考にして自分の「原理論」を考えていたことは、後で知ったのである。

　ところが、このように偶然の事情と「盲滅法」で採用した私の戦略は予想外の功を奏した。実際に「宇野原理論」はワルラス的要素とヘーゲル的要素の両方を含んでいるのであるが、そのようなことは、保護された日本の環境で、宇野理論を学んでいたのでは気がつかない。この「保護された環境」のなかには、自国語である日本語だけで総て片付くという便宜もある。「外国語を知らない人は自国語も知らない」というようなことを、ゲーテが言ったそうだが、それは、自国語だと、本当は解っていないことも「解った様な気になる」という重要な弊害（落とし穴）と関係がある。例えば「労働力商品化の無理」という表現があるが、「無理」とは勿論「道理に合わない」という意味である。しかし日本語では無理心中」も「無理強い」も「無理な注文」も「無理もないこと」も「無理して体をこわす」もみんな「無理」である。外国語でこれと同じ「用法の広がり」をもつ同義語は、先ず存在しないと思って良い。だすると、宇野が「労働力の商品化」をどういう意味で「道理に反する」と考えた

のか、それを厳しく反省してからでなければ「労働力商品化の無理」を他国語には訳せない。日本人同士であれば「それは無理だから無理なのだ」で済むから、誰もそれ以上に無駄な時間はかけたくないであろう。ところが、それが盲点になる。日本語だけで「宇野理論」を習得しようとすると、知らず知らずの内に、「共同幻想的な安心感」に包まれて、厳密な理解が妨げられる。「正直にいうと自分にはよくわからない」が、みんな解っているらしいので、独りだけ妙に拘って「足並みを乱す」ことは避けよう。そう考えるのが日本人の習性としては自然である。宇野の原典をすべて日本語で読めるのは我々の特権であるが、だからこそ余計に注意しなければならない。宇野理論のもつ普遍的な価値を、日本語という特定言語の枠内に閉じ込めるのではなく、いかなる文明国の言語ででも表現しうるものとして学び取らなければならない。そうすることによって、宇野の文章から日本語特有の曖昧さが払拭され、我々自身の理解も深まるというものである。

　この点はヘーゲルについてもマルクスについても同じであろう。本格的な文献研究をするならドイツ語の原文に当たるのが当然であろうが、私の場合は殆ど英文や日本語訳で済ませている。当然、細かい点には誤訳等もあって不正確になるかも知れないが、「それでも伝わる」大筋の方に寧ろ本質があるのだろうと私は思っている。同じ文献でも、誰もが同じ視角から同じように読む訳ではない。夫々の目的に応じて様々の教えを読取れるのが古典である。私の場合には、宇野原論とヘーゲル「論理学」の間に「一々対応 (isomorphism)」の関係を求めてヘーゲルを読み、実際にそれを「発見した」のである。それによって、私は、宇野やヘーゲルのいう「純粋」とワルラスや新古典派理論がいう「純粋」が、全く別の性質のものであることをハッキリと理解できた。ヘーゲルは、自分の論理学の意味を比喩的に説明して、次のように書いたことがある。「論理学とは、地上に自然や人間精神を創造するに先立って、神が未だ天上にあって構想し給うた図式に外ならない」(A.V.Miller, *Hegel's Science of Logic,* Humanities Press,1969,p.50)と。天上では物質的な制約がないから、「無限で無制約な論理」がそのまま通用する。ところが地上のものは全て「有限な物質性に制約される」から、それが無限な論理を体現するにしても、相応な制約を受けるのである。それ故ヘーゲルの哲学は、「論理学」の

外に（「自然哲学」等に代表される）Realphilosophien というものから構成されるのである。ところが、この「論理学」と Realphilosophien の関係が、実は宇野の「原理論」と「段階論」の関係と完全にパラレルになっているのである。

　実際、宇野の「原理論」では、実質的経済生活における使用価値的制約が最小限におさえられており、それだからこそ「資本の商品経済的論理」が社会の再生産過程を完全に掌握できるとされている。それは、実際にはありえないほど完全な「純粋資本主義」を定義する（弁証法的）論理のシステムなのである。それはヘーゲルで言えば「天上における神の国の論理」に当たり、もっと卑近に今の言葉で言えば「ソフト（内的プログラム）」である。現実の具体的な資本主義は、多かれ少なかれ「使用価値（というハード）の制約」を受けるのであるが、「ナマの」使用価値のもつ多様性を直ちにそこに乱入させないで、先ず羊毛型・木綿型・鉄鋼型という三種類に限定して導入すると、重商主義・自由主義・帝国主義という「資本主義発達の三段階」が区別できるのである。何れの場合も、ブルジョア国家の経済政策が（資本家的商品経済の）「舞台装置」をさえ整備すれば、資本の市場原理に「社会の再生産過程」を一任できるから、資本主義的生産様式が現実に可能になると言える。しかし、そうだからこそ逆に、もしも我々の実質的な経済生活の中に、「商品化が困難な」重要使用価値が次々に導入され、その生産技術が支配的なものになれば、そのような社会での実質的経済生活（ハード）はブルジョア国家の経済政策の範囲では調整できなくなり、資本主義そのものが「解体」し始めることにならざるを得ない。

　このような結論はヘーゲルを回避しては得られない。私と常識的な宇野学派との「宇野理論解釈」はその点で決定的に違うのである。後者は、しばしば「段階論」と称して実際には経済史の研究をしており、「段階論」の意味を未だ精確に把握しているとは思われない。従って、いわゆる「純粋資本主義」の問題も、実際に（歴史的に）それに接近する傾向があったかどうかなど、検証の方法により「どうとでも言える」レベルの話に解消されてしまい、「原理論」の真意は未だに悟られないままで今日に至っている。地縁の共同幻想にもとづいて「宇野神社」を建立し、その儀式・祭典の一切を「宇野一家」でとり仕切るという習慣を樹立しただ

けでは、社会科学における宇野弘蔵の革命的な業績を正しく（建設的に）継承したことにはならない。宇野学派もこのあたりで「一大改革」を必要とするのではないだろうか。

【注】

(1) と言っても、広い意味では、無軌道に走りやすい前近代的「金貸資本」の再来と考えてもよいかもしれない。すなわち「カジノ資本」は、原理的規定でも段階的規定でもなく、現状分析レベルで想定できる一概念に過ぎない。

(2) 私は、経済統合の三方法として、「資本の市場原理」・「国家の計画原理」および「生活者の協同原理」を区別するが、これは、大体、ポランニーの「市場」・「再分配」・「互酬」に対応するものである。John Bell & Thomas T. Sekine、"The Disintegration of Capitalism; A Phase of Ex−Capitalist Transition", in *Phases of Capitalist Development*, Palgrave, 2001 を参照されたい。

(3) 通常のマルクス主義は、『資本論』の経済学をそのままで既に完成したものと信じて神聖化し、その中に更に彫琢すべき精髄部分と、いずれは除去されるべき夾雑物の部分を区別する見識をもたないので、単にイデオロギー的な「マルクス主義経済学」の域を出ない。だから当然の結果として「近代経済学の批判」も表面的なものに終わらざるを得ない。しかし、『資本論』から「原理論」を抽出するということは、マルクスがリカードを超えて『資本論』を書いたのと同じ意味で、「ブルジョア経済学の批判」になっているのであって、具体的には、新古典学派の一般均衡理論を実際に凌駕していることにおいて確認されるべきものなのである。この点に気付かないのでは、「マルクス主義経済学」に逆戻りしているのと何も変わらず、宇野学派を名乗る資格はないと言わざるを得ない。

(4) 例えば、原理論では「実物経済と貨幣経済の二分性（dichotomy）」等は起こりようがないし、市場価値論にみられる限界原理の応用は新古典派の場合よりも遥かに一般的である（拙著 *An Outline of the Dialectic of Capital*, Mcmillan,1997,vol. II, pp.33−42 を参照）。また、労働価値説があるから「資本の測定論争」等という無用な時間つぶしに煩わされることもない。

(5) 例えば、寡占市場ではしばしば「囚人のジレンマ」的な解が成立するというのは、資本家的合理性が「資源の最不適配分」に導くということであって、近代経済学がその「近代的合理性」を自己否定することになっている。然るに通常のマルクス主義者でその「矛盾」を糾弾したものは

一人もいない (!)。

(6) 上記の注3を参照。宇野と通常のマルクス主義者が違うのは、宇野がマルクスを通して「経済学」というものの本質を確実に把握しているのに対して、通常マルクス主義者は、マルクスの威光を笠に「(ブルジョア)経済学の批判」を回避し、実はその正体を知らずに毛嫌いしているに過ぎない点にある。しかし経済学とは、本来、先ずは「資本の神学」(ブルジョア的・近代的なもの)として成立すべく運命づけられているものであって、それを批判し、その限界を暴くものとして、いわば反面教師的に、「マルクス経済学」が形成されるのである。常識的(「観念的」)に考えられるように、何もないところで独り忽然と発生するものでは決してない。

(7) 自然科学と社会科学の方法の違いについては、私も既に随所で(しかし主に英文の著作で)説明している。例えば Thomas T.Sekine,"Uno's Method of Marxian Economics" 愛知学院大学『地域分析』33/2 (1995) pp.73-80. *Outline*、vol.I, pp.2-13. 邦文では、関根友彦「資本弁証法と現状分析」愛知学院大学『商学研究』41/1,pp.1-20;「20世紀はヘーゲルとマルクスをどう超えたか」in 降旗・伊藤共編『マルクス理論の再構築』杜会評論社 2000 年 (本書, 第4章, 所収);「私が迷い込んだ経済学」倶進会・講演記録, 2005 年 (本書, 第1章, 所収) 等。

(8) ヘーゲルの論理学と資本弁証法 (原理論) の対応については Thomas T. Sekine,"The Dialectic of Capital, an Unoist Interpretation", *Science and Society*, Fall 1998, pp.434-445;*The Dialectic of Capital,A Study of the Inner Logic of Capitalism*, 2 vols, Toshindo,1986.

(9) 「そういう連中」の代表者といえば、例えば「マルクス主義は経済学のような個別社会科学を認めず、社会全体の学をのみ提唱する」と称するルカッチ (G. Lukacs, *History and Class Consciousness*,1971. MIT Press, p.28) や,「経済学理論は歴史理論に従属する一領域に過ぎない」と主張するアルチュッセール (L.Althusser, *Reading Capital*, NLB, p.75) などがある。彼等は経済学のイロハも知らず (また知ろうともせず) このような暴論を吐いては、思考単純な後輩を惑わしているのである。

(10) 「資本主義」という言葉は元来「資本家であること、資本家として行動すること」を意味する (一般的用法)。すなわち「利益を得る目的で資金を実業もしくは虚業に投下すること」をいうのである。しかし、マルクスの「資本家的生産様式」を略して「資本主義」という時には、「一社会の再生産過程 (私のいう使用価値空間) を元来の意味の資本主義に一任できる場合」を意味する (経済学的用法)。この両者を混同してはならない。私は拙著 *Outline*, Vol.I, pp.17-19;「資本弁証法と現状分析」p.14;Thomas T. Sekine,"Une réflexion sur les tendances actuelles de l'économie mondiale" 愛知学院大学『地域分析』37/1 (1998) pp.17-25 の p.17 等で、両者を夫々 capitalism-I および capitalism-II. と呼んで区別している。

(11) ブルジョア国家の経済政策の役割を「外部性の内部化」と規定し、第一次大戦以後に現れるマクロ政策などと区別する発想については、上記の Thomas T. Sekine, "Une tendance…," p,19；"Polanyi,Marx et Uno" 愛知学院大学『商学研究』41/1,2 (1999) ,pp.53-78 の p.64 等を参照。この発想は、言うまでもなく「厚生経済学」から借用したものであるが、「課税と補助金」の組み合わせを適当に決めた後は、資本家的市場原理に社会的再生産過程を一任できる場合を本来の「資本主義」とする、という概念規定と整合的である。

(12) 私が「現代経済における脱資本主義化傾向」(『経済セミナー』no.227, pp,22-34：本書，第 8 章 , 所収) という論文を書いたのは 1974 年のことであった。脱資本主義という発想は当初から余り評判がよくなかったが、私は今日に至るまでそれを堅持している。比較的最近の発言としては註 2 に示した JohnBell との共同論文の外 Thomas T.Sekine,"Globalization of the World Economy in Ex-Capitalist Transition",in *Proceedings of the 3rd Conference , of International Forum on Comparative Political Economy of Globalization,* Musashi University, 2007, pp.23-32 がある。前註で述べたように、ブルジョア国家の経済政策が「外部性の内部化」という方法で社会的再生産過程を「資本の市場原理」に一任できなくなった時に、資本主義の段階規定は不可能になり、資本家的生産様式は維持できなくなる、という（宇野段階論に忠実な）理解に基づいている。宇野がソ連を意識して「社会主義への過渡期」という表現を用いたことが、最近になって（ソ連の解体を理由に）批判される場合もあるが、宇野としては、当時の情勢から heuristic（発見的）な説明を試みただけであって、問題の成否は、第一次大戦以後の世界経済には宇野理論のいう「段階規定」が成立しない、という点にかかっている。

(13) 再び註 10 を参照。

(14) そのような歴史社会（社会主義）の青写真については、未だ著しく断片的・素描的であるが、その「経済表」の作成によって、私はその基礎概念を提示している。拙著『経済学の方向転換』東信堂、1995 年 ,pp.176,190；Thomas T.Sekine "La vie économique d'une société et les valeurs humaines", *Coexistence humaine et développement durable, Actes du Congrés Mondial,* Editiosns Montmorency.2001,tome I, pp.214-219；"Beyond Globalization and Capitalism：Towards an Environment-Friendly Economy",in *Framing the Pacific in 21st Century: Coexistence and Friction*, Centre for Pacific and American Studies, University of Tokyo,2001,pp.320-325；"Socialism beyond Market and Productivism", in Robert Albritton et al.(eds.), *New Socialisms, Futures beyond Globalization*, Routledge,2004, pp、231-244；「グロバリゼーションと資本主義を超えて」松原望・丸山真人編『アジア太平洋環境の新視点』彩流社、2005 年 , pp.215-231.

第4章

二〇世紀は
ヘーゲルとマルクスをどう超えたか
——資本の弁証法

〔初出〕
降旗節雄・伊藤誠共編『マルクス理論の再構築——宇野経済学をどう活かすか』 所収
2000 年 3 月 30 日　社会評論社

書斎の著者 (2013 年 3 月 23 日撮影)

第4章　二〇世紀はヘーゲルとマルクスをどう超えたか
——資本の弁証法

はじめに

　上の表題は「これからのマルクス経済学：宇野理論をどう生かすか」というフオーラム 90S の講座の共通テーマの中で私にあてがわれたものである。しかし私の考えではヘーゲルやマルクスのような天才を我々がそう簡単に「超え」たりできる筈はないし、資本弁証法も敢えてそのような野望を持つものではない。しかしこれらの大思想家達はそれぞれの時代的背景を前提に執筆活動をしたのであるから、今日我々がそこから何かを学んで生かそうとするなら、我々の側にもそれなりの覚悟が必要だということは言えるだろう。つまり従来の通俗的な解釈や定説に束縛されないで、我々自身の要請からヘーゲルやマルクスに学ぶことが肝要なのである。

　偉大な思想は特定の時代の特定な場面（コンテクスト）でしかモノを教えてくれない訳ではなく、学び取る側の様々な視点に応えうるものである。ところが長年に亘って一つの学び方が定着してしまうとそれは新しい学び方に対して強い拒絶反応を示しがちである。そのためフレッシュな視点を排撃し旧式な解釈の呪縛から抜け出せないことも多い。そのうちにマルクスやヘーゲルの思想までが、もう古い時代遅れなものとして処理されてしまう。だが実際に時代遅れなのはマルクスやヘーゲルではなくその旧式な解釈である。またそのような解釈を超克できないのは、偉大な思想を学び取る側に確固とした視点が形成されて居ないからである。

　このように考えると、今日とは違ってまだマルクスやヘーゲルの権威が十分に残っていた時代に、従ってその伝統的解釈も相当に幅をきかせていた頃に、敢えてそれに挑戦し斬新な学び方を提唱した宇野弘蔵の業

績は画期的なものであった。しかしその到来はやや時期尚早の感がない
でもなかった。というのは謂る宇野派なるものが、宇野の業績のうちで
革新的なものを更に押し進めたと言うよりは、むしろそれを常識的な解
釈の中に引きもどし埋没してしまったのではないか、と思われる節があ
るからである。

　私が最初に宇野の謦咳に接したのは大学三年の頃（1955）であり、そ
の後留学のため大学院を中退して出国する（1958）までに決定的な影響
を受けた。と言っても当時の未熟な私に宇野原論の意味が十分に理解で
きた筈はないので、私の先生に対する憧憬は多分に情感的なものであっ
た。ちょうど学問的に油の載り切っていた先生の姿がまだ子供のような
私にも強い感銘を与えたのである。それから長い歳月が流れ、漸くカナ
ダで教職についた私は新古典学派の貨幣理論などに集中する傍らポッ
パーなどを読んだりして自分の進路を模索していたが、間もなくその方
面に興味を失い学問的に挫折感を味わった。この頃、日本では宇野理論
の名声が大いに高まっていたので、私はしばらくぶりに先生を訪ねた。
それがきっかけで『経済学の効用』という対話集を出すことになった
（1972）。今から思うとそれが転機になって以後私は徐々に近代経済学を
離れ「宇野理論」に立ち戻ることになった。アメリカ経済学界の機関誌
JEL に宇野理論の紹介をしたのが 1975 年、『新原論』の英訳を出版した
のが 1980 年であった。その頃には欧米でもラディカル派が台頭し、永
年タブー視をしていたマルクス経済学の研究も復活するという事情があ
り、そのため私はある程度時流にも援けられて近経からマル経への回帰
を果たしたのである。

　そうは言っても欧米の経済学界の主流はあくまでも近代経済学であり
その方面での任務を果した上でマルクス経済学の研究も認められるとい
う風であったから、肝胆相照す同学の士に恵まれたりはせず、私の研究
生活は終始孤独であった。もちろん日本の宇野学派ともある程度の交流
はあり、そのモラルサポートも受けてはいたが、研究の内容は全く異なっ
ていた。というのは私にとって宇野理論の習得とはこれを日本語から解
放することに等しかったからである。「宇野理論は日本独自の思想です
から貴方達にはオイソレと解るものではありません」といって済ませる
立場にはない。何とか英語で説明し少数の人にでも納得してもらえな

ければならない。そのような難題に対処しているうちに 1980 年代の前半ぐらいに至って漸く自分なりの宇野理論理解が熟成して来たように思う。それは日本で行われている宇野理論解釈とはやや異なっているので、私はこれを資本弁証法と呼び、爾来その彫琢を続けて今日に至っている。1984 〜 86 年に私家版として東信堂から出した *The Dialectic of Capital* も 1997 年に英国のマクミラン社から出版した *An Outline of the Dialectie of Capital* も謂ばその経過報告のようなものである。

　外国語について一言すると、私は、文明国の言葉でならどれでも同じような意味のことを表現できると信じている。また様々な言語に移し換えられないような思想は普遍的な価値を持たない。しかしどの言語にも特有な「言い回し」があるので、同じ意味を伝えるにも言い回しを変えなければ通じない。と言うことは、言い回しを様々に変えても原意を保存できる思想こそが人間の思想として国際的に普遍だということになる。英語で読まないとケインズの考え方が解らないとか、日本語でないと宇野の意味が通じないというのでは、ケインズや宇野の普遍的な価値を理解していないことになる。ところが原意とその偶然な言い回しを切り離すことは元の思想が独創的であればあるほど難しい。宇野の文体は難解だし場合によっては曖昧模糊としているので、今日の若い人達は直ぐにアレルギー反応を起す。しかしそれは宇野の発想が斬新なことを示している。通俗な考え方ではないから自国語で文章化しようとしてもスラスラとは書けない。このような場合には、苦渋に満ちた宇野の「拙い」日本語から出発してそれをそのまま英訳しようと図っても無駄である。むしろ彼の頭の中にあるものを予め理解し、自分だったらこれを別にどう表現するかという点から出発せざるを得ないのである。だがそのようなことを繰り返している内に自分が宇野以外の宇野になってしまう。言い換えれば、私の資本弁証法は宇野原論に忠実であると同時に忠実ではない。即ち宇野の精神には忠実であろうとしているが、テキストには必ずしも忠実とは言えないのである。

　すこし前置きが長くなったが、以上のようにして私が宇野から学んだものの中で、これからの経済学にとって特に重要と思われる若干の事項について以下に述べてみたい。

Ⅰ．ヘーゲル弁証法と原理論

　宇野は「ヘーゲルを読め」と学生に勧めたことはないようである。この点レーニンとは反対である。しかし彼が『論理学』を相当に読みこんでおり、原理論の構成をそれに準えて考えていた点に疑いはない。『資本論』の篇別構成を修正しているのも大体ヘーゲルの『論理学』を念頭においてなされている。宇野原論の流通論・生産論・分配論は論理学の有論・本質論・概念論に対応しているし、生産論の中で資本の生産・流通・再生産過程となっているのも、ヘーゲルの根拠・現象・現実性の論理と照合している。また分配論が利潤・地代・利子と構成されているのも、ヘーゲル概念論で主観・客観・理念というのに重なっている。東信堂刊の *The Dialectic of Capital* では各部・各章における Hegel correspondence を指摘したが、宇野「原理論」とヘーゲル「論理学」の完全対応（homomorphism）は驚くほど精確なものである。

　自分の手法がそれほどヘーゲル的なのに宇野は何故それを隠したか、と言うよりは吹聴するのを避けたか、という疑問は当然起こる。それは当時著名だったヘーゲル学者、特に武市健人・梯明秀・見田石介のような人達とあまり深く係わりたくなかったためであろう。私も一度クリス・アーサー氏に手紙で次のように書いてやったことがある。「私はヘーゲルの専門家ではないから、私のヘーゲル解釈が間違っているとか偏っているとか言われたら一溜りもない。だがヘーゲルはヘーゲル屋のためにあるのではない。私が経済学者として読むとヘーゲルには貴方達に見えないものが見えるのである」と。宇野も同様な自信をもっていたのではなかろうか。「哲学者達はカントまでしか理解していない。ヘーゲルの真意は原理論を通してはじめて理解できる」などと冗談めかして実は本心を「豪語」しているのだから。

　私がヘーゲルに目覚めたのは『効用』での対談の折に、ポッパー程度の科学方法論では到底宇野に歯が立たないことを思い知らされたためである。その後 W.R.Stace の教科書や『精神現象学』の序論などでヘーゲ

ルに入門してから何とか『小論理学』（William Wallace の英訳が特に役立った）が少しは理解できるようになり、ところどころ『大論理学』も参照した。ヘーゲルは「形而上学と論理学が重合する（coincide）」と書いているが、宇野の原理論も「経済学理論と論理学が重なる」こと、すなわち資本の弁証法になっている点にその核心がある。この点がキチンと理解されないと宇野理論の本質は掴めない。ヘーゲルの場合は絶対者（＝神：Christian logos）が形而上学的諸概念の中に次々と自分の姿の様々な側面をチラつかせながら最後にその全姿を開示するように展開されているが、原理論でも資本が経済学的諸範疇を通じて同じことをする。それが「資本による資本主義の定義」すなわち経済学理論になっているのである。

　こういう意味の原理論こそが、ヘーゲルの観念論を本当に「ひっくり返す」ことができるのであって、自然弁証法や弁証法的唯物論（Diamat）のような思いつきでヘーゲルの観念論を批判したり克服したりできるものではない。況して史的唯物論（唯物史観）のようなものを振り回す程度で、ヘーゲルに掠り傷一つでも負わせることが出来るなどと思われては困るのである。宇野はそのようなマルクス主義者の幼稚さを心から軽蔑していたが、さりとてヘーゲルの専門家を前にして「俺は君達よりヘーゲルを正しく理解している」などとは言えなかった。その歯痒さが私には良く解る気がする。1998 年の秋に *Science & Society* 誌は弁証法の特集を編み、私も寄稿してそこに自分の弁証法理解を披瀝してある。（その後 1999 年の春にニューヨークで開かれた社会主義諸学者の学会でもこの特集を題材に討論会が企画され私も参加して来た。）重要なのは弁証法には必ず主体＝語り手が存在しその自伝的開示が自己完結的なシステムを構成する点にある。

　ここで原理論が「資本自身による資本主義の定義である」という命題を敷衍しておこう。これにはヘーゲル論理学と経済学の原理論の間に完全照合の関係があるという事実が係わってくる。完全照合というからには資本の論理と絶対者の論理とが同じ構造をしていなければならないが、それは何故だろうか。資本と絶対者が自分を開示するのに何故同じ順序や手続きでそれを行うのか。私は長いことそれが理解できなくて悩んだ。しかし結局は「資本」とは何かを把握することでその疑問は氷解

したのである。ここで「資本」というのは、経済学的なレベルでGをG'にする操作といった程度のことではなく、資本のオントロジカルな根拠である。マルクス以来、我々は「資本がどうした」という風な表現に慣れ切っているが、局外者はそれを奇異に感ずる。留学時代の古い話だが、私がマルクス風に capital という言葉を使って論文を書いたら先生が全部それを the capitalist と直してしまった。資本はモノであって人間ではないからそれを入格化（personify）するような語法はおかしいと言うのである。特に唯物論を標榜するものが何故このように神がかったことを言うのかと問い詰められて閉口したものである。当時はこの尤もな疑問に答え切れず、私はそのことを痛く恥じた。

　その後ポランニーを読んでいるうちに経済的動機（economic motives）という表現に行き当たった。これは得を最大にし損を最小にしようとする人間の性向であるが、我々はこれをアダムスミスの経済人（homoeconomicus）以来、すなわち「近代」になってから、重要視しすぎて来たというのがポランニーの説である。ところがほぼ同時に私はフォイエルバッハの人間疑似論といわれるものにも興味をもった。彼は「神が自らの姿に似せて人間を作り給うた」というユダヤ・キリスト教の教えをヘーゲルが鵜呑みにしているといってこれを批判し、実はその逆に「人間が自分の姿に準じて神を作り上げている」と主張したのである。だが真・善・美を求める人間の性向を無限化し絶対化して神を作り出すのが人間固有の営為であるとすれば、人間は自分が有限に（不徹底に）しか持っていない経済的動機をも絶対化し無限化して「資本」という神を創り出してもおかしくない筈である。我々人間はそのようにして一度、無限なるものを創出すると、今度は逆に自分の有限性を恥じ、神の前にぬかずいてこれを信仰する。カナダでは一時、米加自由貿易協定の是非をめぐって盛んに議論が闘わされたことがあった。その際、反対派はいつも具体的な市場欠落の事実を指摘するのに対し、推進派は常に「それは一部の人の努力不足を正当化するものに過ぎない」という論法で応酬する。「神の論理で救えないのは信仰の足りない連中だから罰せられて当然」と言うものである。すなわち資本の論理も神の論理と同様に不可謬なものとして人間の有限性に対峙して考えられている訳である。

　ここに経済学理論の本質がみられる。すなわち我々人間が誰しも有限

に持っている経済的動機を無限化したものが資本であり、この無限者としての資本が弁証法の主体（語り手）となって自己を全面開示するものが経済学理論の本来あるべき姿なのである。資本は有限な我々を越えた無限者だから弁証法的に自己綜合をすることができる。しかしその論理はもともと我々自身の内的性向を徹底したものであり、我々自身に理解できないものは何も含んでいない。だから理想的な場面を設定し「この場合はお前が資本家だったらどう行動するか」と問えば必ず正しい答が戻ってくる。それを寄せ集めたものが経済学の理論になっている。すなわち経済学の理論はすべて内省的 (introspective) に編み出されるのであって、資本主義経済の動向を我々が外側から一方的にモデル化しておいて、後からその現実対応性を経験的に検証したりして手に入れるものではない。

II．社会科学の方法（宇野理論）

　以上は宇野「原理論」の性質をやや徹底して、というのは宇野自身よりもラディカルな言葉で述べたものであるが、その下敷きになっているのは社会科学に関する宇野独自の考え方である。宇野は自然科学の方法と社会科学の方法が全く異質であることを繰り返し主張した。それには新カント学派の影響があったようにも言われているが、もっと基本的には『資本論』から宇野はそれを学びとっているのである。ところが普通この点に関する宇野の主張は十分に理解されず、彼がイデオロギーに対して科学の客観性を強調したことだけに注意がむけられている。すなわちマルクス主義はイデオロギーだが経済学は客観的な科学だという点である。しかし宇野にとっての客観的科学とは自然科学についてしばしばそういわれるのとは全く異なった意味をもつのであって、その点こそが重要なのである。宇野は何とかしてそれを伝えようと焦ったが、あまり成功したとはいえない。例えば「経済学の知識を技術的に利用することはできない」と繰り返し主張していたが、この点を素直に納得できた弟

子が何人いただろうか。

　基本的には社会科学の知識が回顧的（retrospective or "post-dictive"）であって予見的（prospective or predictive）ではない、すなわちヘーゲルの言う「灰色の知識」でしかない。と宇野は言いたかったのである。

　自然は我々の外側に与えられたものであり、我々は決してそれを内側から全面的に解明することはできない。従って我々はそれを外部から部分的に観察し何らかの規則性を認識することしかできないのである。自然現象の解明は、条件 a、b、c、……が満たされた場合に事象 x が生起する、という予見的な形式でなされる。数学の定理が述べられるのと同じ形式である。最初はこれが仮説・憶測として言表され、次にこれが経験的に検証される。このような知識の集積が自然科学を形成している。我々はこのような知識を技術的に利用すること（科学技術）によって、より良く自然に順応したり便乗したりする知恵を学ぶのであって、この過程は無限に続けられ終わることを知らない。すなわち自然はあくまでも不可知な「物自体」を残すのであって、決して自分を全面的に顕示したりすることはない。

　自然科学が自然現象の予見可能な規則性を探ろうとすることは以上からみて明らかに正当であるが、社会科学についても同じことが果たして言えるだろうか。否である。社会は、そう意識されようとされまいと、我々人間自身がこれを形成するものであって、決して外側から与えられるものではない。ということは、その構成が内側から全面的に曝露できることを示しており、またそうしなければ社会に関する正しい知識にはならない。人間の社会もこれを動物集団と同じように外から観察し、その部分的な規則性を確立しようなどとするのは御用科学であって、真の社会科学に求められることではない。社会科学が追求するのは我々自身のすることについての偽らざる知識であって、我々を取りまく外界に関する憶測的な知識ではない。我々が社会的動物としてこれまでに何をしてきたか、現在何をしているか、将来は何をしようとしているのか、を客観的に（というのは自分勝手な幻想に惑わされることなく）了解することこそが社会科学の目的なのである。これは個人的レベルというよりは社会的レベルにおいてではあるが、やはり人間の自己認識を求めるという点で、「汝自らを知れ」と教えたソクラテスの教訓に応えるものと考えて

よい。経済学も含めて社会科学にはこれ以外の目的はない。

　宇野はこれを言いたかったのだが殆ど誰にも理解して貰えなかった。何故かというと多くの人たちが社会科学をも自然科学に準らえて考える習性を脱け切れないからである。社会科学の知識も「科学技術的に」利用できなければ嘘だ、と大抵の人が思っている。仮え自然科学のように正確な予見ができなくとも何らかの予測や予言は可能だと思いたがっている。つまり社会科学の知識も展望的（prospective）であって回顧的（retrospective）なものではないと信じている。だから宇野のようにその正反対を主張しても大衆は耳を貸さなかったのである。しかし宇野の発想は別に奇抜なものでも真新しいものでもなく、従来の哲学思想の中ではよく知られているものである。それが功利主義的・実証主義的雑音の喧しい時代に忘れられがちであるに過ぎない。例えば、「ミネルバの梟が夕暮時に漸くその翼をひろげる」というヘーゲルの言葉を知らないものは居ない。また「我々は後退りしながら将来に入って行く」と述べたヴァレリーの言葉も教養ある人にはよく知られている。これらは何れも、社会を含めて人間のすることに関しては展望的な知識など持てないということを悟している。我々は自分自身の過去（歴史）を反省することで自分を識ることができるに留る。このような知識を「灰色」とか post-dictive（これは私が勝手につくった造語だから辞書には載っていない）な知識ということができる。もう変更することのできない過去の歴史を顧みることで、我々は反省し賢明になる。

　このような知識が技術的・功利的に利用できないのは当然である。宇野はこの点に確信があった。しかし「役に立つ」経済学を求めていた学生達には何とも納得できなかったようである。「そんな経済学を学んで何になるのか」という彼らの執拗な質問に対し「それはインテリになるためだ」と宇野は答えた。彼は大まじめだったが、果たして学生達にその真意が了解できただろうか。近代経済学のように政策提言のできる経済学、あるいはマルクス主義経済学のように革命の武器でありうるような経済学が求められていた時に、「それは無い物ねだりだ」という醒めた宇野の言葉がすんなりと受容れられたとは考えにくい。これは今でさえ宇野学派を含めて大多数の人達を困惑させるテーゼではないだろうか。

Ⅲ．宇野経済学の特質

　以上ではやや抽象的に方法論（認識論・存在論を含む）の問題を述べて来たが、ここから経済学の領域に入ろう。先ず経済学の純粋理論すなわち原理論については、すでに明らかにしたように、「資本自身が資本主義を定義する」ことこそがその内容になっている。定義といってもそれはユークリッド幾何学などにみられるような公理的な定義ではなく、弁証法的（自伝的）な自己規定（自己開示）としての定義である。簡単に言えば資本が「自分はこういうものです」と自己紹介をしているようなものである。しかし資本にその本心を吐露させるためには、すでに述べたように先ず「理想的な場面」を設定し「さあここで存分に羽根を伸ばし給え」と誘ってやらなければならない。ここで理想的な場面を設定するとは、実物経済が実際にそうである以上に資本家的に商品化しやすく、従って資本家の思い通りになる事態を想定するのに等しい。私が実物経済または「実質的経済生活」というのは、人間社会が自然環境に働きかけてその一部を有用物（使用価値）として生産しこれを消費する過程、言い換えれば人間社会と自然との物質代謝を意味する。これが具体的に行われる場面のことを「使用価値空間」と名付けることにしよう。

　どんな人間社会にもそれに対応する「使用価値空間」が存在し、その社会を特徴づける一連の使用価値とそれを生産する技術を含んでいる。実際に存在する（或いは存在した）多様な使用価値空間の外にも、それから容易に類推できるものも含めると、使用価値空間は殆ど無数に想定することができるが、そのあらゆる可能性を平面上の座標としてバラ撒いた状態を考えてみよう。但しこの場合、資本にとって最も理想的な使用価値空間を原点に置き、それから離れるに従って少しずつ資本家的に商品化しにくい状態になっていくものとする。資本主義社会とはその使用価値空間が比較的に商品化し易く、従ってそれを資本の論理で統合（組織・運営）しうるものを言う。この場合は資本の論理というソフトで、ハードに値する使用価値空間が処理できると考えてもよい。そこで原点を中

心に一円を描き、その範囲内でのハードには資本主義というソフトが適用するものとしよう。言い換えれば「資本主義円」の内部にある使用価値空間は資本主義社会を形成しうるものであるが、その外にある使用価値空間は資本の論理によっては統合し切れない。すなわち資本主義以前または以後の社会に対応するものとなる。人間社会はある歴史的時点でこの円内に突入し、また別の時点で円外に去って行く。その軌道が矢印のついた曲線で示されている。入り口の近く a 点に重商主義段階の使用価値空間、原点の近傍 b 点には自由主義段階の、出口付近 c 点には帝国主義段階の使用価値空間が配置されていると考えてよい。

　ここに示した図形は全く概念的なもので数学的な意味はない。しかし原点が特別扱いされているという点には注意して欲しい。ここだけは資本の論理で完全に包摂され（取り込まれ）る理想的な使用価値空間すなわち純粋な資本主義社会に対応する使用価値空間であるから、歴史上現実に存在するものではなく、純粋に理論的な点なのである。原点以外の座標はいずれも現実に存在しうる具体的な使用価値空間を示している。言い換えれば原点だけが資本に属する純粋に理論的な点であり、それ以外は我々人間の歴史に属する（或いは属しうる）具体的な使用価値空間なのである。血と肉のかよった我々の歴史は限りなく原点（純粋ソフト）に近づくことはできてもそこを通ることはできない。と言うことは、たとえ資本主義円の内部にあっても我々が現実に体験する使用価値空間には資本の論理に完全には包摂し切れずにハミ出す部分、すなわち「外部性」が残るということに外ならない。原点でだけはそのような外部性が排除されているからこそ、それは純粋であり資本の独我論（solipsism）＝原理論の通用する世界なのである。他方、必ず外部性の発生する具体的・歴史的な使用価値空間については、このような外部性の「内部化」ができるか否かということが問題になる。内部化とは資本の市場原理からハミ出すものを（規制や租税・補助金などの手段を用いて）政策的に調整し再び市場原理のもとに編入することを言う。この内部化が成功すれば歴史的に資本主義社会が成立し、不成功に終れば資本主義社会は存在しない。図に示した資本主義円はその境界を画するものである。

　資本主義社会が存在するためには従って外部性の内部化が不可欠であるが、その責務を果たすのが「ブルジョア国家」に外ならない。ブルジョ

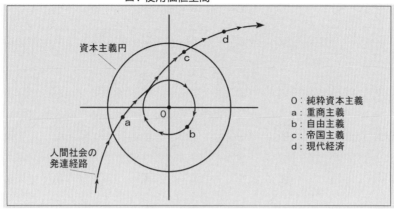

図．使用価値空間

資本主義円

人間社会の
発達経路

O：純粋資本主義
a：重商主義
b：自由主義
c：帝国主義
d：現代経済

ア国家（国民国家）はもともと封建的な領国の天下統一という過程で発生して来たが、はじめは絶対君主制を設けてブルジョアジーを援けた。その頃の政策が重商主義政策である。その後ブルジョア国家は使用価値空間の変遷と共に自由主義国家・帝国主義国家と進化しそれぞれの段階に適合した経済政策を採用してきた。使用価値空間のタイプが変わればその外部性の種類も変わり、当然その内部化方法としての経済政策にも段階別の特徴が表れるのである。しかし重商主義政策によっても自由主義政策によっても帝国主義政策によっても、その外部性を資本の市場原理に内部化できない使用価値空間も存在する。それらは資本主義円の外部に位置する座標に対応するものと解釈される。後で今日の世界経済がｃ点のように資本主義円の内部にあるのか、それともｄ点のようにその外部に移っているのかという問題を検討することにしよう。

　ここではむしろ原点が示す純粋資本主義の意味をもう少し考えてみたい。経済学で純粋という言葉が使われたのはワルラス以来であり、「純粋な」経済学理論といえば新古典学派の専売特許のように思い込んでいる人も甚だ多い。特に近代経済学を嫌うマルクス主義者は「純粋」とか「均衡」とかいう言葉を聞いただけで身の毛がよだち直ちに拒否反応を示すのが常である。そのため宇野の純粋資本主義論も無下に保守反動の汚名を着せられてきた。しかし実際にはワルラスなどが産まれるはるか以前にヘーゲルは論理学を純粋思惟の学と規定しており、マルクスが「資

本論」において踏襲しているのも同じ方法である。当然、宇野が資本主義の純化について語るのもこの輝かしい哲学的伝統に則ってのことであり、無教養な人達の早合点はともかくとして、新古典学派の「純粋」とは全く関係がない。第一、新古典派の「純粋」は数学的（すなわち公理主義的）な意味で言われるのであって、これまでに説明してきたような弁証法的内容は全然もたない。例えばユークリッド幾何学では「純粋な」三角形が定義されるが、それが純粋なのはその性質が平行線公理と矛盾せず同義反覆的（tautological）に整合的であると言うに過ぎない。これに対し弁証法的「純粋」は我々が勝手に措定した公理などに依存するものではなく、我々人間に固有な性質から有限性の制約を取り払って無限者として自己開示させるという意味で純粋なのである。このような截然たる区別を無視して宇野理論と新古典派経済学を混同してもらっては甚だ困る。しかし経済学者でこの両方に通じている人は比較的少ないので、次にこれら二つの純粋理論が経済学的にどう異なっているかを説明することにしよう。

IV. 二つの純粋経済学理論

　古典学派が労働価値説と平均利潤法則を両立させることが出来ずに解体したあと、労働価値説の代わりに効用価値説を採用することで事態の収拾を計ったのが新古典派経済学である。この学派は1870年代初頭の限界革命から第一次大戦に至るまでの40年間にほぼその内容を充実させたと考えてよい。その代表者は決して単なる資本主義擁護論ばかりを唱えていた訳でなはなく、ワルラス・ヴィーザー・ウィクセルのような自称社会主義者までも含んでいたが、その最もみるべき業績はやはり資本主義市場における一般均衡の概念を厳密に確立したことにある。その手法が数学的（公理的）であるところから「純粋」理論という名称が定着するようになったものと思われる。この傾向は後にケインズ経済学の批判を吸収して謂る「新古典的統合」を果たしてから更に彫琢され、最

近ゲーム理論の導入によって正統派経済学が大きく変容するまで続いた。新古典派経済学でもその生成期と、第二次世界大戦後に学会の主流となってからでは微妙な違いがあるが、それは1920年代に「可測的な効用」が「無差別性」によって、また「実質費用」が「機会費用」によって置き換えられたことと深く係わっている。これらはいずれも実物経済と市場経済の区別を払拭するのに役立っている。もともと古典派経済学そのものが「労働」に代表される実物経済と「平均利潤」に代表される市場経済を区別するまいと志向するものであった。それは資本主義経済を自然法則に叶ったものと考えていたからである。限界革命によって「客観的な」労働価値説が放棄され「主観的な」効用価値説に取って代わられたことは、実物経済と市場経済の融合を更に強化するものであった。ところが1920年代になって「可測的効用」も「実質費用」も要らないと言うことになり、すべてがトレードオフ（交換）に還元されれば、それは市場経済から区別さるべき実質経済そのものが存在しない（市場を離れて経済生活はない）と言うに等しい。新古典派経済学に批判されるべき反動性があるとすれば、その根拠はここにあると考えなければならない。

　経済学説史を一瞥してみれば、明らかなように代表的な経済学者は殆どが自由主義者であって市場の合理性を信奉している。仮えイデオロギー的に資本主義を批判するにしても、経済学者としては市場経済と実物経済の同一性・一体性を認めた上で、局部的に市場欠落の事実を指摘するに過ぎない場合が殆どである。これに対しマルクスやポランニーのように自由主義そのものをラディカルに批判する（例外的な）場合には、この同一性・一体性の否定こそがその根拠になっている。マルクスは「価値と使用価値の矛盾」に繰り返し言及しているが、これは商品経済的あるいは抽象的富としての価値が人間にとって有用・必要な具体的富としての使用価値とは別ものであり、資本主義とは一時的にこれらを重合する特殊な経済生活のあり方に過ぎないという思想に基づいている。ポランニーの場合もメンガーから学んだという「経済」の二つの意味、すなわち人間社会の実物的な要請を充足する面（実物経済）と無駄を省き効率を増進する面（市場経済）を峻別する必要を強調している。これらを区別できない（しない）ところに自由主義のユートピア性（反動性）が

在ると言うのである。宇野理論で形態（資本の論理）が実体（使用価値空間）を包摂したところに資本主義を認めるのも全く同じ発想に由来している。はじめから形態と実体が融合していたのでは、古典・新古典の自由主義イデオロギーをそのまま踏襲することになり、資本主義の批判などできる筈がないのである。それは自分で創り出した神によって完全に支配され（主体性を奪われ）、二度とそこから逃げられない状態に陥っているのと同じことだからである。

　すでに述べたように経済学理論の本来の姿は資本による資本主義の定義である。しかしその「資本」というのは実は我々自身の経済的動機を無限化、絶対化したものであることが忘れられてはならない。我々自身の性向や動機から有限性を撤去しているからそれは純粋に資本の論理として自己綜合を果たすことができるのである。ところが自由主義のイデオロギーは、これを転倒して理解するものである。すなわち神（資本）から与えられた我々の経済的動機をその有限性（不徹底）から解放することこそが信仰の証だと考える。言い換えれば我々は資本家的であればあるほど合理的であり万物の霊長としての人間の理念に叶うことになる。この場合には、各個人の効用極大化を公理として自律的市場の一般均衡と安定を説く新古典学派の純粋経済学理論は、人間社会の「かくあるべき姿」を映し出す神型な教典としての地位を確保する訳である。この立場からすれば「市場の欠落」が認められたとしても、それは我々自身の至らざるため（不徳の致すところ）に外ならず、実物経済と市場原理の間に当然ズレや齟齬（そご）が生ずるからだとは観念されない。このように一方的な市場崇拝を基礎づけるのが新古典派的な純粋理論であるとすれば、それに対して厳しい体制批判の矛先が向けられることも一応は納得できる。しかしそのような批判は往々にして、何故に新古典派の理論が反動的になるのかについての根元的な理由を悟っていない。

　だから単に抽象的で純粋であること自体が現実ばなれしているとか、前提が間違っていればいかに論理が厳密であっても役に立たないと言った程度の通俗な批判に終わってしまうのである。要するに「市場欠落」の事実だけを指摘し、新古典派理論がこれを満足に説明していない等と主張してもそれでは自由主義イデオロギーの根幹を批判したことにはならず、むしろ問題の焦点をそらす結果にしかならない。実際、新古典派

理論に替わりうる、より説明力のある理論の提示を逆に求められれば、全く主観的で中途半端な思い付き程度のものを嘲笑の対象に供するしかないというのが現実である。それならばむしろ経済学に純粋理論など必要ないと開き直った方が安全かも知れない。事実、レギュラシオン学派などはマクロ理論と労務管理論だけで経済学が成り立つと考えている様である。しかしそのように通俗な経済学が科学方法論的に支持しうるものでないことは今更いうまでもない。純粋理論と言えば短絡的に新古典派理論と速断し、マルクス経済学にこそ本来の純粋理論が存在することを忘れたため迷路に落ち込んだものと言えよう。

　本来の純粋理論は資本による資本主義の定義＝原理論である。それはすでに述べたように我々が勝手に創ったものではなく資本の独我論だから純粋で客観的なのである。我々のもっている性質の一部を拡大し無限化したものであるからもはや我々の生活空間には属さない。その点で資本の論理は「転倒」し「逆立ち」したものである。新古典派の純粋理論はこの転倒したものを額面通り我々の規範として受容れたものである。逆立ちしたものをこそ人間が本来あるべき姿と誤認するのであるから、これは信仰であって科学（客観的知識）ではない。新古典派経済学の批判はここに切り込まなければ果たせないものであり、若しマルクスが現在生きていたとしたらきっとそうしたに違いない。然るにこのような批判は宇野理論の立場からのみなされ得るものであり、正統派のマルクス主義経済学には到底期待できないし実際そのような批判が行われた試しもない。

Ⅴ．経済学と資本主義

　以上の論議は資本主義と経済学との関係に立ち戻ることでより的確に理解することができよう。経済学はもともと資本主義社会の成立過程においてその運動法則を解明するために産まれてきたのであって、資本主義以前にはせいぜい断片的な知識としてしか存在しなかった。運動法則

とは、それによって資本主義社会が動かされているソフト（内的論理・プログラム）という意味である。この場合に重要なのは資本主義というものが歴史的に特殊な、従って過渡的な人間社会のあり方であって、人間社会がいつでも資本主義社会である訳ではないことである。この点を認識するには実物経済と商品経済の間にズレ・齟齬・ギャップが生じうることから出発しなければならない。ところが古典派や新古典派の経済学が拠って立つ自由主義のイデオロギーとは、丁度その点で無自覚なのである。と言うことは、全ての人間社会が実在的・潜在的に資本主義社会だと主張するに等しい。だがそれでは歴史的に特殊な資本主義社会のソフトを抽出することはできない。ハード(使用価値空間)からソフト(資本の論理）を切り離す必要が無くなり、どんな使用価値空間も資本の論理で運営されることになる。上に掲げた図形で言えば原点とそれ以外の点に区別はなく、資本主義円も平面全体に拡張されることになる。そのため実は「資本の論理」そのものも鮮明に把握され得ず、その都度我々のイデオロギー的主観を読み込んだ恣意的なモデルにしかならない。事実、新古典学派の純粋理論から原理論の流通論・生産論に当たる部分が殆ど完全に脱落して居り、僅かに分配論の一部が別の方式で研究対象となっているに過ぎない。

　だが、それならば新古典派理論に学ぶべきものは何も無いのかと言うとそうではない。資本家的市場の一般均衡理論を定式化する点で新古典学派は極めて重要な技術的貢献をしているのであって、宇野原理論も謙虚にその技術を摂取すべきである。そうすればマルクスや宇野が特定の数値で例証したにすぎないものが、一般的な定理として厳密に証明できるのであって、我々は資本の論理を質的により深く理解し得ることになる。このような努力をすることを恰も近代経済学に身売りするかのように思って抵抗する人もいるが、それは取越し苦労でもあり自己欺瞞でもある。最近ではマルクス経済学者の間でも数学的分析手法に対するアレルギーが無くなってきている。これは喜ぶべきことだが、そのような場合でも「均衡」という概念がブルジョア的であるとしてこれを排撃する傾向が残っている。しかしそれは根本的な誤りであるので、次にその点について若干述べておこう。

　確かに資本主義経済は常に動態を成しており決して静止したものでは

ない。それは資本の現実的蓄積過程が循環的であることの表れである。しかしその事実から短絡的に資本主義市場の均衡を否定するのではブルジョア経験主義（empiricism）と何ら変わることがない。資本の蓄積過程は有機的構成を一定とした拡大とその上昇を伴う深化の局面に分かれ、それが市場では好況と不況の交替として表れる。ところが好況期は更に恢復期・中位的活況・過熱期とに分かれ労働力商品の需給がほぼ適正に保たれるのは中位的活況期に限られる。そしてこの時期にこそ生産諸部門間の関係も適正に近づき平均利潤の法則が成立する傾向をもつのである。もちろんこれは「傾向」であって実際にそうなる訳でもないしその必要もない。しかしこの傾向があると言うことこそが資本主義の証しなのである。これがある限り資本の論理が価値法則を通用せしめ従って資源の再配分を志向することを我々は確認できる。その意味で資本主義市場の一般均衡は「実在」するのであって単に我々の観念の恣意的な構築物ではないのである。傾向としては一般均衡を志向するが現実にその点に到達しないのは使用価値空間の抵抗が現実的なためである。言い換えればそれが理想的な原点においてのみ一般均衡は純粋に規定できる。逆に一般均衡を志向する「傾向」すら確認できない状態にあるとすれば、それは使用価値空間が原点を離れすぎ、我々はもはや資本主義円の域内には属さないと結論せざるを得ないのである。第Ⅲ節に掲げた図形で言えば我々はもはやｃ点ではなくｄ点の近傍にあることになる。

　以上は経済学の純粋理論（原理論）を資本による資本主義の定義と同一視する我々の立場から当然に導き出される結論であるが、一般に行われている（自然科学的な）経済学の理解からは大いに乖離している。この場合には理論とは我々が現実を勝手に（主観的に）抽象してモデル化したものと考えられている。実際には、すでに説明したように、転倒を正立と混同した新古典学派の一般均衡理論でさえ、自然科学におけるように仮説と検証の繰返しの中で確立されて来たものではなく効用極大化の公理から演繹的に導出されてきたものである。にも拘わらず計量化した近代経済学はまやかしの実証主義を採用して準自然科学を行う習慣になっている。そうなると理論は現実（の変化）に合わせて創り変えるべきものと観念されるようになる。例えば完全競争を前提としたワルラス的な一般均衡理論は、独占や寡占が支配的になった今日の実情にはそぐ

わないとされ、新規に考案されたゲーム理論的なモデルに取って替わられる。古い理論では新しい現実が説明できないのだからこれは当然だと思われている。しかし実際に新しい理論が新しい現実を客観的に説明しているのだろうか。むしろ特定の解釈を正統化するために利用される場合の方が一般的なのではなかろうか。自然科学の経験に照しても我々が現実を自分に都合よく説明する理論を求めがちであり、そのため自然を無反省に収奪して来たことが解る。

　第Ⅲ節・第Ⅳ節ですでに解明したように経済学理論は自然科学的なものではなく、資本主義社会の内的プログラムでしかあり得ない。と言うことは、現実の経済生活がいかに変わっても原理論は不動点（基準）であり些も修正されるべきものではない。変化するのは使用価値空間の方である。どの使用価値空間をも我々に都合よく説明し直して呉れる「理論」などというものがありうる筈はなく、理想的な使用価値空間でのみ全面的に開花する（我々からみれば転倒した）資本の論理のみが唯一の理論である。従って我々にとっては、現実の使用価値空間がどこまで資本の論理に束縛されているか、あるいはそれから解放されているかを判断することが問題になるのである。それは我々の社会がどれだけ純粋な資本主義に近いか又はそれから遠いかを判定することに外ならない。我々はすでに経済政策によって外部性の内部化が可能か否かで、資本主義円の内側にいるか外側に出たかの判定基準を提唱しているが、情況判断というものは必ず主観・直感を含むものであり、我々の相互主観性（intersubjectivity）を離れてはあり得ない。しかし重要なのは、この場合にも原理論という純粋資本主義の定義そのものは（我々が行うのではなく資本がそれを行うという点で）客観的だということである。

　ところが通俗な議論においては「資本主義」という概念そのものが厳密に規定されていない。実際、自由主義的イデオロギーはそれを曖昧にするようにできている。何故ならそれはどんな社会も資本主義社会だという前提に立つからである。言いかえればこの曖昧さは実物経済と商品経済の混同と裏腹の関係にあるのである。普通「資本主義」という言葉は二つの異なった意味で使われる。以上で我々はこの言葉を「資本主義社会」という意味で使って来たが、もう一つのもっと一般的意味は「資本家であること」「資本家的に行動すること」である。実はこの方が先

にあったのでこれを capitalism-I とし、資本主義社会を意味するときは
capitalism-II として区別することにしよう。通俗には capitaalism-I が充
分広汎に行われる社会は capitalism-II であると理解されているが、若し
そんなことでよいのなら、我々には原理論など要らないことになる。資
本家的行為がいくら広汎にかつ精力的に行われても、それによって使用
価値空間の統合（組織・運営）ができなければ、すなわち中位的活況期
にも資源の適正利用を目的論的に志向する傾向が現れなければ、資本主
義社会が形成されるとは言えない。今日の我々の経済生活が c 点よりも
d 点に近いという判断はこの点に基づいている。私がすでに四半世紀前
から提唱しつづけている脱資本主義論についてはすでに別処で詳述して
いるので、ここでは重複を避ける。

VI. 脱資本主義過程における経済学

　最後に、これからの経済学に宇野理論をどう生かすかという問題を考
えてみたい。すでに指摘したように経済学という学問がもともと資本主
義社会の成立とともに発生しこの社会を内的に規定する論理を解明する
ことを目的としたのだとすれば、それと脱資本主義過程の深化とはどの
ように結びつくのであろうか。先ず言えることは「経済学ばなれ」が避
けられないことである。唯物史観的に言えば、資本主義社会は単に敵対
的階級関係をもつ最後の社会であるばかりでなく、経済的下部構造に
よってイデオロギー的上部構造が規定される最後の社会でもある。すな
わち社会の生存のためにモノの生産が第一優先課題であり、人口の大部
分が終日汗水たらして働かないとその社会が維持できないという状態
は、すでに資本主義社会とともに終わっているのである。ところが経済
学はモノの生産を最も効率的に果たす資本主義社会の成立根拠を問うも
のであるから、そのような学問に対する関心が生産第一主義の後退とと
もに薄れてくるのは蓋し当然ではなかろうか。

　第一次世界大戦後の世界経済は 20 年代にはまだ帝国主義段階の古典

的な資本主義経済の復活に努めたが、30年代になるともはやそれが不可能なことが明らかとなり、ブルジョア国家はファシズムとボルシェビズムの狭撃をうけて解体した。単に解体したと言うよりは福祉国家への転換を強いられたとするべきかもしれない。いずれにしてもブルジョア国家の後退とともにそれによって支えられた capitalism-II は消滅している。それに代わる福祉国家が育成したのは労資協調を基調とする社会民主主義であつた。これは capitalism-II と交替する体制であるが、capitalism-I をも否定するものではなく、むしろそれを国家の経済活動によって支援しようとするものであった。このため、修正資本主義とか国家独占資本主義とか紛らわしい表現も用いられるが、それは capitalism-II の帝国主義につぐ第四段階をなすものではない点に注意を要する。第二次大戦後、特に50年代60年代にこの社会民主主義が成功したのは主として石油技術の成熟によるものである。東西対立という政治情況もこれに拍車をかけた。

　すなわち冷戦下に階級闘争を激化することは西欧にとって自殺行為に等しいので福祉国家を完備し労資協調を是非とも確保せざるを得なかったが、石油技術の圧倒的な生産性がそれを可能にしたのである。この技術は不況戦中・戦後と長期に及ぶモノ不足に苦しんだ世代に突如として巨大生産力の恵沢を与えたので、生産が急拡大し経済成長の黄金時代となった。モノに対する潜在的需要が旺盛であり、技術が省力化するよりも速く生産が拡大したため、大衆消費と都市化を基調とする「豊かな社会」が可能となり、社会民主主義の将来は保証されたかに見えた。ところが石油技術は生産を拡大しすぎたために環境を汚染し資源を濫費したばかりでなく「モノ離れ」をも惹き起こしてしまった。こうなると生産偏重の経済は成り立たない。石油技術は重厚長大型から軽薄短小型に推移したとは言え、生産の拡大が限界に達し技術の省力化をカバーし切れなくなれば、当然失業が発生し経済は沈滞する。多国籍企業の活動が急激にグローバル化する現状は capitalism-I が国民国家の制約を超えて自由になったとも言える反面、浮動性の高い遊休資本の大量で投機的な国際移動が各国経済のファンダメンタルズを攪乱する事態は capitalism-I の不条理とその破綻をも含意している。このような情況のもとで従来の謂る「狭義の」経済学はその出番を失ったとも言える。

　今日の我々の経済生活を規定する使用価値空間がd点のように資本主義円の外にあるとしても、それはあくまでも原点に対するd点なのであって、資本主義を定義する原理論を忘れてもよい訳ではない。原理論はあくまでも不動の基準として今日の我々の社会の歴史的位置を教えなければならない。だが同時に我々が今や資本主義円の外に居るという事実は、当然これまでの経済学に一つの方向転換を迫ることになる。具体的にそれはどういう意味だろうか。それを第Ⅲ節の図形で考えてみると、その原点に当たる純粋資本主義社会とは経済関係（すなわち生産関係）だけで形成される社会を示している。また資本主義円の内部に成立する社会は、比較的に経済関係を重視する社会（ポランニー流に言えば社会の実在をともすれば忘れがちな社会）に対応する。これに対して資本主義円外の社会では経済関係が社会の中に埋めこまれ着床している。資本主義以前には生産力が低すぎて経済が自立できなかったとすれば、以後では生産力が高すぎてあまり大勢の人が生産に従事してもらっては寧ろ困るという情況にあるのではなかろうか。言いかえれば、モノは作れば作るほどよいというのではなく、足りることを知るという原則で経済活動をコントロールできる社会が要請される。このような社会に適合した経済学を「広義の」経済学と呼べば、それは富の生産を量的に極大化する資本家的方法ではなく、それを人間社会の優先順位の中に質的に位置づける方法を教えるものでなければならない。

知られざる宇野弘蔵の秘策
── Elena Luisa Lange 女史の「宇野弘蔵・批判」に寄せて

〔未発表原稿〕

　この未発表原稿は、2017 年 5 月 10 日に東京経済大学で開催された「世界シ
ステム研究会」におけるエレーナ・ルイーザ・ランゲ氏（チューリッヒ大学アジ
ア東洋研究所研究員）による報告「物神的性格なき貨幣理論─宇野理論とマルク
スの経済学批判─」に対して、コメンテイター役を務めた著者が事前に執筆し当
日配布したコメント論文である。

第 26 回杉並経済学研究会 (2019 年 8 月 25 日：於東京経済大学)
の研究会風景 (著者左端)

第5章　知られざる宇野弘蔵の秘策
―― Elena Luisa Lange 女史の「宇野弘蔵・批判」
に寄せて

　この度はスイス Zürich 大学（アジア東洋研究所）の E.L.Lange 女史を
お迎えしてこのような研究会が開かれ、しかも「宇野理論」を主なテー
マに意見交換ができることになったのは、大変喜ばしい次第である。
Lange さんは既に、第二次世界大戦の直後から 1950 年代にかけて日本
で行われた「久留間・宇野論争」なるものについて、独自のご見解を
Brill 社発行の Historical Materialism 誌に発表して居られる。あの論争は、
日本では特に明確な決着を見ないまま「立ち消え」になった。主要な論
客であった久留間・宇野両氏はそれぞれの立場を譲らず、自説に固執し
たまま研究をつづけ、それがそのまま次世代の学徒にも受け継がれて今
日に至っているのであるが、それは双方が論争の問題点とその意味を十
分に整理でき、互いに了解・認識したうえでのことであったとは、到底
言い難い。寧ろ「日本的に」うやむやな状態で放置されてきたようである。
特に、我が国では近年、現役の経済学者の間に「宇野派」を自称する人
が（以前と比べて）格段に増え、いわゆる「通常のマルクス主義経済学者」
の数を凌ぐ程の状態になったこと（つまり多数派が少数派を言外に圧倒す
ること）がその背景にあるのかもしれない。然しそれでは問題の解決に
はならないので、Lange さんがあの論争を改めて国際的 Forum に再提起
され、もっと説得的な解明を要請しておられるのは極めて正当なことで
あり、我々としても感謝すべきことかも知れない。但し、私自身は正直
に言って、Lange さんが上記の論文で何を言って居られるのかを十分に
理解できているとは言えないのであるが。

　他方、今回のご報告においても Lange さんは、宇野の貨幣理論が「物
神的性格」を欠いているとか、彼の「三段階論」［但しここでいう「段階」
とは抽象の次元を段階的に区別するということで、資本主義の生成・安
定・衰退に照応する「発展段階」とは関係がない］の方法や「純粋資本

主義」への拘りが寧ろ近代経済学を思わせるとか、「抽象的労働」の扱い方に問題があるとか等々、様々な点について、宇野説が「通常のマルクス主義経済学」者の解釈と大幅に異なっている点を指摘し、精力的に糾弾して居られるようである。然しこれらの言及は、戦争直後の日本で雑誌『評論』が開いた座談・研究会において、「宇野」対「他の出席者全員」が対立し、「相互に理解不能」の状態で「物別れ」に終わったのと酷似した事態を再び想起させる。してみると、以前に日本で起こったのと同じような事態が、今度は国際的 Forum でも再現するのではないか、という危惧を私は強く感ずるのである。どうも「宇野さん」は日本の内外を問わず「通常のマルクス主義者」をイライラさせる人柄であるようだからである。私自身は、学生時代に宇野先生に導かれて経済学の道に入ったのであるが、偶然の事情から、その後、長期に亘って西欧に留学するうちに「近代経済学」で博士号（LSE）を取得し、そのままカナダでその先生をすることになってしまった。初めは「そういう仕事も悪くはない」と思っていたが、途中で近代経済学には強く幻滅を感じるようになり、改めて「宇野理論」に立ち戻ったのである。それ以後、海外にも「宇野理論の種を蒔く」ことを自分の仕事と心得て精進してきたのだが、正直に言って「宇野理論の本質」が見えてきたのはごく最近のことである。もっとハッキリ言えば、既に教職を引退して年金生活者になり、100％「研究の自由」を得てからのことである。実際、これから説明するように、様々な理由から「宇野理論」はそう簡単には理解できない。「これが宇野理論です」と言われても、「はい、そうですか」と納得できるようにはできていない。最近の日本では「宇野理論」を標榜する人が、存外に増えてはきてはいるが、それには日本における特殊な「学閥構造」が関係している面もあり、私は正直に言ってあまり信用していない。少なくとも私が理解している「宇野理論」と、「一般に漠然とそう意識されているらしいもの」とは大幅に違うように思われる。そこで今回は、Lange さんが提示されている特定の問題点にいちいち反論するのではなく、私が「宇野理論」を一般的にどう理解しているかを説明したい。Lange さんは、これから Zürich 大学における Habilitation の審査に挑戦されるそうであるが、若しその際に、日本思想史のなかで「宇野経済学」がどのような意義をもつものか、ということに言及されるので

あれば、そこで私流の宇野解釈も何らかのご参考になりはしないかと思い、以下その概要をご説明しておきたいと思うものである。

I.〔久留間・宇野論争 ─価値形態論〕

　先ず「久留間・宇野論争」について私見のごく一端をのべれば、マルクスは『資本論』の第一巻の当初の二章で、「価値形態論」と「交換過程論」という全く抽象のレベルを異にする議論で、「商品から貨幣への移行」を説明しているが、久留間氏はそのことに何等の疑問も示されず、殆んどそのまま鵜呑みにしてマルクスの線が正しいと主張され、彼の弟子達もそれを踏襲しているのには、大きな疑問が残る。明らかに『資本論』における最初の章での価値形態論の説明では「なぜ商品から形態論的に貨幣が導きだされるのか」が十分に説明されきれていないのに、次の章では「すでに実在している貨幣」が、現実の商品交換を媒介している状態が語られており、何処からその貨幣が発生してきたかの説明は十分になされていない。いくらマルクスでも商品の価値形態から貨幣形態がどう出てくるかの説明が不十分のままでは経済学として疑問が残る。その理由はマルクスがその「価値形態論」以前に、すでに「商品価値の実体が社会的必要労働である」ということを断言し前提している処にある。これでは（宇野が指摘するまでもなく）価値形態論がまともに説けない。マルクスも薄々それを悟っていたから、論理的には意味をなさない「交換過程論」をいわば「付録的に」挿入したのではないだろうか。これが宇野の疑問であって、商品所有者（売り手）の「欲望」が認められるかどうかなどということは、副次的な問題でしかない。それに「欲望」とか「願望」などというと、それは初心者によって単純に（近代経済学でいう）「消費者の効用（満足感）」と混同されがちであるから、マルクス経済学者は本能的に拒否反応を示すのが普通である。然し、商品に所有者として「意志」を持つものが全然いないというのでは、そもそも「価値表現」が成立しない。「商品自身が価値を表現するのだ」と言っても、

それはレトリカルな詭弁に過ぎない。ここで商品の「売り手」として登場するものは、最終的には「資本家」に育って行くべき者が、この段階ではまだ十分の論理的規定がなされていないので、差し当たり抽象的(単純)に「商人(商品所有者)」としてしか認識できないでいる、という事態を示しているのである。こういう人物が居なければ「一着の上着に対してなら、私の20ヤールのリンネルを渡してもいい」という交換提案を行う相手(等価商品の持ち主)も存在できないことになる。「20ヤールのリンネルが一着の上着に値する」と言うのは、リンネル所有者(売り手)の(まだ実現していない)交換の提案(自分の商品の価値表現)であって、実際に交換を遂げようとか遂げなければならない、という話ではない。「俺は20ヤールのリンネルを商品として持っている。若しその対価として支払うのにお前が上着しか持っていないのなら最低、一着は置いていけ(嫌なら消え失せろ)」と言っているのである。そうでなければ初めから「価値形態」を説明することなどできない。宇野は何度もその点を繰り返しているのに、久留間がそれを納得している様子はない。これでは論争が「物別れ」に終わっても仕方がないであろう。もともと正統派の「マルクス主義」経済学者は、『資本論』に忠実であろうとするあまりマルクスを不可謬として信奉する傾向にあるが、これでは『資本論』を単なる宗教的経典に祭りあげることに終わり、マルクスの経済学を「科学として前進させる」ことはできない。そういうのが宇野の立場であった。「評論」の研究座談会で彼が孤立したのもこのためである。

　Langeさんも十分ご承知のように、日本におけるマルクス研究は20年代にはまだ可能であったが、30年代になると軍部によって厳しく弾圧されるようになり、共産党(講座派)もそれを支持する一般のマルクス主義者(労農派)も共に地下に潜った。このような政治的環境のもとで正統派のマルクス主義者が(講座派・労農派の別を問わず)イデオロギー的に結束して風雪に耐えたことは良く知られている。その経験が、戦後、急に解放されて自由に「マルクス研究」ができるようになった時にも、彼らの意識にまだ濃厚に残っていたことは十分に理解できる。弾圧された宗派がその信条を記す経典にすがる思いには格別のものがあろう。宇野も一時、「労農派諸教授の事件」に連座して拘留されたが、不起訴になった時、自ら大学を辞めて、戦時中は私立の経済研究所で調査活動に

専念していた。然しそれに先立つ10年間は、東北大学での「経済政策論」の講義に集中することができた。この間に宇野が、徹底的な『資本論』の自主研究に専念していたことは良く知られているし、研究者としての彼の『資本論』の読み方が、他に例を見ない程に、終始「批判的」であったことも良く知られている。それはマルクスといえども「経済学的に筋が通らないことは決してそのままは受け入れない」という態度である。彼は誰よりもマルクスを尊敬していたが、だからと言ってマルクスの言うことなら何でも「解ったように思い込んで認める」とか「自説を補強するための権威として利用する」という（自主性を欠いた）読み方はしなかった。『評論』社の研究会で、何時も宇野だけが孤立して「その他大勢」と対立したのはその為である。宇野と他のマルクス主義者との違いは、彼がマルクスに対しても「経済学者としての批判的な立場（もともと彼はそれをマルクスに学んだのであるが）」を貫いて崩さなかった点にある。

　実際、「これから自分の商品を売りたい」と思い、その商品の供給価格を提示して店頭に並べる商人（資本家）が登場することなしに、その商品の「価値表現」を可能とする訳にはいかない。逆に商品があれば、その供給価格をもって価値表現する人が必ずその背後に存在するものとせざるを得ないのである。然し、「単純な価値表現」、例えば「私の20ヤールのリンネルが、君の上着一着の値する」では、その提案に応え得る相手の登場に、いわゆる double coincidence of wants という（非常に稀な）偶然を待つ必要があるから、価値表現は「個人的で単純」なものではなく、それを一要素とする、社会的で総括的な「みんな」の「拡大価値表現」を同時に見なければ意味がない。個々の価値表現が大挙して集まり、これを大量・総合的な社会的価値表現の集合とみることが必要になる。その過程で、その都度、初めは個人的に制約された特殊の商品という「等価物」であったものが漸次、社会的に誰でもが望む「一般的な等価物」に凝縮されてくる。すなわち社会全体的な価値表現が、必然的に特定の商品を「一般的等価物」として（社会的行動によって）選びだし、それを媒介として商品交換が一般化される。どの商品も「売れるものでさえあれば」（というのは一旦「貨幣形態」を確保した商品に転換できれば）、今度はそれで他のどんな商品をも、要求された価格を支払いさえすれば

（望まれた等価物の量を提供できれば）即、購買できる。すなわち社会全体の価値表現が「一般的等価物」という特定の商品を選び出し、それが「購買手段としての貨幣」になるのである。ここで通俗な価値形態論理解と宇野の見解が別れるのは、「拡大した価値表現」から「一般的価値表現」に移行する際の手続きである。前者はマルクスに従って、これまで相対的価値形態にあった商品と等価形態にあったものとを一挙に（単純に）「ひっくり返す」というものであるが、宇野は多数の「拡大形態」のうちで最も頻繁に「等価物」として姿を現す商品が、漸次（傾向的に）一般的等価物に選出されてくる、という解釈を主張している。マルクスが『資本論』第一巻でこの点を十分明確に説明しきれなかったのは、形態論を説く前に、既に「価値の実体」が社会的必要労働だと主張し断言してしまったからである。然し、それを言うことは、既に「生産過程」における社会的分業を前提することになり、その社会的分業が適切な労働配分を達成するためには、既に「あらゆる商品があらゆる商品と貨幣を媒介に等価（等労働量）で交換可能」になっていなければならない。すなわち『資本論』のこの部分では、マルクス自身が本来、自分が主張する「上向法（aufsteigende Methode）」に（十分、丁寧には）従っていないのである。寧ろ古典派を意識して英国流の「下向法（absteigende Methode）」に影響され、それを混入している。そのため第一章における不備で何となく心もとない「価値形態論」を第二章の「交換過程論」で補強する必要に迫られたのであろう。

　商品に内在する価値が別の商品の使用価値量で「交換価値」という形態を取り、外に（目に見える形に）現れる、というのが「純有」（pure being「無規定にアル」）のレベルの弁証法であるなら、既に外に現れた交換価値＝価値形態は「定有」（determinate being「如何にアル」）の弁証法として更に説かれ、「購買手段としての貨幣」はそこから更に「定自有」の弁証法によってその価値尺度、流通手段、遊休資金という三機能を展開する。ここで遊休資金（これを宇野は単に「資金」と呼ぶ）という貨幣の機能（これをマルクスは「貨幣としての貨幣」とか「世界貨幣」とか呼んでいるのだが）は、「今日は貨幣」だが「明日は資本」になる直前の姿（商品価値の「向自有」being for self、即ち「何故にアル」）であって、その方式を更に究明すると商人資本、金貸資本、産業資本という資本の三形式が浮

かびあがるのである。然し（そのうち最も使用価値的制約から自由な）産業資本の運動を開始させるためには「労働力商品」という、既に自分が持っている「旧価値」を失う（消費する）と同時に、新たにそれ以上の（剰余価値を含んだ）「新価値」を作り出す（生産する）という特殊な商品（すなわち「労働力商品」）が必要である。そのような商品の存在は有論（＝流通論）の範囲では解けないから、「資本の弁証法」は次に本質論（＝生産論）に入らなければならない。ここでは最早、形態から形態への「移行の弁証法」ではなく、形態が実体をつかむ「反省・基礎付けの弁証法」が必要になる。序いでに述べておくが、宇野が「流通論」と言っているのは「単純な流通形態としての商品、貨幣、資本」を研究対象にするものでヘーゲルの『論理学』でいう「有論（doctrine of Being）」に対応する。「資本の流通過程」のことではない。資本の生産過程、流通過程と再生産過程はすべて、宇野の場合には、「生産論」に入り、ヘーゲル『論理学』でいう「本質論（doctrine of Essence）」に対応する。宇野の「分配論」はヘーゲルで言えば「概念論（doctrine of the Notion）」に当たる。

　若干ここで補っておくが、欧米の『資本論』研究で「価値形態論」の重要さが認められたのは 1960 年代以後のことであるが、日本ではすでに 1920 年代から河上肇教授がその重要性に着目されており、今日までその伝統が続いている。マルクスが『資本論』の冒頭でこの問題に気づき、（或いは心ならずも）ヘーゲル流の語法を使って「価値形態論」を祖述しているのは、リカードの「労働価値説」を独自の「相対価格説」でしつこく悩ませ続けた Samuel Bailey の口を予め封じておくためではなかったであろうか。実際、マルクスは価値形態＝交換価値としており、「交換価値＝価値ではない」との注意も怠っていない。実際、交換価値とは「価格」のことであり、商品は商品市場では価格によって交換されるのであって直接に価値によってではない、その過程で購買手段としての「貨幣」が出現するのである。そこで「購買手段としての貨幣」が同じ商品を「繰り返し購入」すればその「正常価格」が成立するが、それがその商品の「実体的価値を市場において表現する形態（交換価値）」なのである。価格は価値の「引換券」のようなものである。然し「価値形態」などという難しい言葉を使うと素人は何の話だか訳が分からなくなり、様々な珍説が生れてくる。だから寧ろ単純に「価値形態論」＝ theory of pricing my commodity（資本家が自分の商品の「供給価格」をどう決めるか、という問題の経緯）といった程度に心得ておく方が賢明であろう。すると宇野が言うように正常価格は市場で決まってくるのであって、それが「資本の生産過程」を規制するようになって始めて「価値の実体」が決まる、という話にも辻褄があってくる。商品所有者が自分の売りたい商品の供給価格を決めるときには「その商品がいかに生産されたか」は全く問題にならず、むしろ商品取引所のオペこそが問題なのである。これについては R.A.Radford, "The Economic Organization of a POW Camp,"*Economica*, 1945 が大変参考になる。宇野も「終戦直後の日本」で至る処に叢生した商品交換所（闇市）にしばしば言及している。なお上記の「拡大された価値形態」から「一般的価値形態」への移行の問題に関しては、拙稿 Thomas T. Sekine, "Arthur on Money and Exchange" *Capital & Class*（Autumn 2009, pp.35-57）, reprinted in *Towards a Critique of Bourgeois Economics*, 2013, Owl of Minerva Press, pp.163-184. を参照されたい。

Ⅱ．〔新古典派・マルクス主義経済学・宇野理論の科学方法論〕

　以上に述べてきたことから、もう既に感知されているかもしれないが、ここで私は宇野原論（原理論）とヘーゲル『論理学』との密接な関係について日ごろから考えていることを更に述べたい。私は、研究生活に入った当初から、「科学哲学」とか「科学方法論」とかいう分野に深い興味を持つことになった。そのころ近代経済学の方では、経済学も自然科学と同じように「経験的な実証科学」になれないものだろうか、と考える人が増えていた。その影響下に、私もポッパーとか英国やオーストリア流の論理実証主義などを多少とも読みかじり勉強したことがある。しかしその関係で私が欧米の科学方法論について学んだことと、宇野が独自の「経済学方法論」として常日頃、口にしていたこととの間には、大幅な開きがあって全く接点が認められなかった。そこで私は「宇野が欧米の科学論にどう反応するだろうか」ということに強い興味を持

ち、何度かその方向に話題をむけてみたが、宇野は全く超然としていて、そのような話に少しでも興味を持つ様子は見せなかった。むしろ「そんな古臭い俗論は歯牙にもかけない」という自信たっぷりの態度が鮮明であった。そこで私は、常日頃から「経済学はイデオロギーではなく科学である」と主張して止まない宇野先生が、自分ではどういう科学哲学を前提にして居られるのだろうか、という疑問を持たざるを得なかったのである。然しその後、間もなく、私は「経済学における真理（客観的知識）とはどういう風に根拠づけられるものか」ということを真剣に考え、確信をもってそれを主張できた人は宇野以外には存在しない、という結論に到達したのである。実際、ドイツ流の「社会政策学」を通って経済学に入門した宇野は、当然マックス・ウェーバーの『社会科学と社会政策に関わる認識の客観性』(Die Objektivität sozialwissenschaftlicher und sozialpolitischer Erkenntnis,1904) などという議論にはすでに精通していたし、マルクスの経済学も、何らかの形で「その知識の客観的真理性」を立証すべきであると確信してもいたのである。

　まず近代経済学（特に新古典学派）は本来、「資本主義を理想化するイデオロギー」に支えられた「御用科学」であり、「資本主義の存在」は「自然の存在」と同様に「動かし難い既成の事実（人間の運命）として」既に前提されたものである。その証拠に Samuelson も Friedman も科学的分析の正しい方法については、既に自然科学者（特に物理学者）が確立したものしか存在せず、我々も同じ方法を真似て、経済や社会現象の一部分を適当に切り取って（clip out して）は、その特性を分析（調査・研究）しその際に得られた知識を「改めて反証が示されるまでは、差し当たり正しい（so-far-so-good)」という意味で当面の「真理」とする以外にない、というものである。そういう学説を reductionism（還元主義）というが、自然科学とは異なって「社会科学にはそれなりに特有な方法がある」ことを一切認めようとはしないものである。私の尊敬しているある有名な数理経済学者は「資本主義」などという概念は、「経済社会学」の研究対象にはなるかもしれないが、「本来の経済学」では何とも定義（規定）しようのないものである、と言明していた。それは実際その通りなのである。「良くぞこれだけ明晰に自分が専門とする学問の限界を自覚して白状された」と私は彼に尊敬の念を禁じえない。殆どの経済学者は「資

本主義」について自分は何かを一般の人より良く知っているような顔をしているが、実際には、ごく表面的なこと以外には、何も知らずに勝手な憶測を述べ立てているに過ぎない。実際、彼らの知っている唯一の「論理」である（公理的・分析的、したがって同義反復的 tautological な）形式論理によって資本主義のように「複合的にして複雑な概念」を規定しようとしても、そんなことは土台不可能であって絶対にできるものではない。せいぜい「資本主義とは放っておけば、自動的にパレト最適な一般均衡を実現するものである」などという馬鹿々しい公理を打ち立てる程度のことしかできない。だが、資本主義は自然と同様に「すでに与えられた予定調和」を達成する、というのは宗教的な信仰ではあっても科学的知識とは言えない。それでは宇野が「通常のマルクス主義経済学」と呼ぶものは、その点で近代経済学よりは少しでもマシな科学的方法論をもっているのであろうか。これは近代経済学とは真逆のイデオロギーに基づいて「資本主義とは、放っておけば、自動的にますます資本による賃労働の搾取を強化する自己破壊的な社会体制である」という程度の公理を立ててこれを信仰するだけのものに過ぎない。そんな程度のものは「革命挑発の用具」にはなっても「客観的科学」とは言えない。マルクス自身による「経済学批判の方法」を学び取ったものとは到底、言い難い。従来、「通常のマルクス主義者」はエンゲルスやレーニンの線で弁証法的唯物論とか史的唯物論とかを信仰してきた。前者は「宇宙論的規模」で作動する弁証法であるとされるが、それを人類の歴史に応用したものが史的唯物論（唯物史観）であり、これを更に資本主義に適用したものが経済学であると言うのである。ソ連の大学ではそんなチャチなことも教えていたらしいが、今ではそのような「おまじない」を信用するものは何処にもいない。もともとエンゲルスやレーニンがヘラクレイトスの「万物流転説」に基づいて主張した「宇宙論的弁証法」の妥当・存在などをまともに立証した哲学などというものを、私は聴いたことがない。だとすれば「経済学」はその学説の真理性、方法論的根拠を何処に求めたらいいのか。

　そもそも「資本主義」とは極めて総合的な概念であり、その「内的論理」とか「運動法則」とかを純粋に論理的に把握するには「総合的・弁証法的な論理」が必要なのであって、自然研究におけるが如く単に「形

式的・分析的な論理」を援用すれば済むというものではない。では実際にどんな「総合的・弁証法的な論理」で資本主義を規定することができるのかと言えば、それには「ヘーゲルの論理学」に示されている「弁証法」によるしかない。実際、宇野が「原理論」として『資本論』を「純化」したとのいうのは、実はそれを「資本の弁証法」として「ヘーゲルの論理学」と同じ形式に書き直したことに等しい、と言うべきである。宇野が東北大学で同僚だった武市健人から「ヘーゲルの論理学」について多くを学んでいることは明らかであるし、その外にも、宇野の「経済原論」が意識的にヘーゲルの『論理学』をモデルとして書かれていることを裏付ける鍵となる事実を私はいくつか知っている。然し、宇野自身がそのことをあまり公言したがらなかったことも事実である。(また『資本論』とヘーゲル『論理学』との照合についても宇野と武市の意見は大幅に異なっていたようでもある。)レーニンは自分の後輩に「先ずは『ヘーゲルの論理学』を読み給え。そうすれば『資本論』がもっと解りやすくなるだろうよ」と教えたそうだが、宇野は自分の学生にそんなことを勧めた試しはなかったし、その意向は寧ろ逆のようであった。それでいて若い哲学者達に対しては「君達も勉強すればカント位までなら解るだろう。だがヘーゲルを理解するには、先ず僕の原論をよく勉強した後でないと駄目だと思うよ」というようなことを、冗談めかしに何度も放言している。宇野は自分では確信しているが、「それを言っても人からは到底理解されない(相手にされない)であろうと思うこと」は冗談まがいに発言することが多い人であった。彼が本当に言いたかったのは、経済学が「資本主義」をどうやって「論理的に総合し再構成するか」が解れば、ヘーゲルの論理学も「単なる詩や音楽」(イポリート)だなどと言って済ませるようなものではない、それがマルクスの「上向法」だということが解る筈だ、と言うことだったのである。他方、マルクス自身も、最初はフォイエルバッハなどとともに「左派のヘーゲリアン」として活躍する筈だった人物である。だが1845年にBrusselsでエンゲルスと「唯物史観」を信念として共有する約束を交わしてから、「ドイツ哲学との係わりを自ら清算」して、その分だけ「英仏の経済学研究」に専念することに決めた。ロンドンに居を移す一年前のことである。その後、連日、大英博物館に通い経済学の研究に没頭したマルクスは、意識的にはヘーゲル哲学

との交渉を避けようとしていたが、しかし実際には、青年時代から絶大な感化を受けたヘーゲルの影響をそう簡単に払拭することはできなかったようである。彼の発想は無意識のうちにヘーゲルの影響を受けていたものと思われる。

Ⅲ．〔資本主義を全面的に識る宇野の三段階論〕

　以上のように考えると「ヘーゲルの論理学」というものを無視して「宇野理論」を理解することは不可能であることが明白である。逆に、この両者の関連を理解すれば「宇野理論」の持つ意味は寧ろ単純明快となるのである。いわゆる「三段階論」であるが、これは（ここでは）資本主義の三つの発展段階という意味ではなくて、経済学の研究には三つの異なる「抽象のレベル」を区別しなければならない、ということである。宇野によれば経済学の研究対象は「自然」ではなく「資本主義」である。前者は人類の発生以前から、何らかの超人的な威力（power）により形成されたもので、その原理・目的・秩序といったものは本来、人智を超えたものである。これを全面的に解明しようとしても、その様なことは土台無理なのであって、我々人間はせいぜい外側からそれを観測し、その現象の一局部を理解しうるのみである。カントはそのことを見抜いて、仮令われわれが自然現象の一部を理解することができたとしても、自然そのもの（つまりその「物自体」）は不可知であると主張した。この洞察は全く正しいし哲学者カントの偉大さを物語るものでもある。これによってカントは科学を形而上学から解放したと言われたし、これも正しい。然し、カントがここで「科学」といったのは「自然科学」のことであって「社会科学」はそこに含まれていない。近代経済学の場合は既に指摘したように、圧倒的多数の経済学者が「我々もなるべく物理学者と同じような方法で真理の探究をしなければならない」というreductionismを信奉しているが、それは「資本主義も自然と同じように、その物自体が不可知なものである」と主張するに等しい。すなわち資本主義をも「人

類の運命」として絶対視し信仰することになる。マルクスの経済学は、もともとそういう立場に立つ古典派経済学の「批判」として成立したものである。資本主義は「自然」のように既成の事実として外から我々に与えられたものではなく、仮令意識的ではなかったにせよ、「我々自身が造りだしたもの」である。従って当然、我々は（implicit（暗黙的）にせよ）その青写真を持っている筈だし、その「物自体」を知ってもいる筈である。だからこそ「我々がそれを改造したり廃絶したりする」ことができるのである。それでは如何にして「資本主義を全面的に識る」ことができるのであろうか。その方法が宇野のいわゆる「三段階論」なのである。先ず資本主義（マルクスが「資本制的生産方式」と呼ぶものを、我々は略して「資本主義」と呼んでいる訳だが）の「内的論理」を純粋に（というのは感性的判断を含まずに）知らなければならない。把握しなければならない。ここで「内的論理」というのは、マルクスのように「運動法則」と呼んでもいいし、今日流に operational software としてもいい。論理的に「資本主義をして資本主義であらしめているもの」を宇野は「原理論」とか「純粋」資本主義の理論とか呼んでいるのである。然しここで「純粋」と言うと、忽ちこの言葉に拘って「それでは新古典派と同じではないか」と言いだす人がいるが、ここでは先ずワルラス的な「純粋」ではなく、ヘーゲル的な「純粋」が問題なのである。後者は「感覚的 (sensuous) な観念を一切含まない」という意味である。ヘーゲルにとって「論理学と形而上学が重合する」というのはまさにその意味である。資本主義を「それについての感覚的な表現を避けて純粋な観念だけで論理的に総合するべきだ」と宇野は言っているのである。それは経済学の場合には「使用価値が nominal（名目的）に扱われる純粋な理論的空間」という意味である。しかし現実の資本主義は、同時に我々がその中で実質的な経済生活を送る「生活空間」でもなければならない。つまり具体的に経済史の研究対象になるような現実的な社会でもある。この方は「論理的」にではなく、「経験的・具体的」に（すなわち「経済史として」）克明に現状分析されなければならない。あらゆる種類の実在する使用価値がそのまま（実質的に）研究対象になる。そうすると原理論と現状分析の間を仲介する「資本主義の発展段階論」というものが必要になってくる。それは資本主義の「生成・発展・没落」の三段階に亘り、それぞれ重商主義・

自由主義・帝国主義的な経済政策で特徴づけられる。

　面白いことに宇野はここでもヘーゲルに学んでいる。ヘーゲル哲学の体系では、「論理学」と「経験的な事実学の研究」との間に「自然哲学」と人間の「精神哲学」というものが媒介項として用意されている。自然も人間精神も基本的には「絶対者の理性（英知）」に支配されてはいるが、自然には deformities（奇形）人間精神には aberrancies（奇行）という非理性的ものが散在して、多かれ少なかれ理性の支配から外れる現象がみられる。然しそういうものを許容しつつも大局的には神の英知・理性が貫かれていることを知らずに、「経験的な事実学」を学ぶべきではない。それゆえ神の理性と人間の経験との間を媒介する中間理論として「自然哲学」と「精神哲学」が介在すべきである、というのがヘーゲルの考え方であるが、宇野は資本主義の「発展段階論」をそれに似た中間理論として「原理論」と「現状分析」の間に介在すべく扱っている。即ち、原理論においては「使用価値」を完全に名目化して扱わなければならないが、現状分析における使用価値は、それが現実に存在する（「生の状態」における）多様な実在性として経験的に意識されなければならない。その中間にくる段階論では、それが羊毛製品、綿製品、鉄鋼製品、というように「類型化」して（タイプとして）扱うことができる。『歴史哲学』や『精神現象学』のヘーゲルと比べると、『論理学』のヘーゲルは余りにも抽象的なので、一般に回避されがちであり、その重要さはあまり正当に評価されないのが普通であるが、それと対照的な宇野の立場は際立っている。この重要な点を見落としたまま「宇野理論」を理解したと言っても私には信用できない。特に「通常のマルクス主義者」が、エンゲルスやレーニンの pedagogical（教育的）な影響下に、ヘーゲルの観念論哲学に対して侮蔑的な態度をとり、自分達に都合よく「弁証法」だけを抜き取って唯物論的に利用できるかのような幻想を抱いていることは言語道断であって、厳しく批判されなければならない。宇野弘蔵の立場はその正反対であるから、先ずその点を理解できなければ、「宇野理論」の正当な評価というものはありえない。寧ろ、ここまでくれば、上記のような「冗談」を何度も繰り返すことで宇野が後輩の哲学者に伝えたかったことの真意がどういうものであったかについて、もはや疑問の余地はないであろう。『先ずは僕の経済原論を読んで呉れ給え。そうすればそ

れがヘーゲルの論理学と「瓜二つ」であることが分るだろう。資本主義の「純粋に論理的な規定」はああいうものでなければならないのだ。(資本主義はああいう風にしか論理的に総合規定することができないのだ。) だから、それと「我々が歴史的・具体的に体験する資本主義経済の現状分析」との間には「段階論」という中間理論の媒介が必要になるのだよ』。宇野はそう言いたかったに違いないのである。

　ここで宇野がいう「純粋な資本主義」という概念についてもう一つ大事なことに是非とも注目して置きたいものである。すでに上で「ヘーゲル的な純粋」と「ワルラス的純粋」ということを対比し、前者で扱われる観念 (thoughts, ideas) は感覚的 (sensuous) な要素を一切含まないという点を指摘した。そこでは、後者が特段その点には拘泥せず、寧ろ「市場が完全競争的であるかどうか」を問題にして、「具体的なものの観念か抽象的なものの観念か」ということで区別したのであるが、ここではそれとは別に、ワルラス的な視点からいう「市場が競争的かどうか」という問題を更に深く掘り下げてみよう。すると商品市場で「完全競争」が可能になるか、それとも独占的要素がどうしても混入するかという問題は、全てその市場で取引される商品の「使用価値」の種類に拠ることが分る。主として「軽工業生産物」が取引される市場は競争的に運営できるが、「重工業製品」が増えるとそうはいかない。実際、自由主義段階の資本主義のもとでは自由競争的市場が主流であったのに対して、帝国主義段階の資本主義では逆に独占企業が中心になり支配的になる。宇野の「純粋資本主義」を考える場合には、この点からも資本主義が「純粋か不純か」を区別することが必要になってくるのである。そこで今度は、「ワルラス的純粋」を「ヘーゲル的純粋」と対比するのではなく、寧ろそれを「宇野(マルクス)的純粋」と対比してみよう。ワルラスは1874 年に「純粋経済学要論」という有名な著書の中で初めて「経済の一般均衡」を連立方程式の解によって表示したことで有名になった。ラプラスの天文力学にそのヒントを得たと言われている。この場合に重要なのは「ワルラス的純粋」が、いわば数学的に「与えられた条件」として想定されているのに対し、「宇野(マルクス)的純粋」は、資本主義自体の現実的発展過程のなかで「実際の傾向としてそれが観測できた」という点に違いがある。言い換えれば「ワルラス的純粋」は頭の中で想

定されただけの観念的抽象であるのに対して、「宇野（マルクス）的純粋」
は（19世紀中葉のイギリスにおいて）現実の資本主義それ自体に「純粋化
する傾向」が認められたというのである。唯物論哲学では「我々が頭の
中で勝手に抽象する」場合と、「現実そのものの抽象化に沿ってそれを
コピー（模写）しながら抽象する」場合とを区別しているが、エンゲル
スもレーニンも適切な例に基づいてこの区別を説明していない。ところ
が宇野による「資本主義の純化傾向」は将にその最適例をなしているの
である。マルクスも時折（heuristic（発見的）に）、資本主義が「純粋な場合」
を想定することはあったが、あまり本格的に「純粋」とか「純化」とか
いう言葉は使っていない。しかし宇野にとってはこれが最重要課題なの
である。若し実際、資本主義に「自己純化の傾向」が存在しなかった
ら、資本の論理はヘーゲル『論理学』的に完結しはしなかったであろう
し、ポランニーが認めたように「自己制御的（self-regulatory）な市場経済」
が「人間社会の現実から離床（disembed）する傾向」も認められなかっ
たであろう。「原理論＝資本弁証法の完結（epistemology）」と「資本主義
の存在（ontology）」とは本来同義なのである。

Ⅳ. 〔宇野の壮大なる研究計画〕

　ここまで考えると、宇野は「人民戦線事件」などに連座して東北大学
を去る以前から、およそ前代未聞で途方もなく壮大なる研究計画を、誰
にもうち明けることなく独りその胸に秘めていた、ということが見えて
くる。即ち、ヘーゲル哲学の中でその「合理的な核」をなすと言われ
た弁証法を『論理学』の中に全面的に認め、それを確かめ、その形而
上学的『論理学』を、『資本論』に沿って経済学という実物科学（factual
science）の純粋理論に書き改めると同時に、ヘーゲルの『自然哲学』や『精
神哲学』に値するものを資本主義の「発展段階論」という形の中間理論
に書き直す、という計画である。即ち「ヘーゲルの観念論を手ぬかりな
く完全に唯物論化するという計画」である。しかし、若し誰かがそんな「誇

大な計画」を聞き知ったとしたら、彼は宇野のことを単に「大ほら吹き
の誇大妄想で、頭が少し可笑しくなった人間だ」と確信したかも知れな
い。じつは宇野自身も、それが「空前絶後」の大計画であることをハッ
キリと自覚していたに相違ないのである。だからこそ宇野弘蔵は自分の
この膨大な計画については寧ろ意識的に寡黙であったのだと私は思う。
彼は用心深く慎重な人であった。もちろん同時に他方では、それ以外に
も彼の生きた「時代」の背景も考えてみる必要があるであろう。確かに
それは政治的にも「危険な時代」であった。下手なことを口外すれば幸
徳秋水や野呂栄太郎のように国家権力により弾圧されたり、ルービンの
ような粛清の対象になったかもしれない。然しどちらかと言えば、それ
は宇野自身の謙虚な性格によるものと、私には思われるのである。

　実際、彼が生れたのは 1897 年、日清戦争が終わって日本が「三国干
渉」などに苦慮していた時代だ。19 世紀が終わって 20 世紀になると、
日英同盟、日露戦争と続き、日本の国際的地位が急浮上することになっ
た。然し、国内では政府が捏造した「大逆事件」などで、中江兆民の弟
子のなかでも際立って才覚のあった幸徳秋水がそれに巻き込まれ処刑さ
れた。明らかに社会主義者にとっては「危険な」冬の時代の幕開けで
あった。その直後に日本では明治時代が終わり大正と入れ替わるうちに、
1910 年に日本は朝鮮を併合し、間もなくヨーロッパでは帝国主義時代
の結末を告げる第一次世界大戦が勃発する。その終結の真際の 1917 年
にロシア革命が起こっている。この時、宇野はまだ 19 歳の高校生である。
翌年、東大の法学部（独法）に入ったが、その年に経済学部が独立した
のでそちらに移った。それまでに日本の経済学で主流をなしていたのは
ドイツ流の「社会政策学（sozialpolitik）」であったが、第一次大戦でドイ
ツが敗北すると、マルクスの経済学や新古典派の近代経済学などに重点
が移った。卒業後、宇野は 1922 － 24 年にドイツへ留学したが、一方で
社会政策学の講義を聴講すると同時に、下宿に閉じこもってマルクスの
『資本論』とレーニンの『帝国主義論』（独訳）を耽読する。1924 年に帰
国すると同時に東北大学の助教授となるが、「経済政策論」の担当になっ
たのは翌 1925 年である。そして間もなく 1938 年には「労農派教授グルー
プ事件」に連座して検挙される。1920 年代にはまだ比較的に自由にマ
ルクスの研究などが可能であったが、30 年代になると日本では一挙に

軍事体制となり、社会主義的傾向は厳しく弾圧された。他方ソ連では、1924年にレーニンが死去すると、スターリンの独裁体制が確立したが、その内部事情は全く不明なまま、コミンテルンが世界の共産主義革命を指導することになった。海外では「共産党」に属する実践派のマルキストとそうでない者に分かれたが、左翼のインテリは概して「ソ同盟」に同情的であり、宇野も冷戦下のソ連に「将来の希望」を託する者の一人であった。そのため社会主義の実践活動にその命を懸けた勇気ある「革命的実践家」に対しては、終始、格別の「尊敬の念」を抱いており、学者としての役割しか担えない自分の立場には極めて謙虚であった。そのため一代では到底果たしきれないほどに壮大な「研究プロジェクト」を前にしても、それは政治的実践活動に従事しない自分に当然、課せられた仕事であると信ずるとともに、そのごく一部でも人知れず着実に達成しようと志していたのである。特に戦後、東大教授に迎えられても、自分の「持ち場」が社会科学研究所で、経済学部ではなかったこともあって、「教育よりも研究」に没頭し、学生を動員して自分のプロジェクトの一端を担わせようとする意図は殆んど見られなかった。60年代になって新左翼（特に黒田寛一氏など）が、それまでマルクス主義の「異端」と思われていた「宇野理論」に改めて注目するようになってからも、宇野は寧ろ当惑気味で、相変わらず独り孤塁を守っていた。自説の普及を望んで他人の協力を動員しようとする気配は全く見られなかった。典型的に「独立独行の人柄」であり、常に自信に満ち溢れてはいたが、人を説得して味方につけるという点では「驚くほど下手」であった。それゆえ他人にしてみれば「なんとも理解しにくい人」と思われた様である。

　実際に宇野の書く文章は率直に言って「解りづらい」し、それを注意されても「筆の勢いでああとしか書けなかったのだ」と怒ったそうである。他方、座談の名手であったため一度でも宇野の話相手になった人は直ぐに彼を好きになるが、文章だけで彼の言説を理解しようとした人は「何だか騙されているような気分」を禁じえなかった。実際、「持って回ったような」彼の文章は、仮令、英文に直しても決して単純明快にはならない。だから実際に会った人は割合に直ぐ彼のファンになるが、その文章を読むだけの人には「どうも胡散臭い」という印象に終始する。然しこうした idiosyncrasies（特異性）に関わる事柄が、彼の経済学者として

の「真に天才的な偉業」を見損なう理由になってはならない。何故なら、哲学者でもないのに「ヘーゲル哲学の神髄」を誰よりも正確に学び取って、それを「観念論から唯物論に転化」しようとした人が居たとすれば、それは宇野弘蔵以外ではありえなかったからである。この説に異論を抱く人が居られたら、私は敢えて次のように挑戦したい。近代経済学ならばともかく、「マルクス主義経済学」が単なるイデオロギー的な主張にとどまらず社会科学として、「客観的知識（真理）を発見・提示・主張できるもの」と信ずるならば、その「科学方法論的な根拠」がどうなっているのかを明白に示してもらいたい。経済学は宇野以外の方法で、如何にして「資本主義を全面的に解明」できるのか。そして、それを「客観的真理」として認識できるのか。如何なる理由で、それに代わる「弁証法的唯物論」のような「まがい物」を今日なお正当化しようとされるのか。そういう問題を果たして真剣に考えられたことがあるのか。

　経済学者に限らず、一般に「学者」と呼ばれたり自認したりする人は、往々にして近視眼的に「与えられた」パラダイムの中に安住している。職業的に定められた実務的な規則や手続きによって論文を書いたり、講義をしたりして、自他ともに満足感を味わっている。月給をもらい家族を養って毎日を安穏に暮らしている。実際、社会そのものがそういう構造になっているのだから、或る程度はそれに同調することも必要である。だが、それだけでは「真の学問が如何なるものであるのかを学びとる」ことは出来ない。宇野以外に社会科学的知識の真理性と、それに至る方法を真剣に追及した人を私は知らない。この点を理解しないで「宇野理論」を表面的に批判しても、それでは「新聞記者や評論家のお喋り」の域をでず、学問的に「問題の核心」を見ていないといわざるを得ないのではなかろうか。私は何時もそう思っている。

第Ⅱ部

段階論・現状分析の研究

第6章

段階論とは何か
──宇野弘蔵の『経済政策論』から学ぶ

〔未発表原稿〕

　この未発表原稿は、"The Types of Economic Policies under Capitalism" として
BRILL 社から出版された宇野弘蔵著『経済政策論』英語版に対して、段階論の理
論的意義を解説するために、2009 年 5 月に書かれた原稿である。この未定稿は、
改訂されて、2010 年に英文で執筆され 2012 年に改訂された『経済政策論』英
訳版の APPENDIX 1 になった。

Prof. Colin Duncan(カナダ宇野理論研究グループの一人) の
講演会 (2000 年 10 月、於東京大学駒場キャンパス) で挨拶
する著者

第6章　段階論とは何か
——宇野弘蔵の『経済政策論』から学ぶ

　本書が宇野弘蔵の最も重要な著作の一つであることは以前からよく知られているし、特に「段階論」の典拠として広く読み継がれてきている。とは言え、実際には、多くの人が本書を「資本主義発達史」の簡便な入門書ないし教科書として利用してきたのではないかと思われる。しかし、単にそのようなものとしてならば、今日ここに改めて英訳して出版する価値があるものかどうかについて、若干の疑問が抱かれても当然であろう。第一に、著者がその序文で述べているように、本書は殆ど戦前の資料に基づいて書かれたままであり、戦後の目覚ましい経済史研究の成果を全く利用していない。そのため資本主義の経済史学への入門書としては、甚だ「旧式な」ものと思われても仕方があるまい。またそのカバーする期間が、17-18世紀における英国羊毛工業の勃興期から第一次世界大戦の勃発までに限定されていることも、多くの人を直ちに納得させるものとは言えないだろう。

　しかし本書は、単なる経済史への入門書にしては著しく「概念的」であることが一見して明らかである。単に資本主義発達史を三段階に区分してその特徴を紹介するだけが目的ならば、それほど重要であろうとも思われない「段階論的規定」と称するものの注釈に、著者は繰り返し至る所でこだわっている。たしかに、1930年代の初頭に多くの人の念頭にあった資本主義発達史は、重商主義、自由主義、帝国主義と三段階に要領よく区分されていたであろう。それは、近代的ブルジョア国家が、それぞれの時代に応じて特徴的な経済政策を展開したからでもあった。しかし宇野は、寧ろその背景にあるものを規定することに重点をおき、これらを資本主義発達の「三段階」として典型化（タイプとして把握）することに執心している。即ち、それらの時代の「実質的経済生活」に代表的であった三つの商品（羊毛製品・綿製品・鉄鋼製品）に焦点をあてて、それを生産した工業（産業）に特有な技術や組織を重要視し、そこ

に三つの「支配的資本形態」すなわち商人資本・産業資本・金融資本の特徴的行動を摘出しようとする。そして、それらが、それぞれ異なったタイプの剰余価値生産を行ないながら独特な「蓄積様式」を展開したのだという。そのような資本と「ブルジョア国家」との関係が、資本主義の生成、発展、没落の三段階を画する重商主義、自由主義、帝国主義政策の背景となっていると主張するのである。しかも、これは資本主義（資本家的生産様式）の「世界史的発展段階」であるから、「それぞれの段階を代表する特定の先進国」と後発資本主義国の関係から「段階論的規定」を焙り出さなければならないと言う。

　しかし歴史家であれば、このように（やや強引でさえある）「概念化・類型化」はむしろ好まないのが普通であろう。実際の資本主義発達史のなかに現れる実質的経済生活（私はこれを「使用価値空間」とも呼んでいるが）は殆ど無限に多様であり、成程そのなかに幾つかの代表的な類型・典型が認められるとしても、それらを絶対化して個別的な事例を軽視したり排除したりすることは寧ろ避けようと願うのが歴史研究者の常道である。ことに今日では、実証的・経験的方法を重視する傾向が、宇野の時代のように未だドイツ歴史学派の影響が濃密であった頃よりも更に優勢になっている。歴史家はあくまでも個別事例を尊重し、安易な「概念化・一般化」は避けるべきだと教えられている。その点からも本書は、これから経済史研究に入ろうとする人達に適当な入門書としては、最早「時代遅れ」とされる可能性がある。それにも拘わらず本書に「現代的意義」を認めるとすれば、それは歴史学ではなく、経済学の立場から正当化されるものでなければならない。宇野自身も本書の「結語」において、「私のいう段階論は、資本主義の発展の歴史そのものを規定するものではない。その発展の歴史の中から一時代を画するものとして、いわば典型的規定を抽象したものに過ぎない」と書いている。

　実際、宇野にとって本書は、経済学の「方法論」を確立する書であった。何故そのような経緯に至ったかは、宇野自身が「著者序文」のなかで語っている。すなわちドイツ留学を終えて帰国した宇野は東北大学に「経済政策論」担当の職を得たが、その結果1925年から1937までの十余年に亘って毎年繰り返えされた講義のノートに、加筆・修正を加えてまとめ上げたものが本書の初稿になっている。しかし、留学中に『資本論』を

読破した宇野は、当時の日本ではまだ主流であったドイツ「社会政策学派」の方法でこの講義を行おうとはしなかった。むしろ自分が「マルクスから学び取った経済学」の立場から、如何にしてその任務を果しうるかという困難な問題と対決することになった。その際に大きなヒントを与えたのは、当時からマルクス経済学の二大名著とされていたマルクスの『資本論』とレーニンの『帝国主義論』が必ずしも同じ主題を同じ方法で扱ってはいないということであった。研究対象として選ばれたテーマもそれを解明するための方法も明らかに異なっているという点である。マルクスもレーニンもそのことをハッキリと意識してはいないが、一方で、古典学派の経済学原理を批判するものとしての『資本論』はあくまでも「資本主義経済の一般理論」が中心的テーマであったのに対し、他方、『帝国主義論』は、19世紀末から第一次世界大戦の前夜にかけて「大きく変貌した資本主義」をマルクス主義者がどう理解すべきかの指針として書かれたものである。マルクスの時代までの資本主義（資本家的生産様式）には、まだ時間の経過とともに「自己を純粋化する傾向」が働いていたのに対し、レーニンの時代の資本主義では、むしろその傾向が「逆転」することになっていた。宇野は、経済学にとって、この点が決定的に重要であるとみたのである。

　宇野理論の原点はそこにあると言ってよい。宇野が東北大で「経済政策論」を講じていたのは、彼が28歳から40歳にかけての新進気鋭の時期であったが、それは我が国にマルクス経済学が導入され定着した時期と重なり、巷では「価値論論争」や「日本資本主義論争」が華々しく繰り広げられていた。しかし当時まだ無名であった宇野は、直接それらに参加しようとはせず、沈思黙考してひたすら自分自身の課題を追求していた。そこで得た独自の構想こそが、後日いわゆる「宇野理論」に成熟し、戦後期の日本でマルクス経済学が再び花咲いたとき、圧倒的な指導力を発揮したのである。では長年の沈黙のなかで、宇野が培った独自の方法とはどういうものであったか。以下では、先ずはそれを概観し、次に進んで、その立場からどのような「現状分析」が可能であるかを考えて見たいと思う。

I.〔社会科学とイデオロギー〕

『資本論』の副題は「政治経済学批判」となっているが、「政治経済学」とは古典派経済学のことである。「ペティに始まりリカードで完成する」古典派経済学は、資本主義（資本家的生産様式）をその下部構造とする近代社会を、人間社会の最も理想的な姿とする「近代主義的終末論」のイデオロギーに支えられて経済学の原理（理論）を発見したのであるが、それは資本主義そのものが「自己を完成し純化する過程」にあったからこそ、客観的な真理の追究でもありえたのである。実際、19世紀中葉以降、資本主義の純化傾向が失われ寧ろそれが逆転するようになると、古典派経済学は精彩を失しなって解体し、その形骸は単なるブルジョア自由主義の「擁護論」に堕してしまった。その段階で必要なのは、宇野によると、すでに完成した近代社会を「擁護」するのではなく「批判」するイデオロギーであった。それが、「資本主義をも相対化する唯物史観」であったと宇野は考えている。実際マルクスはそれを「導きの糸」として経済学研究に入り、その成果を『資本論』（経済学批判）に結実させたのである。しかし宇野は（大多数の常識的マルクス主義者とは違って）「唯物史観」そのものが直ちに「経済学批判」になるとは考えない。彼によれば、それは単なる「イデオロギー的仮説」に過ぎない。古典学派のように資本主義を絶対化するのではなく、それをも相対化するイデオロギー（歴史哲学、社会思想）だったからこそ、「経済学批判」という客観的な社会科学研究への道を進みえたと言うのである。このことの意味は決定的である。

宇野はイデオロギーと社会科学とを厳しく区別した。しかし、それは一般論としてではない。彼が固執しているのは、「マルクス主義（唯物史観）」がそのまま「（社会科学としての）マルクス経済学」にはならないということである。だからこそ、リッケルトやウェーバーのような当時のドイツを代表する学者が、マルクスの「経済学批判」を完全に無視し「唯物史観」を論うだけで「マルクス経済学」の批判をも為しえたか

のように錯覚した通俗性を、宇野は心から憎悪し軽蔑したのである。前近代的社会に対する近代社会の優越性を謳歌する「近代主義」的イデオロギーが古典派経済学の誕生と成長に不可避かつ有意義であったのは、実際に資本主義が形成され、ますますその完成度を高めつつある（という唯物的）過程においてであった。この過程をすでに経過した後では、今度はそれが「近代社会の自己反省」を許さなくなるため、逆に、客観的社会科学の障害になる。同じように「社会主義」のイデオロギーも、社会主義を自称する怪しげな体制が成立しその「擁護論＝御用科学」となって空洞化すれば、その限りでは無価値になるばかりか（社会科学的）真理の探究には直接の障害となる。しかし、すでに述べたように、宇野が問題にしたのは単に「一般論としての」科学とイデオロギーの峻別ではなかった。単純にイデオロギーが良いとか悪いとか言う話ではない。社会科学研究にとってイデオロギーは積極的な誘因として働く場合も逆の場合もあるのである。自然科学とは異なって、「カントの批判哲学」などによる哲学的反省も経ていない社会科学は、形而上学（歴史哲学・社会思想・イデオロギーを含む）から区別されるべき「それに固有の領域」を如何に設定すべきか、という問題を不問に付したまま、今日まで惰眠をむさぼってきた。だから、経済学の伝統が比較的に軽微な大陸ヨーロッパ及びその影響下では、哲学者による社会科学の領域侵犯が跡を絶たない。（実際、リッケルト、ルカッチ、アルチュッセールなどの哲学者は、自ら少しも経済学を学ぼうとはせず、それを無視する口実に「哲学まがい」の言辞を弄することにだけ腐心している。）宇野はそれを不毛で非科学的と考え、その解決をマルクスの「経済学批判」に求めている。そして、実はそれが（自然科学の場合の）カントの批判哲学にも匹敵すべき重要な（社会科学の）方法論的課題であることを哲学者たちに悟らしめ、その協力を得ようとしたが、ほぼ完全な馬耳東風に終わった。

　もともと古典派経済学は（「前近代」に対する「近代」の優越を主張する）近代主義思想に触発されて形成されたものであるから、それを無批判に学べば、無意識のうちに近代主義思想にも感染してしまうことになる。「唯物史観」はその解毒剤としてマルクスが予め服用したものである。マルクスは、それによって資本主義の「絶対化」からわが身を保護しながら、古典派経済学の中に見え隠れする客観的真理を学びとった。それ

が彼の「経済学批判」に外ならなかった。ところで、この解毒剤を自らに処方することは、教養ある「若きマルクス」にとってさほどの困難はなかったであろうと思われる。だが、その服用後に、彼が取り組んだ「経済学批判」の方は、残された全生涯をもってしてもまだ十分であったとは言いきれない。それにも拘わらずマルクスは、後世の我々がその偉業を継承して完成するのに「必要にして十分な準備のすべて」を遺している。これが宇野の確信であった。それを言い換えれば、マルクスの「経済学批判」が、「原理論（資本弁証法）」の確立によって完成するということになる。何故ならば、古典派経済学の原論が資本主義の「一面的規定（定義）」しか与えられなかったのに対して、「経済学批判」に基づく原理論はその「総合的規定（定義）」を与えるものだからである。社会科学は、資本主義の一側面ではなくその全体を識ることから始まる。

　宇野はマルクスを深く尊敬していたが、それは華々しい革命思想家としてのマルクスではなく、地道な経済学者として資本主義の全体認識を求めたマルクスである。ここに宇野を凡庸なマルクス主義者と分かつものがある。彼はマルクスの「経済学批判」に、「近代主義を超える社会科学を基礎づける手掛かり」を見出しているからである。社会科学はもともと「近代の所産」であり、経済学はその最初で中心的なものであったから、まず経済学が「近代主義（ブルジョア的偏見）」を超えなければ、すべての社会科学は永遠にその限界内に留まるしかない（ポランニーの言葉を借りれば「市場妄想（market mentality）」を超えられない）。近代社会の下部構造をなすものが資本主義（または資本家的生産様式）であるが、他の歴史社会では、その下部構造をそう簡単に上部構造から切り離すわけにはいかない。資本主義はその再生産過程を「商品経済の法則」によって自動的に処理しうるために「経済学」を可能にするのである。そもそも経済学とは、近代社会の下部構造をなす「資本主義（資本家的生産様式）」の「運動法則」を研究対象とするものである。経済学の誕生と近代社会の成立が不可分であることは歴史的にも理論的にも明白であるが、このことは、他の歴史社会の下部構造も「資本主義の理解」を基準としなければ科学的に理解できないと言うことでもある。マルクスはそれを「猿の解剖」に対する「人間の解剖」に喩えたが、「他の歴史社会」には近代以前のみならず以後の社会も含まれる。宇野が「歴史社会」と言うの

は、頭の中で空想的に描かれる社会ではなく、「人類史のなかに実在し持続する社会」のことである。だから「近代を超えた社会」が歴史上実在し持続することになれば、その経済生活（下部構造）も原理論を全く離れては理解できない。（何故なら、原理論がその背後に横たわる、あらゆる社会に共通な「経済原則」をも明らかにするからである。）そのような社会では、イデオロギー的上部構造が多分に経済的下部構造に干渉し、その商品経済的自律性を拘束することになるであろうが、だからと言って下部構造が無くなるわけではない。それは、下部構造（経済原則）の運営・管理に上部構造（国家）も関与するというだけのことである。

　重要なのは、資本主義という特殊な歴史社会でのみ、上部構造から下部構造が独立（ポランニーの言葉を借りれば「離床」）しようとする傾向を示す一時期が現れるということである。しかし資本主義においても、経済が社会から完全に独立（離床）したりすることはできない。資本主義はその形成・発展とともに完成に近づく一時期（あらゆる夾雑物を淘汰して「自己を純粋化する」傾向を示す時期）をもつが、実際には決してその方向性を完遂しはしない。言い換えれば、次の時点でその「純化傾向」は必ず逆転する。だから（急進的な近代主義者が空想するように）経済が社会から完全に独立(ないし「離床」)することなどはあり得ないのである。その理由は、「商品（売り物）」が何処までも「使用価値」を捨てられないからである。すなわち経済的実質性（the real-economic）という現実から「重力を失って宙に浮き上る（levitate する）」ようなことは決してありえないからである。その使用価値のなかには比較的「商品化」しやすいものと、そうでない種類とがある。例えば、軽工業の生産物は重工業の生産物よりも商品化し易いし、一般に農産物は工業製品に比べて商品化しにくい。また人間生活が高度化（都市化）して公共財の比重が増え、「モノづくり」から「サービスの提供」に経済活動の重心が移るようになると、現代社会の下部構造のうち「商品化」できる範囲は、当然、縮小してくるのである。実際、資本主義は、それが軽工業中心であった自由主義段階で最も自律的に作動し、その言わば「理想的な状態」に接近した。それは、当時の経済生活に中心的であった使用価値が、綿製品のように極めて「商品化し易い」ものであったからである。そして経済学の基礎理論は、今日でもなお、そのような前提にたつ商品市場から出発

している。ここに経済学の根本問題がある。宇野の段階論を理解する鍵もここにあるのである。

Ⅱ．〔経済学の三分割―原理論・段階論・現状分析（経済史）〕

　我々の経済生活には多種多様の使用価値が関わっている。人間の生活を物質的に支えているのは使用価値だからである。我々が与えられた時空間においてどのような生活様式を営むかは、我々を取り巻く自然環境と、それとの物質代謝の歴史のなかで我々が習得してきた生産技術の水準によって様々である。筆者はそれを「使用価値空間」と呼ぶが、それらは殆ど無限に多種・多様なものであり得る。その内で、部分的に「商品化」し易いものは多数あると考えてよいが、ほぼ全面的な「商品経済」すなわち「資本主義経済」を可能にするものは、歴史的にも空間的にも、極めて稀であると言わなければならない。「商品経済」の特徴は、本来は「具体的な富である使用価値」が、歴史的に特殊な「抽象的な富としての価値」という形態によって「商品」として扱うという処にある。つまり「価値と使用価値の矛盾」をある程度まで克服できるから資本主義は可能になる。しかし、それは飽くまでも「ある程度まで」であって、この矛盾が完全に克服できるものと錯覚すれば、それは資本主義の絶対化（近代主義信仰）に繋がり、「経済学批判」は直ちに流産する運命にある。従来、商品経済の範域は限られたものであるのに、資本主義の場合は人間の「労働力」までも商品化するため飛躍的にその範域を拡大した訳であるが、そもそも人間の労働力までもモノと看做して商品化することには、最後まで「無理」が残るのは当然である。しかし、原則的には、労働力をも商品として市場原理に服するものと想定しなければ、資本主義も経済学も成立しない。古典派経済学を批判しながら「近代社会の運動法則」を明らかにしようとしたマルクス自身が、何処までこの事実を意識していたかは明らかではないが、宇野にとっては正にそれこそが出発点になっている。

マルクス自身の経済学研究は、主として1850年代後半から1860年代前半にかけて行われたが、この時期はちょうど「自由主義段階」の完成期にあたり「資本主義の純化傾向」は明白であった。マルクスもそれを意識しつつ古典学派による資本主義の一面的規定を批判し、経済学の理論を彫琢したのである。経済学理論は、古典派の場合もマルクスの場合も、使用価値を「実際にある以上に商品化し易いもの」として抽象化しなければ始まらない。具体的には、それは単に$(x_1, x_2, \ldots, x_n)$と書かれ、「番号のちがう使用価値は質的に区別できるもの」で「それぞれが固有の自然単位で計量される」と理解しなければならない。農産物であっても工業製品であっても、単純な手作業で作られるものも、複雑な工程で精密な機械を駆使して製作されるものも、すべて同列に扱われる。即ち、実際の経済生活からはすでに大幅に隔たった文脈を想定しないと、「資本主義の原理（その運動法則、内的論理、ソフト、純粋理論）」は見えてこないのである。だが、このような前提に一体何の根拠があるのであろうか。

　我々が、自分の外部にある「現実」もしくは「それと思しきもの」を主観的に抽象して「これが資本主義だ」と主張しても、それは単なる命名に過ぎない。そう命名されたものの属性も、我々が単に想像するものの域を出ない。仮令その分析がいかに厳密で形式論理に叶ったものであっても、それを「客観的真実」とする根拠は何処からも出てはこない。その場合の「資本主義」は歴史社会ではなく、モデルとして我々が恣意的に「空想し想定した」社会でしかない。しかし、もし資本主義そのものに「純化傾向」が備わっていて、その発展過程でますます「純粋な資本主義」に近づこうとするのであれば、そして古典派の場合もマルクスの場合も、それに則って経済学理論を彫琢したのであれば、それは単なる主観的な抽象ではなく、研究対象（現実）そのものが顕示する自己の抽象過程を「模写（コピー）する」ものであり、「客観的な真理」として把握できたものであると言ってよい。言い換えれば、経済学の理論的研究を「真理」として根拠づけるものは「資本主義の（物質的な）純化傾向」を置いてほかにはありえないのである。

　古典派やマルクスには意識的に理解されていなかったかもしれないこの点が、宇野に至って初めて明確に認識されたのは、何故であろうか。宇野自身は、資本主義の「帝国主義段階」を経験するという「マルクス

にできなかったことを自分にはできた」ためであると説明している。即ち、資本主義自身がその純化傾向を「逆転」させたという事実が明らかになるに及んで、「原理論と段階論を分離すべき必然性」を悟らされたというのである。一方において、「資本主義一般」を総合的に規定するためには、使用価値のもつ具体性を殺さなければ（その特定性を消去し空洞化しなければ）ならない。然るに、他方において、現実の経済生活には極めて多様で複雑な使用価値が具体的に絡んでくる。従来、マルクス主義者は、「理論と歴史（現実）」が「弁証法」という奥の手によって容易く統合できるかのように教えられてきた。しかし、宇野はそのような「まやかしの弁証法」には目もくれていない。資本主義の理論とその発達史との関係をそう簡単に（というのは「欺瞞的」に）処理するわけにはいかないというのである。資本主義の内的論理を展開する「原理論」と、その具体的・物質的な発達史（現状）とを、その中間で媒介する「段階論」をどうしても設定しなければならない。前者では、意図的に中和（去勢）されている使用価値を、後者では、「生の（生き生きとした）姿」で大々的に登場させなければならない。しかし「論理の峻厳な抽象性」と「現実（歴史）の豊かな多様性」の中間にあって両者を媒介する「段階」が許容する使用価値は「空虚であっても無軌道であっても」ならず、羊毛型、木綿型、鉄鋼型のように「典型的な」使用価値でなければならない。これらの「典型的使用価値」は、我々が主観的目的に合わせて空想的に思い描くものではなく、「現実の経済生活」のなかから抽出される典型であり、当然、歴史的実在性（と時代性）をもつものである。それゆえ、宇野が問題にする（資本主義の世界史的発展の）三段階とそれを規定するいわゆる「段階論的規定」は、「物質型（material type）」として、マックス・ウェーバーの有名な理想型(ideal type)とは区別すべきものであると思う。宇野自身、本書の中でも別の場所でも、自分のいう「典型」とウェーバーの「類型」が評者によって皮相に混同されることを嫌悪し、前者が「資本主義の現状（歴史）分析に原理論を生かすための、従って原理論を前提にするタイプ」であるのに対し、後者は「原理論を否定しそれに替わろうとする主観的タイプ」に過ぎないことを繰り返し強調している。

　宇野をこのような結論に導いた最初のヒントは、レーニンの有名な『帝国主義論』にあった。この書はマルクスの資本論とは違って、資本主義

の純粋理論を究明するものではない。むしろ資本主義発達の特定の段階としての「帝国主義」を特徴づけるものであって、1870年代から第一次大戦に至るまでの期間に、それ以前と比べて、資本主義がいかなる変容をとげたかを明らかにしようと志している。然しながら、それは当代の世界経済史を直接に扱おうとするのではなく、それとマルクスの説いた資本主義一般の理論（原理論）を連結するための中間項を目指すという点に特異性があった。すでに産業の中心が重工業に移っていた帝国主義時代の資本家的生産様式を、それ以前に軽工業中心であった自由主義時代のそれから区別しようとすれば、当然、代表的使用価値（この場合には綿製品から鉄鋼製品へ）の変遷という問題が浮上してくる。同時にそれらを生産する産業技術や組織の差異に応じて「支配的資本」が産業資本から金融資本へと変わる。また、それらの蓄積様式は大きく変貌するし、それを助成しようとするブルジョア国家の政策も（主として国際貿易の側面で）時代の要請に適合したものになってくる。これらは原理論的抽象のレベルではなく、「段階論的規定」のレベルで整理されなければならない。レーニンの『帝国主義論』は意識的に「段階論」を展開している訳ではないが、むしろ段階論的規定として説明すべきもの（例えば「独占」）を、無理に原理論から導き出そうとする点では誤謬を犯しているが、事実上、ほぼそういう内容を志向するものになっている。例えば、ドイツの鉄鋼業が大銀行と癒着して独占組織を形成し、国内市場を支配する一方、カルテル関税とダンピングで対外貿易に対応する面で国家の保護政策を利用していること、また、ドイツの競争に対抗を迫られるイギリスでは、金融資本による国内市場の支配という点ではドイツに及ばなかった分を、海外投資における優位を保つことで補っていた、というような事実が見事に要約されている。言い換えれば、同じ資本主義でも綿工業中心の時代と鉄鋼業中心の時代とでは異なった発展段階を画するものとして、「使用価値的に」区別されなければならないことを、レーニンの著書は教えているのである。

　しかし、もし綿工業と鉄鋼業が資本主義の異なった段階を画するのなら、綿工業の前にくる羊毛工業（毛織物工業）の時代の資本主義はどうか。ドイツ留学を終え東北大学で十年余にわたり「経済政策論」の講義を繰り返していた宇野にとっては、自由主義にたいする帝国主義が資本主義

の新たな段階を画するのであれば、自由主義に先立つ重商主義の段階も当然おなじ様に区別されなければならない。そうすると、資本主義の世界史的発展段階として、その生成期、成長期、没落期を、羊毛型、木綿型、鉄鋼型と特徴づけることも正当化できる。すでに述べたように、宇野は「経済政策論」の担当教授に任ぜられた当初から、ドイツ「社会政策学派」の方法に従って講義をしようとは考えなかった。むしろ自分がドイツで研究した『資本論』や『帝国主義論』を活用できるような独自の方法を求めていたのである。それゆえ、典型的な使用価値に基づく資本主義発達史の三段階という発想は、彼の目的に適合した解決策でもあったのである。

　かくて宇野は、「資本主義」を研究対象とする経済学が「原理論」「段階論」「現状分析（経済史）」という三部に分割されることを主張したのであるが、それは一方において、経済学の教科がすでに（歴史学派の伝統のもとに）「理論、政策、歴史」に三分割されていた一般的慣習と合致するものでもあるが、他方において、それらの研究方法がそれぞれの研究対象に応じて異なってくるのは、単に慣習的な理由によるのではなく、各分野に対応する「使用価値の抽象のレベル」が異なるからであるという点が強調されてくるのである。興味深いことに、この点で宇野の発想にはかなり濃厚なヘーゲルの影響が認められる。ヘーゲルの「論理学」は、絶対者がまだ自然や人間精神を地上に創造する以前に、天上で構想した「形而上学的」論理を展開するものであって、一切の物質性（感性的なもの）を排除した純粋な概念だけで構成されている。これに対して「自然哲学や精神哲学」は「地上にあるモノやコト、物質的ないし実在的なもの (the material and the real)」に、純粋な概念が如何に反映されているかを示すものである。これを筆者は便宜的に「実在の哲学」(Realphilosophien, philosophies of the real) と呼ぶことにしているが、それとは別に、自然科学や歴史（社会）科学のように、「地上のモノやコト」を直接に（絶対者とは関係なしに）研究する「経験科学」がある。これは既に哲学の領域にはなく、我々人間の実生活に直結したものである。ヘーゲルは、「論理学」「自然・精神哲学」「経験科学」を抽象レベルの異なった知識として区別していた反面で、純粋な「論理学」と物質的・実在的な「経験科学」とが、「自然・精神哲学」のような「実在の哲学」によって媒介さ

れるべきだとも考えていたようである。

　若しそうだとするならば、それは宇野の「段階論」を理解するのに一つの有益なヒントを与えるであろう。ヘーゲルの有名な言葉に「理性的なるものはすべて現実的であり、現実的なものはすべて理性的である」というのがあるが、これを経済学的に言いなおすと「商品経済的（commodity-economic）なものはすべて実質経済的（real economic）であり、実質経済的なものはすべて商品経済学的である」となる。これが妥当するのは使用価値が典型化されている「段階論」のレベルにおいてである。使用価値を理想化し中立化する「原理論」は、地上には存在しない「純粋資本主義」を研究対象とするから、実在（実質的経済）は「その影」としてしか存在しない。使用価値が最初に登場するのは「段階論」においてであるが、それは「物質型としての使用価値」をもつ「典型的な商品」であるから、その商品化は歴史的に保証されている。それゆえ「商品経済的でない実質経済は存在しないし、その逆も真である」と言えるのである。ヘーゲルの「理性的＝現実的」も自然哲学や精神哲学の範囲でそうなのであって、経験科学の分野にも通ずる話ではない。同じように「在るがまま」の使用価値が直接に関わる経済生活の現状（経済史）をみれば、そこには「商品経済的ではないもの」も多く存在する訳であり、それらを始めから無視したのでは本格的な歴史研究はできない。しかし、それが「資本主義の歴史」に関するものであれば、「資本主義の総合的定義」である「原理論」と無関係にその分析はできない。それゆえ、（宇野が言う）経済学の究極的目的である「現状分析ないし経済史」は、「段階論」の媒介によって「原理論」との連絡を保たなければならないのである。

III.〔段階論の方法─資本の原理的規定と段階論的規定〕

　宇野は本書『経済政策論』によって段階論を確立したのであるが、その僅か三ページにも満たない「結語」の冒頭では次のように述べている。「段階論はこういう経済政策論で尽きるものではない。農業、商業、金融、

交通、植民等々のさらに立ち入ったいわば段階論的解明によって補足されなければならない」と。また、そのすぐ後で「財政学による解明が特に重要」であることを強調する。それに続く数行に書かれていることは、余りにも簡潔であるため十分に意を尽くしているとは言い難いが、彼の意図は大体次のようなことではなかったかと思われる。すなわち、本書で扱われている「経済政策」は主として国際経済関係を巡る通商政策の三タイプに限られているが、当然それと並行して、国内向けの経済諸政策も「段階論的に」研究されなければならない。すると、そこには（対外的な関税政策とパラレルに）「課税と補助金」を巡る予算編成の問題が前面に現れてくる。ところが、「国家財政」は経済的（資本家的）視点のみで解明しきれるものではないから、「法律学や政治学とも共同できる研究の道」が開かなければならない。ところが経済学は（使用価値を極度に希薄化した）「原理論」のレベルで法律学や政治学との交渉をもつことはできない。典型的とはいえ「物質的に特定化された使用価値」が登場する段階論のレベルで、すなわち経済政策や財政学の研究に適合したレベルで初めてそれが可能になる。また、それができるからこそ、このレベルで「科学的な国家論の研究」も達成しうることになる。要するに、宇野にとって段階論とは「ブルジョア国家の社会科学的研究」を可能ならしめる文脈（コンテクスト）に外ならない。更に言うと、それは古典学派が目指した「政治経済学」のうち「経済原論（純粋理論）」以外に残された部分の総合的研究に適した領域なのである。この構想は、近代社会（及びその物質的土台である資本主義）の発生とブルジョア国家の成立が表裏一体であった事実によっても裏付けられている。

　これよりずっと後で書かれた『経済学方法論』（1962）で、宇野は再度「段階論の方法」について説明しているが、そこでは珍しく、マルクスが『経済学批判』の「序節」で披瀝している「経済学研究の篇別構成」（ロスドルスキーのいう「1857 年のプラン」）に言及し、その (3)「ブルジョア社会の国家形態での総括 …」と (4)「生産の国際的関係 …」は「原理」から直接に導きだせるものではないが、そうかと言って直ちに「現状（分析）」として解明しうることでもないとして、これらが「段階論」の守備範囲と重なることを示唆している。それに続いて宇野は次のように述べている。

一国における資本主義の発生、発展の過程は、具体的には必ず国際的に商品経済の発展の程度を異にする国に対する関係を展開しつつ、展開されるのである。また「ブルジョア社会の国家形態での総括」も、それぞれの国で異なった時期に、異なった様相をもって、しかも必ず先進国における資本主義の発展の影響のもとに行われる後進国の資本主義化として現れるのである。であるが、この世界史的発展は、いずれかの国を指導的な先進国として展開されたのである。すなわち十六、七世紀における西欧資本主義の商人資本的発展は、イギリスにおいて生産過程を把握してゆく初期のいわゆる重商主義の段階を展開し、十八世紀の産業革命を基礎に産業資本の支配を確立する自由主義の時代を経て、十九世紀末におけるドイツ並びにイギリスにおける金融資本の形成による帝国主義の段階というように、いずれもその時期を典型的に代表し、後進諸国にその指導的影響をおよぼす先進国の資本主義としてあらわれたのである。またこの各時期を代表する資本の型も、直ちにあらゆる産業に一様にあらわれるというのではない。それぞれ資本主義の発展の時期に支配的な産業として、商人資本の時代の羊毛工業、産業資本の綿工業、金融資本の重工業というように、ここでもまた特定の産業に代表されることになる。それは歴史的発展の過程を明らかにするためには当然考慮しなければならない点である。(『著作集』第9巻、44-45頁)

　再び『経済政策論』の「結語」に戻ると、宇野は、自分の段階論が「資本主義の発展の歴史そのものを規定するもの」ではなく「その発展の歴史の中から一時代を画するものとして、いわば典型な規定を抽象した」ものに過ぎないと述べたのち、「それはしかし単に類型的なものとしてではなく、むしろ他の諸国における資本主義の発生、発展の過程にも支配的影響を及ぼすものとして、それぞれの国の、あるいは世界経済の具体的な経済過程を、原理の一般的規定基準として分析する場合に、いわば媒介の役割をなすわけである」と説明している。ここで宇野は、最初に帝国主義段階に固有な問題を扱ったレーニンやヒルファーディングの業績を高く評価しながら、彼らが「段階論的規定」を原理論から直接に導きだそうとして失敗していることを戒めると同時に、日本などの後発資本主義国の工業化を分析する際にも、「資本主義発展の世界史的段階」

が既に帝国主義なのか、まだ自由主義なのかを無視して、機械的に原理を応用しても徒労に終わるであろうことを（恐らく「日本資本主義論争」などを垣間見た経験に基づき）警告しているのである。

　では「段階論的規定」とは何を言うのであろうか。まず、重商主義段階では商人資本、自由主義段階では産業資本、そして帝国主義段階では金融資本というように、各段階に支配的資本形態というものがあるが、これらは「段階論的に規定」されている。金融資本はそのまま原理論には出てこないが、商人資本と産業資本は原理論でも出てくる範疇でありながら、段階論的にも規定されているのである。そこで「段階論的規定」と「原理論的規定」の何処が違うのかを考えてみよう。

　「商人資本」の場合、原理論では資本の一般的形式 M – C – M' をそのまま実践する最も単純な資本形式とされる。貨幣はただ放置しておいても自動的に価値を増殖するわけではないので、「商品の売買」を媒介として「安く買って高く売る」操作で利潤を得ようというのが「商人資本の原理的規定」である。しかし、原理論での「商品」は何らかの（匿名、無名の）使用価値であって、資本がそれによって多かれ少なかれ制約されるとは言いながら、実質的に特定化されてはいない。使用価値が何であっても、裁定操作によってそれが「一物一価の市場」に取り込まれるという面に重点がおかれている。具体的に特定な使用価値が登場しても、それは「例証として使われる」に過ぎず、その特定性が問題になることはない。ところが「重商主義段階」の文脈で実際に登場するのは「羊毛製品」という特定の使用価値であり、「商人資本」の方も、問屋制度などによってこの種の商品を家内生産する農民や職人を束ねながら、17・8世紀の英国に近代的「羊毛産業」を組織し育成するものとして規定されるのである。このような産業をベースに国際商品としての「羊毛製品」を生産し販売する商人資本は、まずは絶対王政と協力し次にはそれを振り払いながら、近代的「ブルジョア国家」を形成するとともに、国内市場をも整備していくのである。そういう商人資本が蓄財する過程が「資本の原始的蓄積」であって、それは同時に広汎な無産者階級が形成される過程でもある。それゆえ、段階論的に規定される商人資本は、原理論で規定される抽象的な商人資本とは違って、具体的な歴史的な時間の中に位置づけられ、生成期の資本主義を「最も典型的に」実現した英国の羊

毛工業や、その国家権力との関わりにおいて規定されるものでなければならない。しかし、それはこの時代における資本主義発達のすべての面を詳細に記述しようとするものではない。それは経済史（現状分析）の役割である。段階論では商人資本の「収奪的性格」が、如何に「羊毛製品型の商品」の生産を巡って発生期の資本主義を定着させていくかが問題になるのである。重商主義段階の資本主義は、原理論で総合的に定義される資本主義のソフト (logiciel) をそのまま反映できるハード (matériel) には未だなっていない。羊毛製品の資本家的生産とは言ってもまだ「家内産業・問屋制度」の枠内に留まり、「労働力の商品化」もまだ不十分であった。だから、商人資本は、既成の権力を利用しながら、次第にその商品生産の自律性を育成して行くしかなかったし、その蓄積過程も「収奪的性格」を脱しえなかった。それにも拘わらず、この時代の世界が「近代化」する過程での最先端にあったイギリスでは、その羊毛工業がすでに「産業革命」への道を用意する態勢にあったと言えるのである。

　「産業資本」にも原理的規定と段階論的規定があり、これらは区別されなければならない。原理論における M – C .... P .... C'– M' という形式は、すでに「商品化した労働力」を前提しており、商品として購入した C（生産手段と労働力）を、資本がその生産過程で任意の商品 C' に転形できる場合を想定している。また、ここで産業資本が生産する商品は、特定の使用価値ではなく、一般的富としての価値である。本来の資本主義（＝資本家的生産様式）は、このような「産業資本」が活動することによって成立する。しかし、それを可能にする具体的・歴史的な条件が如何なるものであったかは、原理論では明らかにされない。実際には、産業革命後のイギリスで発達した綿工業が、資本主義の「自由主義段階」を画したのである。ここで「産業革命」とは、18 世紀末葉から 19 世紀初頭にかけてのイギリスで、蒸気機関と綿工業機械（紡績機、織機）が同時に発明され普及したことを言うが、それを追うように 1830 年代に「労働市場」も成立し、多数の無産労働者が「機械化された工場」に職を求めるようになった。つまり本格的な「工業化」は綿工業の発展とともに訪れたのである。勿論、19 世紀中葉に至っても「工場制工業」が全産業部門を制覇したわけではない。しかし、綿工業は工場制工業のモデルでもあり機械化の最先端でもあったから、自由主義段階における（軽工

業を中心とした）資本家的生産の「典型」をなした。原論でも資本家的生産方法が「協業・分業・機械化」の三要因から説明され、これを通じて労働力の商品化が完成するものとされる。すなわち自由主義段階の資本主義が、原理的に規定される資本主義（資本家的生産様式）に最も近いとされる所以である。しかし、原理的に規定される産業資本家は、賃労働者を雇用し工場内で生産的労働を支出させ、「絶対的・相対的剰余価値の生産」を行えばよいので、特定の使用価値だけを生産するものではない。この文脈で綿紡績や綿織布が語られるとすれば、それは例証としてのことに過ぎない。これに対して「段階論的に規定される産業資本」は、19世紀中葉のイギリス綿工業にその典型的な姿を現すものである。当時の最先進国イギリスにおける主流産業が綿工業であったという事実に基づき、ほぼ全ての生産が「綿工業的に」おこなわれ、ほぼ全ての商品が「綿製品型」であるものと想定すると、「物質型」としての「自由主義段階」という世界を規定することができるのである。それは単に主観的に構築されたウェーバー流の「理想型」ではなく、歴史的現実のなかに「原理論的規定」の展開を典型的に映し出したものである。そこで主役を演じるのが「段階論的に規定された産業資本」である。

　このような産業資本は、すでに「工場制工業」を土台にしており、その商品生産はすでに十分に自律的なものになったので、その分だけ国家権力に依存する必要がなく、前段階で支配的であった商人資本の特徴をなした収奪的性格を脱皮することができた。それゆえ従来の重商主義的保護政策を返上して、逆に自由放任主義を標榜するようになった。その一環として「自由貿易運動」を精力的に展開することになったのである。これは当時の綿工業が「原料を外国から輸入し、製品を国外に輸出する」典型的な「加工産業」として急成長したことに拠って決定的になった。イギリスは、その工業生産における優位が圧倒的であったことを利用して「世界の工場」となり、自由貿易によって周辺の農業国との関係（いわゆる「農工分業」）を構築しようとした。イギリスのブルジョア国家も、このように「段階論的に規定された産業資本」の要請に応え、貿易自由化の運動を国際的に推進したのであった。1860年に締結された英仏通商条約にその成果がみられるが、これが資本主義の世界史的発展段階としての「自由主義の頂点」を示す姿であった。しかし、この状態でもブ

ルジョア国家が無くなった訳ではない。国内的には「小政府」のもとで自由放任主義が採られたが、それは市民社会の存立と安全が法治国家によって保障されたということであって、対外的通商は、政府間交渉の結果として締結された「通商協定」に拠ったのである。自由貿易運動が国際化されても、国内市場と国際市場を分ける国境が撤廃された訳ではない。段階論は、その第一歩となる「経済政策論」を含めて、「ブルジョア社会の国家形態での総括」も「生産の国際的関係」も無視できず、それらを明示的に扱わざるを得ない。そもそも国民国家は近代社会と切り離すことができないものであるから、原理論ですらその背後に国家の存在を暗に前提とするが、その抽象的な（使用価値を希薄にする）文脈では、国内市場と国際市場を区別する理由がないだけである。ひとたび「物質的に特定な使用価値」が導入されれば、ブルジョア国家と国内外の区別は避けられない。「資本主義のもとでは国家は消滅しない」という事実は、帝国主義段階の到来によっても更に明らかにされる。

IV. 〔帝国主義段階 ─ 金融資本の段階論的規定〕

　以上、重商主義段階と自由主義段階でそれぞれ支配的であった「商人資本」と「産業資本」の段階論的規定と原理論的規定の区別を説明してきたが、帝国主義段階における支配的な資本形態は「金融資本」である。かかる資本は原理論には存在しないが、その最終部分に登場する「利子付資本」（宇野の言葉では「それ自身利子を生むものとしての資本」）の規定が金融資本に繋がるので、その関係から始めよう。

　原理論の「生産論」では資本主義成立の物質的根拠である「剰余価値生産」が主題であるが、それが如何に「資本家的市場」に現れ「資本家合理的に処理」されるかは「分配論」で解明される。資本は先ず剰余価値を利潤として把握し、そのうち土地所有に分与される部分を地代とするが、更には産業資本から分化した「貸付資本」と「商業資本」の働きの中で、正常利潤（産業資本だけでなく商業資本にも、投下資本に対して

比例的に分配される平均利潤）を「企業者利得と利子に分割」する。当初この分割は量的なもので、商業資本がその商品仕入代金の大半を借り入れることから、それで稼ぐ正常利潤の一部は利子として貸付資本に戻し、自分は「安く買って高く売る」という資本家的労働に対し企業者利得という報酬を受け取る、と言うだけに過ぎない。しかし、それは後に「観念的に拡大解釈」され、自己資本が得た正常利潤さえも、資本が本来的に得るべき（言わば客観的な）「利子部分」と自分の企業努力によって得られた「企業者利得部分」とに「質的に分割」される。ここでは既に「企業者利得」が資本家的努力（という非生産的労働）に対する一種の「賃金」とみられ、「利子」はモノとしての資本に当然帰属すべき収入（資産収益）と観念される訳である。これは資本を「資産」として商品化する第一歩である。「利子付資本」とは、現存する資本総額を（実際には貨幣資本、生産資本、商品資本の三形態にあることを無視して）すべて貨幣資本形態にあるかのように「観念」したものである。すると利子支払総額はそれに対する資産収益と理解されることになる。逆に、市場利子率で資産収益を「利子還元」すると、それを生み出した（商品としての）資本の「合理的な」価格が設定できるのである。

　資本が敢えてこのように手の込んだ「合理化」に腐心する理由は、そうしなければ資本家的市場の中に「資本家合理的に説明しきれないもの」が残るからである。例えば、土地所有がなぜ剰余価値の一部を地代として分与されるかは地代論によって既に説明されているが、商品所有者ではない土地所有者が何処から発生したのかは、資本家市場的には説明できていない。この点を「合理化」するには、土地所有者といえども過去に遡ればその土地を「商品として買入れたのだ」という虚構をも想定せざるをえなくなる。そうしなければ資本家的市場の「商品経済的合理性」が未完結のまま残るからである。その場合、原理論においては、実際に土地が商品として売買される必要はない。大切なのは、資本家合理的な土地価格を決めることができるかにかかっている。ところが、土地も一種の「利子付資本」として定期的地代収入を市場利子率によって「利子還元」すれば、「資本家合理的に」その価格を設定できる。それゆえ原理論は「利子付資本」という観念的な資本形態によって完結するのである。純粋資本主義の中では、土地も資本自身も実際に商品として売買さ

れる訳ではない。実際、純粋資本主義の下では、（資本家が引退して土地所有者に鞍替えしたとでも言う以外に）土地を購入できた資金の発生源は見当たらない。しかし、物質的な条件の如何によっては、それも可能であることを担保しておく必要があるのである。同じことは資本の商品化についても言える。現実の資本は企業全体として価値増殖運動を続けながらも、企業が株式化していれば、その所有者が株式の売買で入れ替わることが可能になる。実際には、軽工業中心の自由主義段階における製造業企業は原則として資本家の個人経営であって、株式会社制度が製造業にも導入されたのは、「固定資本が巨大化」する重工業中心の帝国主義段階になってからのことであった。すなわち、資本主義の発展の過程における「純粋化傾向」がすでに逆転した後のことであった。

　鉄鋼業などの重工業では「固定資本の巨大化」が避けられない。それは大量の投資資金を必要とするが、この時代には広汎な中間階級が発生し（或いは旧来のものが分解されず残存し）その手中に様々な形で貯蓄資金が形成されることになり、それが個人資本家だけでは容易に調達しきれない（長期の）遊休資金の不足を補うことになる。このような資金を動員して投資資金とするには、株式会社制度が不可欠の方式になる。実際、株式会社制度は古くからあったが重商主義期には遠洋商業に、自由主義期には鉄道建設などに適用される程度に留まり、製造業にもそれが大々的に導入されたのは、重工業中心の帝国主義期を待ってである。即ち、原理論ではまだ観念的であった「資本の商品化」を「金融資本」として現実に具体化したのは、使用価値の側からの要請だったのである。言い換えれば、「金融資本」は初めから段階論的規定として、重工業における「固定資本の巨大化」をその前提にしているのである。しかも、それが最も典型的に現れたのはドイツの鉄鋼業においてであった。そこでは株式の発行と市中消化を媒介する大銀行が中心になって「鉄・石炭・鋼」の生産と販売を組織的に管理する「独占体」（カルテルやシンジケート）を形成し、それが金融資本蓄積の母体になった。すなわち金融資本は、特定国の特定の生産部門における具体的な展開において規定されなければならないのである。すなわち「金融資本」を原理論的規定から直接に引き出すことはできない。

　しかしこの点は、宇野によって明らかにされるまで、マルクス経済学

における大きな盲点として残った。すなわち、19世紀末から20世紀の初頭にかけて「帝国主義段階の出現」に直面したマルクスの後継者達は、『資本論』の教える経済学に拠って現状を分析することに困難を感じ、それが修正派と正統派との分裂を招いたが、やがてヒルファーディングの『金融資本論』(1910) とレーニンの『帝国主義論』(1917) の出版をまって一応の決着を見た。これらが極めて重要な古典的名著として認められ、大きな影響力を持つようになったからである。ヒルファーディングは、「金融資本」という画期的な新概念を導入し、これをドイツの鉄鋼業や関税政策を背景に説いたが、他方、それを段階論的規定として把握することができず、原理論における「貨幣や信用の理論」から直接に導きだそうとして、あたかも自動的に高利貸資本が銀行資本に、銀行資本が金融資本にそれぞれ転化したかのような「御座なりの解説」で済ませた。このような原理論と段階論の混同は、宇野によれば、折角の画期的業績を台無しにするものであった。レーニンは、こうした手続きを誤りと断じ、むしろ「生産の集積から生じる独占」に重点をおいたが、ここでも独占の出現を「生産の集積一般」に求め、特定の産業における「使用価値的必要」に触発されるものとしなかった点で、不十分の感をまぬかれない。それにも拘わらず、宇野によれば、レーニンの著書の内容は事実上「帝国主義」を原理論とは全く別の次元で、段階論的諸問題として扱っているという。かくて、マルクス主義経済学は帝国主義の出現に直面して「段階論」の問題を突きつけられながら、それと原理論の関係を正しく理解することができずに、以後、低迷期に入ったのである。この問題に対して決着をつけたのは宇野弘蔵であった。

　一般的には同じ法則に支配される資本主義（資本家的生産様式）であっても、実際に如何なる種類の使用価値生産が中心になるかによって、その実質的経済生活も産業組織も「ブルジョア国家形態での統括」も「国際関係」も多様になる。しかし、この多様性を無軌道なままには許容せず、発生期における「羊毛製品型」、成長期における「綿製品型」、没落期における「鉄鋼製品型」といった「典型的な使用価値」で代表させるのが段階論である。帝国主義段階においても全ての商品が「鉄鋼製品型」になった訳ではないが、この基幹商品を生産できるように経済生活が組織され、それに見合った経済政策も採用される。それゆえ産業組織のな

かに現れる「独占」にしても、それは（例えばクールノが考案したような、或いはゲーム理論的に定義できるような）抽象的モデルとして、特定の現実と無媒介に規定できるものではない。それは、飽くまでも、19世紀末から第一次世界大戦にかけて歴史的に出現した「資本主義の世界史的発展段階」としての帝国主義を具体的に特徴づけるものとして把握されなければならないのである。宇野の言う「マルクス経済学の方法」と、一般的に知られている「近代経済学の方法」との対比が、ここで決定的に明らかにされていると思われる。「競争から独占」への移行を「曖昧な弁証法」で理論的かつ歴史的に解説したのでは、原理論と段階論の理解が双方とも不十分な（自己欺瞞的な）ものに終わることになる。

　ここで重要なのは、当たり前のことだが、商品経済としての「資本主義」が没落しても「実質的経済生活」の方は（局部的にしても）豊かになりうるということである。別に生活が窮乏化しなくても資本主義は十分に「不純化」し「没落」しうるのである。資本主義の純化と生活水準の上昇は決して同義ではない。自由主義期の19世紀中葉と帝国主義期の19世紀末葉のヨーロッパ先進国を比べれば、技術水準は格段に進歩し生活水準も多少ともその影響を受けて上昇しているであろう。しかし、商品経済的組織に焦点を当てれば、自由主義期の産業資本はほぼ「平均利潤の法則」に従って行動できたのに対し、帝国主義期の金融資本は競争を排除して独占価格を維持しようとして、この法則の適用を著しく歪曲している。それゆえ周期的恐慌の規則性も乱れ、理論的に想定される純粋資本主義からは、これまで以上に乖離した状態を醸し出している。すなわち生産力の高度化に対応する「高度の資本主義」はそれ以前の資本主義よりも「不純化」しており商品経済の「没落期」を示していることになる。それを表す一つの指標として、この段階を代表する典型的な先進国が、積極的（攻撃的）なドイツと消極的（防御的）なイギリスに分化するということがある。重商主義段階では、旧来の身分制社会が商品経済化する過程でその最先端にイギリスがあったことは明らかである。また自由主義段階でもイギリスのみが、周辺の農業国にたいして「工業を独占」する地位にあったことも疑いを入れない。しかし帝国主義段階では、すでにイギリスで十分に発達していた「機械的大工業」を輸入することで、後発諸国が旧社会の残滓を解体するまでもなく資本主義化する

ことができ、その急速な工業化が老大国イギリスを脅かしたのである。

　この構図が「没落期」における資本主義の世界史的発展段階を特徴づけているように思われる。それゆえ、帝国主義段階では、「積極的」な後発資本主義国を代表する攻撃的な新興国ドイツと「消極的」にそれに対応する防衛的旧先進国イギリスの両面に、それぞれ別様な金融資本の蓄積過程を見なければならないのである。レニンも、帝国主義を事実上「段階論的」に扱うに際して、ヒルファーディングとホブソンの両方から学んでいる。ここに帝国主義戦争の必然性という段階規定も含まれている訳であるが、それと同時に金融資本の二面性に「没落期」の相を見ることも大切である。ドイツ型の金融資本を見れば、それは株式会社方式を利用して重工業における「固定資本の巨大化」を積極的に処理する資本主義の「生命力」が浮かびあがる。そこには「没落の兆」はあまり見えない。これに対しイギリス型の金融資本は、国内で発生した貯蓄資金を自国産業の独占化に向けるのではなく、海外投資に向けることでイギリスを巨大な「金利生活者国家」に再編成しているのである。もちろん、資金過剰国が資金不足国の経済発展を促進することは経済的合理性にかなっている。ドイツの金融資本も「資本過剰」に陥ったときには、海外投資がその選択肢にはいる。しかし「常習的な国外投資」に依存する先進国が発生する段階は、もはや資本主義に恒久性を約束するものとは言えない。その意味で資本主義の「爛熟期」は同時に「没落期」でもあるのである。

Ⅴ．〔資本主義の「没落期」と「解体期」〕

　宇野は、重商主義も自由主義も帝国主義も、ブルジョア国家の政策である限り、基本的にはそれぞれの時代を代表する支配的資本（商人資本、産業資本、金融資本）の蓄積を助成するものであり、その目的に反することを志向しても、他の政策に取ってかわられ、淘汰ないし修正される運命にあると考えている。勿論どの時代にあっても、ブルジョアジーだ

けが排他的な政治権力をもつ訳ではなく、独占的に政策部門を担当する訳でもない。どのような社会でも多岐にわたる利益集団があり、それぞれが自分に都合のよい政策を望んで互いに複雑な「綱引き」をしている訳である。それゆえ実際に提案され採用される政策がどれも資本主義の発達に直接の寄与をするものとは言えないが、入れ替わり立ち替わり現れる様々の政策が取捨選択されていく過程で、最終的には資本の活動が最も行い易いよう「舞台装置」を準備するのがブルジョア国家の役割であり、その政策は対外的にも対内的にもその目的に叶ったものに落ち着く傾向にある。また結果的にそうならなければ資本主義の発達と矛盾することになる。言い換えれば、商品経済の法則を部分的にでも停止して、体制的に資本主義を否定する様な政策は、戦争や大災害などの非常時に際して一時的には採用されることがあっても、事態が平常に服すれば自動的に解除され廃棄されるべきものである。従って、重商主義期の政策は、概して経済生活をこれまで以上に商品化することを目的に、その前期には絶対君主の致富に資するよう、その後期には国際貿易で国を富ませる方向に働いたものと考えられる。その間に、旧勢力の復権を目指す反革命的施策が現れたとしても、それは間もなく他の政策によって修正され、淘汰される傾向にあったということになる。自由主義期には国内でも国外でも自由競争を促進し、「外部性を内部化する」方向で「市場」を整備することが政策の中心であった。そのため従来の重商主義的保護政策は順次解除されたが、すでにその存在意義を失って久しいものがほぼ無抵抗に処分できた場合もあるし、執拗な抵抗によってその廃絶に長期の努力を要したものもあった。また、イギリスを中心に推し進められる「自由貿易運動」に対して、後発資本主義諸国では自国の産業資本を育成すべき立場に立った。ここでは、従来から輸出産業として自由貿易を標榜していた農業利害を抑制し、「幼稚産業の保護政策」を採用することもあった。これは産業資本を育成するための政策であるから、保護主義と言っても一時的な便法に過ぎず、基本的には自由主義政策の一部と看做される。

　帝国主義期には、重工業の発達とともに株式会社企業が個人企業を圧倒するようになるが、その投資資金の調達に大銀行が大きな役割を演ずるので、「金融的に組織された独占体」が生産の中核を握ることになる。

すなわち金融資本の蓄積を通して、重工業の生産物が商品として生産されるのである。この場合には、個別企業間の自由競争によって市場価格が形成されるのではなく、独占企業間の協約によって独占価格が設定され維持される。すなわち、金融資本の蓄積は、「組織的独占体」が国内市場を囲い込んで支配することを前提にする。帝国主義国家はこれを助成するために「カルテル関税」を導入せざるを得ない。金融資本が国内市場でカルテル価格を維持し独占利潤を確保するためには、帝国主義国家が高関税によって外国からの低価格商品の流入を阻止しなければならない。しかし、カルテルなどの独占組織で国内価格を不当に吊り上げれば、「国内市場の飽和」と「生産過剰」が発生することになり、その場合には、過剰生産物が（今度は不当な低価格で）国外にダンピングされる傾向を避けることができない。カルテル関税は、ダンピングによる外国の低価格商品の国内上陸をも十分に阻止できるほど高率でなければならない。それゆえ「独占の時代」は「高関税の時代」でもある。ところで、外資から保護された国内市場を外延的に拡張できる場所は、自国の植民地と勢力範囲に限られている。勢い、このような特権地域を確保し拡大しようとする競争が、帝国主義国家間に繰り広げられざるを得ないのである。イギリス型金融資本の蓄積が強大な海軍に支えられていたことは今さら付言するまでもない。要するに、積極型か消極型かを問わず金融資本の蓄積にとって、帝国主義国家の政策は不可欠な条件であった。そしてこの場合にも、金融資本の利益に反する経済政策は、たとい採用されたとしてもやがては淘汰される運命にあり、典型的な帝国主義政策とはならなかった。

　だとすると、帝国主義段階が資本主義の「没落期」ではあっても、それは「解体期」という意味ではありえない。金融資本の蓄積は、平均利潤法則の展開を歪曲するし、必ずしも旧式な農村を分解することなく労働力の商品化を確保する。しかし剰余価値の生産が停止するわけではない。言い換えれば、曲りなりにも価値法則と人口法則の作用を保証しているのである。基幹産業が軽工業から重工業に移るということは、金融資本の活躍が重工業を中心とすることを意味するが、それは軽工業が全面的に消滅する訳ではない。全ての産業分野が独占化するわけではないし、競争が無くなってしまうのでもない。資本主義が二重経済化し不均

等発展をはじめることである。それゆえ帝国主義国家は「社会政策」を導入したり「独占禁止法」を制定したりせざるを得なくなる。しかしこれらの政策は飽くまでも民間の発意による自由企業制度（free enterprise system）を尊重し、資本家的市場への干渉は最小限に抑えられている。具体的には、ブルジョア国家の経済政策が「課税と補助金」の範囲で行われるということである。すなわち、「市場内的」に処理しきれないもの（これを「外部性」という）を課税と補助金によって「内部化」するというものである。例えば、麻薬などの製造・販売には禁止的税金をかける一方、社会的に有用だがコスト高になって市場が（民間企業には）十分に供給できないものには手厚い補助金を与えるのである。蛇足であるが、サービスはもともと商品ではないから、その提供に国家が直接に関与しても（例えば公的教育や医療を提供しても）、それは自由市場に介入したことにはならない。この点で国内市場と国外市場の関係を「関税率の調節」でコントロールしようとする通商政策は、ブルジョア国家の経済政策のモデルを提供していると考えてよい。

　しかし、最初にして最後の「帝国主義戦争」である第一次世界大戦を契機に、ブルジョア国家と金融資本の合作により資本主義の発達を保証することは最早できなくなった。資本主義は「没落期」ではなしに「解体期」に入ったのである。この点について宇野は、本書の初版が1954年に出版された時点ではまだ確信がなかったようであるが、ここに訳出した1971年の改訂版への補記では、もはや一切の疑念を払拭している。大戦後の世界経済は、資本主義発達史の新たな段階に入ったと考えるべきものではなく、直接に「現状分析（経済史）」として研究されるべきものである、と言うのである。すなわち、その経済生活は、原理論を基準に理解すべく何らかの段階論の媒介を必要とすべきものではない、と言うことである。それを更に言い換えれば、第一次世界大戦以後の世界経済はもはや資本主義という歴史社会を成立させるものではなく、寧ろそこから将来の新しい歴史社会（たとえば社会主義社会）に移行する「過渡期」を構成すると見るべきなのである。この発想は著しく斬新であり、通常の経済学者の常識とは大きくかけ離れるものなので、注意深く検討されなければならない。それは本書の意味を正しく理解することとも不可分である。すなわち、宇野のこの謎めいたテーゼに納得のいく解釈が

示されなければ、本書の真意を読み解いたことにはならないし、逆に、本書の意味を正しく把握すれば、ここで宇野が何を言いたいのかも自から明らかになる筈である。

　この過渡期は、資本主義の「解体期」として「脱資本主義過程」と呼ぶことを筆者は推奨するものであるが、それは第一次世界大戦から百年以上を要する長期間にわたるものであった。しかし、中世世界が崩壊し始めてから近代社会（資本主義）への胎動が起こるまでの期間に比べれば、必ずしも異常に長いとは言えない。資本主義の解体過程は三局面（「段階」ではない）に分かれる。まず戦間期の1920年代と30年代は「大転換の時代」であり、次に50年代60年代を中心に「フォード主義と大量消費社会の時代」が続き、最後に80年代後半から今日に至る「情報技術と金融自由化の時代」となる。「最後に」と言ったのは、この局面を最後に、資本主義に代わる新たな歴史社会の実像が漸く見え始めるであろうからである。今日の経済危機はその序曲である。これら三局面を通じて過去百年の過渡期に、人類社会は想像を絶する「科学技術の前進」と「経済生活の激変」とを体験したが、そのため良かれ悪しかれ資本主義という歴史社会からは大きく遠ざかった。「資本主義」という言葉には「広義と狭義の定義」が可能であるが、この論考では一貫してマルクスのいう「資本家的生産様式」という狭義の定義を採用している。それは、近代社会の下部構造をなす実質的経済生活（使用価値空間）が、原理論の定義する「純粋資本主義」をソフト（logiciel）として体現しているという意味である。言い換えれば、その社会の再生産過程が、全面的に商品経済の自律的な法則に則って処理されている、ということに外ならない。それ故、以上で述べたように、ブルジョア国家の経済政策も、自律的な商品経済の育成や、純化や、不純物のコントロールを外部から支援するような舞台装置を提供することのみに集中したのであり、たとい部分的にも「資本の市場原理」を止揚したり、それとは異質な「国家の計画原理」によって補完したりすることは、初めから論外であった。別言すれば、今日ふつうに適用されているマクロ政策のようなものは、狭義の資本主義のもとでは全く存在する余地があり得ない訳である。

　宇野風に表現すれば「価値法則を否定したり周期的恐慌を回避したりするような経済政策」は、資本主義のもとではあり得ない。この結論

は、宇野をよく理解しているものにとっては少しも不可解なものではないが、一般には驚きと不審の念をもって迎えられがちである。それは常識的には「資本主義」という言葉が、狭義ではなく広義に理解されているためであろう。この言葉はもともと「資本を所有しそれを生産などに使うこと、また、広くそれが行われる制度」を意味する。この用法は特に学問的に厳密な定義とは別の次元で、日常の会話やジャーナリズムで多用されており、それによれば今日のグローバル化された世界経済が「資本主義」でないとは言えない。しかし宇野が「資本主義」を論ずる時は、殆ど常にこの言葉を狭義の意味で使っており、マルクスの「資本家的生産様式」を、または「自分の原理論を基準とするもの（ソフトとして体現するもの）」を含意していることを忘れてはならない。但し、それは宇野学派に特有な語法であり、他の経済学者にとってはこの区別が極めて曖昧な場合が多い。例えば、近代経済学の場合には、「資本主義」という概念そのものが経済学的に規定されておらず、せいぜい「経済社会学」的類概念として「借用」されるだけだから、学術用語としては責任の取りようもないのである。これは、近代経済学が古典学派いらいの自由主義ないし近代主義的偏向（ブルジョア社会終末論）を脱皮していないことの証左でもある。しかし同じ偏見は、革命的マルクス主義者の間にも広く流布しており、口では宇野理論を唱えつつも、宇野の厳密な概念規定を簡単に無視して「現代資本主義」とやらのマルクス経済学的分析（?）に夢中な研究者も跡を絶たない。筆者がそのような傾向に迎合できないのは、それでは宇野の画期的業績が皆無に帰すると信ずるからである。

VI. 〔脱資本主義過程の三局面〕

本書の改訂版への「補記」（1971）には「第一次世界大戦後の資本主義の発展について」という副題が付けられているが、これは僅か四ページ半に凝縮された叙述であり、しかも宇野特有の（含意に満ちた）文体

で綴られているので、不幸にして「誰が読んでも単純明快」とは言い難い。しかし、ここでは、「1917年のロシア革命後の世界経済の研究は、資本主義の典型的発展段階の規定を与える段階論よりも、むしろ現状分析としての世界経済論の課題ではないか」という旧版いらいの問題に決着をつけることが意図されている。そこでは、1957年に発表されたツィーシャンクの論文とそれに触発された我が国における「国家独占資本主義論争」が引き合いにだされ、その中で特に大内力氏の論文（「国家独占資本主義論ノート」）が指摘した「管理通貨制に基づく景気政策ないし労働政策」に宇野は強い関心を示している。先ず「社会主義がすでに世界史的現実になった」時点では「いずれの資本主義国も、対外的には社会主義圏をある程度意識せざるをえなくなる」という大内説に賛意を示したのち、かかる「管理通貨制によるインフレ政策」が「（帝国主義国家の）関税政策などと異なってその影響力は極めて大きい」ということを認めている。もともとツィーシャンクの論文は、当時の西独経済が、戦後アメリカの影響下に、ケインズ的マクロ政策を採用して完全雇用と物価安定を図ろうとしたことに触れ、「生産力と生産関係の矛盾の強化」に対応して「帝国主義国家の役割が強化」されたという解釈を披瀝するものであった。宇野にしてみれば、イキナリ「帝国主義的生産関係の新たな一段階」などと言い出されても、それが「金融資本」とどう関わるのかについて全く言及がなされていないのでは、なんとも対応のしようがない訳である。それ故、大恐慌と第二次大戦後の冷戦下で進展しつつある世界経済については、先ず「現状分析」によってその実態を把握することが大切であり、性急なマルクス主義者が強引に原論的解釈を持ち込むことは寧ろ非生産的だと考えたのではなかろうか。

　確かに、冷戦下の西欧としては、30年代の大不況のようなものの再来を許せば、それは態々（わざわざ）共産主義に付け入るスキを与えるようなものであるから、当初は「半ば社会主義的」とさえ思われたケインズ政策によってでも、アメリカ「雇用法（1946）」の精神に基づいて、「完全雇用と物価安定」を最優先せざるを得ない政治的状況があった。だが、宇野も認めるように、ケインズ的なマクロ政策は従来の金本位制度を維持したままでは遂行できない。そこで「資本主義が歴史的な特殊な一社会として、しかも商品経済的に自立する基礎をなす貨幣制度を実質的にはと

もかく、形式的にあるいは部分的に自ら放棄し、これを利用するに至ったということは極めて注目すべき点をなすものである」と彼は言う。だが、それならば、ケインズ的なマクロ政策で階級闘争の融和を図ろうとする「ブルジョア国家」などというものが、果たして存在可能だろうか。それは金融資本と協力して剰余価値生産の確保に専心する帝国主義国家と言うよりも、むしろ社会民主主義的な「福祉国家」と言うべきではないのか。（少なくとも、そこでは「資本の市場原理」だけにこの社会の再生産過程を任せきれなくなっており、ポランニーなら「再分配」と呼ぶような「国家の計画原理」がすでに介入してきている。）すなわち、本書を通して宇野が規定してきたブルジョア国家の在り方とは根本的に異なった国家像が浮上してきているのである。だとすれば資本主義はもはや「没落期」を通り越して「解体期」に入っていると言わなければならない。

　宇野は恐らくこの現実を実感していたのだと思う。彼は「ロシア革命でソ連が成立したのだから、既に社会主義の時代が始まっているのだ」と単純に主張したかのように言われ、「ソ連の崩壊」いらいそれを理由に批判されることが多いが、そんな「断定」はしていない。学者としてもっと慎重な人であったことは確かである。すでに60年代後半から「新左翼」などに持て囃されるのを迷惑がっていた宇野としては、無用心に無責任なことを言える立場にはなかった。戦争直後には経済時評のようなものを書いたことはあるが、すでに学究生活に立ち戻って久しい年月のうちに「現状分析」からは遠ざかっていたし、今さらそのような分野に立ち戻る積りもなかった。当時の宇野としては、たとい戦後の世界経済の新しい胎動を感得したとしても、それを「資本主義の解体期」として理路整然と説明する用意はなかったであろうと思われる。それは晩年のマルクスが帝国主義の到来を感じながらも、それを規定できなかったので寧ろ立ち入らなかったのと同じ立場である。だから本書の「補記」の後半にはやや雑談風に様々の主題が語られているが、それは自分自身の研究に基づく確信のある議論を未だ展開できないことを自覚していた故である。とはいえ、宇野は流石に問題の核心には着眼していたと思われる。少なくとも大内の語る「管理通貨制によるインフレ政策」の決定的な意味を見逃してはいない。私見によれば、彼が望んでいたのは、本書で自分が確立した「段階論」と整合的な資本主義の「解体過程」（すなわち「脱

資本主義過程」）として、第一次世界大戦以後の世界経済を総括することであった。それは、当時「国家独占資本主義論」として広く流行していた正統マルクス主義の公式的見解とは全く異なった次元で成されるべき作業であった。だが、そのためには、未だ、時期尚早だったのではなかろうか。それは、それまでの宇野の研究が現状分析から遠ざかっていたというばかりでなく、世界経済における脱資本主義過程の帰趨がまだ著しく不透明なままであったという二重の意味においてである。しかし、今にして思えば、百年もの長い年月をかけた資本主義の「解体期」とは、実は「管理通貨制度」が徐々に「金本位制度」に入れ替わっていく過程でもあったと言えるのではなかろうか。

　既に指摘した「脱資本主義過程の三局面」とは、およそ次のようなものである。先ず「戦間期」であるが、金本位制度を再興して第一次大戦前の常態に復帰しようとする 20 年代の努力が失敗に終わり、次いで 30年代の世界的不況に襲われると、従来のブルジョア民主主義諸国は、ボルシェヴィズムとファシズムという左右両極端の全体主義に挟撃され、不況からの回復も十分に果たせないまま第二次世界大戦に突入した。その際、当面の脅威がファシズムであったため、ブルジョア諸国はソ連という共産主義国家との共闘によって辛くも破局を免れざるをえない状態にあった。つまり従来の資本主義体制を固持し、階級闘争の激化を許したのでは自滅することが目に見えており、何らかの「修正」を余儀なくされたのである。再びポランニーの言葉を借りれば、まさに「大転換の時代」だったのであるが、転換の彼方に何が現れるのかは未だ杳として不明のままであった。終戦後は、間もなく東西対立による「冷戦」が発生し、東側諸国の共産主義に対する西側の民主主義諸国は一種の「修正資本主義」の採用を追求せざるを得ず、アメリカの「雇用法 (1946)」はその公式宣言であったと言えよう。それは、国民経済が「恐慌後の大不況から必ずしも自動回復力を持たない」という認識に基づくものであり、政府部門がマクロ政策によって経済活動に参加することを義務付けるものであった。その後、50 年代から 60 年代にかけて西欧の自由企業体制が目覚ましく回復し、成長し、いわゆる「豊かな社会」すなわち「市街化した大量消費社会」を実現できたのは、一面においてケインズ型のマクロ経済政策による「福祉国家（社会民主主義）」の成立によるのであ

るが、その背後にはエネルギー革命と石油技術の進化、およびそれを前提にした「フォーディズム」と呼ばれる（特に耐久消費財の）大量生産システムの採用がある。石油は石炭と違って内燃機関から直接に動力を得るので生産力と運送力の飛躍的な前進を意味する。すなわち「使用価値空間」は前代未聞の変容を経験するのである。アメリカを中心に西欧世界に発展したこの新体制は「修正資本主義」というよりは「社会民主主義」と呼ぶべきものであるが、アメリカでは伝統的に「社会主義」に対する一般大衆の拒否反応が強いので、「ソ連型の共産主義」に対する「アメリカ型の資本主義」という言い方が普及した。しかし、この「資本主義」も「修正資本主義」と同様に単なる日常用語に過ぎず、マルクスの「資本家的生産様式」の意味で宇野が「原理論に基づいて定義する資本主義」のような学述用語ではない。（前節の最後で区別した「広義と狭義の資本主義」に照らせば、宇野が「資本主義」という言葉を殆ど常に「狭義」の学術用語として用いているのに対して、日常用語では漠然と「広義」の意味に使われる。）ここで筆者がむしろ「社会民主主義」を推奨するのは、ケインズに従って、労使協調を含意する「産業利害」を金利生活者的な「金融利害」よりも優先するという原則が確立していたからである。

　こうして脱資本主義過程の第二局面は「繁栄の時代」であったが、それは「ケインズ型の経済政策」と「石油技術の革新」とが幸運にも重合して「豊かな社会（福祉国家）」を実現させたことによる。だが、この時代も短命であった。と言うのは、石油技術の巨大な生産力が、戦中から戦後にかけて「充足されずに残っていた需要」に対応するのに長時間はかからなかったからである。「モノ不足」の時代はアッと言う間に「モノ余り」の時代になった。建設事業やインフラの整備も次第に整ってきた。それと同時に、以前には予想もされなかった「豊かな社会」の負の側面として、環境や資源の保全・維持に問題が浮上し始めた。しかも、その時点で国際競争が激化し、それまで不動であったアメリカ経済の優位にも暗い影がさすようになった。それが米ドルの信認を脅かすようになり、ブレトン・ウッズ体制の維持が困難になる。70年代になると、アメリカの威信喪失に追い打ちをかけるように二度にわたる「石油危機」が発生し、アメリカ経済は不景気のまま急激なインフレにも対応を迫られた。いわゆるスタグフレーションである。この現象は、従来のケイン

ズ経済学がインフレ・ギャップとデフレ・ギャップの同時発生はあり得ないとする大原則と矛盾するかのように誤認され、マイルド・インフレを寧ろ正常と看做していたケインズ学派の権威を失墜させた。実際には、当時のインフレは資源価格の急騰に触発されたものであり、総需要過剰による一般物価の高騰ではない。それにも拘わらず政策当局が慌てて無用な「総需要の抑制」に走ったことが、却って生産を減退させインフレを昂進せしめたのであって、非はケインズの学説にあるわけではなかった。しかし長年にわたって総需要政策のみに集中してきたアメリカ経済に「供給側の硬直性」が発生したことも否めない。（マクロの総需要政策と言っても、政府部門の活動内容が経済的合理性（経済原則）を疎そかにすれば「供給側の硬直性」に繋がることは避けられない。）それは70年代後半頃から次第に明らかになり、80年代になって「新保守主義」を唱える勢力が政権に就くと、ケインズを否定する「供給側の経済学」が主流になった。それは、石油危機に伴って産油国に累積した米ドルの「リサイクル」によって飛躍的に発展するユーロ資本市場を背景に、これまで「産業利害」に対して劣位にあった「金融利害」が、その勢力を急速に挽回してきたことと深い関係がある。

　ここで「金融利害」とは、いわゆる「金利生活者」と言うよりは、自分の生活や実業に必要な以上に「貸付可能な資金」を保有している者（個人、企業）のことである。脱資本主義過程の第二局面であった「繁栄の時代」には、生活の富裕化によって大量の貯蓄資金が発生するようになったが、それが全て民間部門や政府部門で「資本化（投資）」できた訳ではなかった。その資本化をマクロ政策によって出来るだけ推進するのが、ケインズ的な福祉国家に課せられた一つの重要な役割でもあった。ところが新保守主義が「小さな政府」の下での「民間経済の活性化」を唱えるようになると、民間に叢生する過剰な貯蓄資金（貸付可能資金）が資本化できないまま（投資として実質的資本形成に吸収されないまま）に残留し、そのストックが肥大することになる。（私的・公的な）消費にも資本形成にも必要とされず一方的に蓄積される遊休資金は、単に退蔵されればデフレ効果しかもたず、実物経済の成長には繋がらない。しかし、これは「カジノ資本」（金貸資本の一種）として投機目的に利用することもできる。すなわち、まず人為的に（と言うのは、風評的に）投機熱を

煽って資産価格を高騰せしめ、それが金回りをよくすることで実物経済を刺激し、好景気を醸成できる場合がある。これをバブルという。しかし、このような金融主導のバブル経済は、ある限度まで膨張すると必ず破綻して、次のバブルが創出されるのを待たなければならない。実際、「金融の自由化」によって「金融利害」が「産業利害」から優位を奪回して以来、「バブルとその破綻（bubble and bust）」の繰返しが、従来の産業的景気循環に替わって実物経済の動向を支配するようになった。若しこれが脱資本主義過程の第三局面を基本的に特徴づけるものであるとすれば、これは本来の（狭義の）資本主義の最終的崩壊を意味する。

VII. 〔管理通貨制度の完成と資本主義の終焉〕

　脱資本主義過程については、これまでにも幾度か別の場所でも書いたことがあり、最初の二局面の内容については特に付け加えたり修正したりすることはない。しかし、「金融乱脈と情報技術」に彩られる第三の（そして最終の）局面についてはこれまでの考察が不十分であったので、前節の最後の段落で述べたことを序奏に、ここで補足しながら「管理通貨制度の完成」と「資本主義の終焉」という主題に繋げたいと思う。

　まず、宇野も認めているように、「資本主義が…商品経済的に自立する基礎をなす貨幣制度」は、本来「商品貨幣」をベースとする金本位制度のようなものでなければならない。この場合に「商品流通に必要な貨幣量」は、資本家的商品市場が自律的に判断して決定するのであって、その供給量を人為的（ないし政策的）に調節したりすることはできない。（宇野は随所でこの点を繰り返し強調しており、本書の序論でもそれに言及している。）これに対し「管理通貨制度」とは本来的に「命令貨幣（fiat money）」を前提にするものであるから、商品の流通に必要な（もしくは望ましい）貨幣量は、国家の通貨当局の判断によって供給されるべきものである。ただし、この対比は理論的なものであり、実際には、原則「金本位制度」であっても、一時的に国が金の流出入を制限したり停止した

りすることもあったし、逆に、原則「管理通貨制度」でも何らかの形で「金」との関係を間接に維持するものもあった。事実、第二次大戦後のブレトン・ウッズ IMF 体制が採用した国際通貨制度は、加盟諸国の通貨に「金とドルでの平価」を定め、アメリカが「対外的金兌換性」を担保する固定相場制度という「金為替本位」の形で運用された。この制度は米ドルの信認が維持される限りでは米ドル本位の管理通貨制でもあり、事実、加盟諸外国は（金とドルからなる）外貨準備の増減に応じて国内の通貨量を調節していればよかった。ところが、米ドルの信認が低下し加盟国の中に対米協力を拒否して「金を選好」するものが現れると、この制度は忽ち維持できなくなる。

　スミソニアン会議（1971）の時点では、まだ、従来の体制を再編成することが志向されていたが、それに必要な国際協力は次第に困難になり、1976 年には「キングストン合意」によって最終的に「金の廃貨」が宣言されるに至った。これで管理通貨制度はいよいよ本格的なものになった筈である。しかしその正体は、アメリカのいわゆる「通貨外交」の陰に隠れてその真の姿を見せようとしなかった。その背後には、「石油危機」によって世界の国際収支関係が大きく変化したことがある。産油国は突如として大幅な経常黒字を計上し自ら使いきれないドルを累積する一方、非産油国は大幅な赤字に対処するため厳しい金融収縮を迫られた。従来の IMF システムの枠内では、加盟国同士が政府間合意によって黒字国から赤字国へ必要な資金を融通することになる。そのためにオイル・ファシリティと称する新機構も導入されたが、実際フタを開けてみるとその利用度は僅かなものに留まり、大量のドル資金はいったんユーロ市場に流れこんだ後、民間の金融仲介を通じて極めてスムーズに赤字国の資金需要にこたえていた。明かに、（煩雑な規制に妨げられる国内銀行とは違って）国外で自由に行動できる民間のユーロ銀行（offshore banks）を利用すれば、政府間交渉を経由するよりも遥かに迅速で効率のよい国際的金融仲介が可能であることが実証されたのである。この事実は「金融利害」を大いに勇気づけた。またアメリカ政府としても、従来の IMFシステムのなかで（厄介な「対外的金兌換性」と引き換えに）米ドルの特権を認めて貰わなくても、石油などの重要商品が「ドル建」で貿易されている限り、基軸通貨としての米ドルを維持することに何ら支障はない

ことを悟ったのである。このため80年代に成立したアメリカの保守政権は「金融の自由化」によって「金融利害」の復権を図るという新たな国際戦略に打ってでた。これによって国内銀行にも在外銀行と同じ「自由」を与えようとしたのである。とは言っても、それが直ちに「金融立国」の大方針として定着するまでには、途上国がらみの「債務危機」やその後遺症でもあった「S＆L問題」にケリがつくと同時に、既にソ連の崩壊基調も明らかにされる必要があった。80年代末のアメリカが、唯一の残存超大国として世界経済のグローバル化（その実アメリカ化）という方針を定めたとき、「産業利害」にもはや往年の光彩は見られなかった。クリントン政権も、発足当初は「戦略的通商政策」によってその復権を試みたものの所望の成果を得られず、ルービン氏が財務長官になった頃から、やはり金融立国の路線を再確認するようになった。

　しかし、この時点では既に「情報技術の前進」が目覚ましく、金融界も産業界もこれに大きく影響されることになっていた。金融の場合は、オンラインで瞬時に世界中から情報を入手できるばかりでなく、ワンタッチで巨額の資金を自由に移動させることが可能になったので、先ず国際面での業務が一新された。これが「金融イノベーション」や「金融工学」を促進することにも繋がり、国内でも証券市場を大いに活性化した。企業も実業のみに集中していることはできず、金融市場におけるM＆Aなどの動向に即応できる経営資源を充実せざるを得ない立場にたった。情報技術の前進は産業の生産部門にも直接の影響を与えた。小型自動制御機械の広汎な導入と新素材の開発が相まって、「石油による大量生産」の時代には想像もできなかった「生産の高度化」が齎らされた。こうした高度の（精度の高い）生産は、研究開発に多額の投資を必要とする「知識集約的」製品を中核とするが、その一つの特徴は、製品の生産コストの中で直接費用の占める割合が格段に低下することである。すると、一つの技術開発で一連の新商品が生まれることもあり、その開発コスト（間接費用）を個々の商品に如何に配分して回収するかは恣意的・便宜的なものになる。また商品として市場に出されるものも単純な製品ではなく、複雑なシステムとして多数の製品が組み合わされ、技術的なサービス(情報)とも抱き合わせでなければ消費できないものもある。(例えば国際市場で熾烈な「売り込み合戦」を繰り広げる新幹線の敷設や大型航

空機の受注などにそれが見られる。）また、そのため、一度市場に食い込めば、その後の部品調達や技術支援などで他者の競争を排除できる。即ち、「情報化時代」の生産物の最先端にあるのは、簡単に商品化できる使用価値ではなくなっている。クリントン政権初期の「戦略的通商政策」が問題にしたのは正にこのような点であった。

　しかし、それは商品市場の中枢に「結合生産物」以上に複雑で扱いにくい条件を導入することに外ならない。そのような文脈で、「資源の最適配分」や（厚生経済学でいう）「パレト最適」を約束する一般均衡解の存在（従って平均利潤則の妥当性）を証明することは、ほぼ不可能に近いと結論すべきであろう。だとすると、我々が今日その中で生活している使用価値空間が、「（狭義の）資本主義」という全面的かつ自律的商品経済の下に包摂しきれるものとは到底考えられない。そこには「価値法則」が支配しうる世界は存在せず、従って剰余価値生産も行われえないとせざるを得ないのが現実である。他方、既述のように、好景気と不景気の交替がすでに従来の「産業循環型」から「バブル＆バスト型」に移行しており、それは、労働力の商品化と技術革新との関係が周期的に「資本の再生産過程」を自動制御するという「人口法則」の作用も認めがたいと言うに等しい。要するに、今日の世界経済は、もはや「（狭義の）資本主義」をもっては処理しきれない生産力の水準を抱えているのであり、そこに19世紀的な経済学の原理をそのまま適用してみても、それは、現実を「あるがまま」に把握するのではなしに、それをひとつの牧歌的虚構に仕立てあげることにしかならない。しかし、社会的現実を歪曲し「夢のワンダーランド」として売り物にすることは、社会的強者が（政治的権力者や曲学阿世の助けを借りて）自己の不当な収奪過程を隠蔽し、社会的弱者を群羊のごとくマインド・コントロールするための常套手段である。実際、ケインズの権威を失墜させ市場原理主義に回帰した経済学は、「金融利害」のイデオロギーを補強するものであって、今日もなお「近代主義的終末論」に執着するアナクロニズムに外ならない。しかし、それに対峙する革命的マルクス主義といえども、宇野が継承するマルクスの「経済学批判」の意味を精確に把握することがなければ、結局は近代主義の呪縛を超克することができず、虚ろな「現代資本主義論」によって相手方の虚構をむしろ補強する結果に終わるしかないであろう。

さて、脱資本主義過程の第三局面で、産業利害から優位を勝ち取った「金融利害」は、市場原理主義という時代錯誤のイデオロギーを鼓吹することで、「情報化した社会」に経済的繁栄を齎すことができるだろうか。それは明らかに不可能である。何故ならば「金融利害」の武器は「カジノ資本」であるが、これは原理でいう「金貸資本」の亜種であり、本来的に「無軌道（measureless）」とされている。事実、近代以前には「高利貸資本」として収奪をほしいままにした。資本主義のもとでは「産業資本」の一部が「貸付資本」に転化して「金貸資本」の一面を継承しているが、一旦その枠外にでれば立ちどころにその収奪性が露わになり、経済活動に対して破壊的な役割しか演じない。すでに述べたように、「カジノ資本」が現代経済の活性化に立つのは「資産価格の高騰（バブル）」を演出できる限りにおいてである。若しそれができず、逆に資産価格を暴落させたり長期にわたってそれを低迷させたりすれば、金融と実物経済のデフレ・スパイラルを起し、その両者を崩壊に導く。投資銀行リーマン・ブラザーの破綻を契機に 2008 年の秋以降、世界経済はこの下降過程に巻きこまれた。しかし日本経済はバブルの崩壊いらい、特に 90 年代後半から、すでに長期的デフレに沈みこんで久しい。因みに、今日の「カジノ資本」を不用意に「金融資本」と呼ぶひとが多いが、後者は資本主義の「没落期」すなわち帝国主義段階で支配的であった資本形態であり、具体的には「ドイツ型」と「イギリス型」の二種に分かれる。ドイツ型は社会に散在する貯蓄資金を大銀行に集中し産業資金に転化し主として「巨大化した固定資本」の金融に当てるものである。イギリス型は、すでにロンドンのシティーに集中された貯蓄資金を国内で産業資金にするのではなく、海外投資として国外の経済発展に当てるものである。いずれの場合にも貯蓄資金は「資本化」されて実物投資に吸収され、その限りで資本家的合理性をもつ。これに対して「カジノ資本」は資本主義の「解体期」に現れるものであり、実物的「富」の生産は初めから収奪の対象であり、自らそれに携わることはない。当然その無軌道な収奪性を自ら抑制する能力ももたない。今回のサブプライム危機では、「カジノ資本」のそういう側面が表面化したのである。それは、状況次第で、資産価格の高騰を煽ることができるように、それを一気に下落させ、そのさい巻き添えにした実物経済を長期の不況に低迷させることもできる。

　だが、こうなった場合には、民間経済の力だけで景気を回復すること
は不可能であり、政府部門による「超大型の財政出動」が不可欠になる。
ところが、その財源は命令通貨の発行にまつ以外にないことになる。何
故ならば、追加的増税も国債発行も更なるデフレ効果しかもたないから
である。しかも、潜在的生産能力を生かし、社会的に供給でき需要され
る規模の商品を流通させるのに必要な通貨は、銀行制度を介して創造さ
れ供給される「信用通貨（credit money）」では間に合わないからである。
デフレとは、信用収縮によって商品の購買手段としての通貨が不足する
ため滞貨が生じ経済活動が不振になることである。人体にたとえれば重
度の貧血症であって、輸血を要すると言うことである。たとい「資金（遊
休貨幣）」が余っていても「通貨（活動貨幣）」は欠乏するため商品が流
通せず、経済活動が停滞する。このような状態に陥ってもなお市中に通
貨を供給しうる唯一の手段は、「国の予算」を介して行われる財政支出
でしかあり得ない。だから、今日、我が国をはじめ世界各国が置かれて
いるような現状では、国家（政府）による「命令通貨の発行」が不可欠
なのである。ところが現時点では、それに対する抵抗が著しくかつ執拗
である。それは、近代主義イデオロギーの呪縛が未だに強力に残存して
いることを示している。我々は先ずその魔力に打ち勝たなければならな
い。そうしなければ、この世界的大不況から救済される道はないからで
ある。だが、主権国家の通貨発行権を認め、必要な時にそれを行使でき
ることは、命令貨幣をベースとする「管理通貨制度」のあるべき姿がす
でに完成しているのと同義である。そして、それは同時に、商品経済の
自律性への盲目な依存をやめ「意識的に」（狭義の）資本主義に終止符
をうつことである。ここに至って人間社会は、ようやく新たな歴史社会
への道を切り開く第一歩となるであろう。

第7章
資本主義の「発展段階」とは何か
──段階論の方法

〔初出〕
Uno Newsletter 第2期第22号 所収
2017年10月16日

Rアルブリトン宅で定例的に開催されていたカナダ宇野理論
研究会メンバーとの集合写真（著者左端）

第7章 資本主義の「発展段階」とは何か
──段階論の方法

I.〔はじめに ─純粋化された経済学原理と具体的な経済史〕

　宇野弘蔵が「資本主義」という言葉を使う時、その殆どはマルクスの「資本家的生産様式」を略してそう呼んでいる様である。そうだとすると、それには「(狭義の) 資本主義」とか「(近代の産業) 資本主義」とかいうように、何か限定する言葉を (少なくとも頭の中で) 添え加えた方が賢明かもしれない。と言うのは普通、経済史家が Kapitalismus という場合、その概念はもっと広く、ヨーロッパで 14 世紀頃からあちこちに「都市」が勃興しはじめ、Stadt Luft macht frei (都市の空気は自由にする：ドイツの格言) などと言われた状態からの、いわゆる früh-Kapitalismus もそこに含まれるからである。これに対し宇野の「資本主義」やマルクスの「資本家的生産様式」は、「囲い込み」などによる原始的蓄積や絶対王政の形成による「天下統一」を経て漸く始まるものと理解すべきであって、その場合の「資本主義」は、17・8 世紀の英国に始まり WWI (第一次世界大戦) で終わる「近代の産業資本主義」のことである。即ちカール・ポランニーが、第一次大戦とともに幕を下ろした「19 世紀的文明」と呼んだものである (ここで彼が「19 世紀的」というのは「18 世紀末の産業革命を経て 19 世紀に成熟した」という意味である)。こう考えると宇野の「資本主義」には、中世後期に都市が勃興すると同時に相当程度の商業活動が発達しつつも、未だ全般的には封建的な旧社会の残影が濃厚に残る時代は含まれていないのであって、当然その時期には「(宇野の意味での) 資本主義の初期的発展段階」に当たる「重商主義」はまだ始まっていないことが明らかである。「本来の資本主義」は、封建的な旧社会から見れば寧ろ「辺境」に当たる英国で、旧制度の確立が不徹底であったがゆえに萌芽しえたのではないかという見解を強く持っていたように思

われる。更にまた、その英国においても、ギルド制度などの影響が強い都市中心の商業ではなく、寧ろ農村における自生的な（「農工分離」に基づく）家内工業を「前貸し問屋制度（putting-out system）」という形に組織して利用することで、頭角を現した「商人資本」による資本蓄積の様式に「重商主義段階」の特性を見ている。実際、そういう商人資本が 18 世紀末の「産業革命」と「市民革命」を先導し、19 世紀に開花する「近代（産業）資本主義」への道を拓いたのであるから、この判断は妥当であろうと思われる。「商人資本が支配的である」ということは、「まだ産業資本が存在しない」という意味ではない。仮令それが存在していても、支配的なのはまだ商人資本の方だというのである。旧社会の朝貢貿易などに纏（まと）わり権力者の保護を受けた大商人の活動は、必ずしも直接には「近代化」につながるものではないが、重商主義の保護政策にはその影を強く残している。そこには旧商人には新商人の結託も見られ、そうしたことが、この時代を一元的に理解することの難しさを物語っている。この点について、私が最近の文献として特に参考にしているのは A.K. Smith, *Creating a World Economy : Merchant Capital, Colonialism, and World Trade, 1400 - 1825* の前半である。これは Immanuel Wallerstein などの影響下に書かれたものだから、世界経済の「中心と辺境」という視点に拘っているが、その点も含めて興味深い。

　宇野は「原理論的規定」と「段階論的規定」とを区別している。両方とも「理論的規定」ではあるが、それぞれの場合に「抽象のレベル」が異なるという点を理解しなければならない。具体的には「近代的ブルジョア国家」の政策が、資本主義の発展段階に応じて、「重商主義的」か「自由主義的」か「帝国主義的」かに区別される場合と、それら（発生・成長・爛熟の）「発展三段階」を通じて「資本主義一般」を対象にする場合が区別されるのである。しかし「資本主義一般」という概念は宇野にはなく、むしろ「純粋資本主義」という発想を強調しているが、これは「論理的かつ厳密に（と言うのは、主観的で感覚的・感情的な表象を一切省いて）」再構成（または総合）した「資本主義の概念規定・定義」という意味である。この点は以下で更に論じる。しかし資本主義の発展三段階についても、「これは外部から観察して主観的（印象的）に periodize（時代区分）したものではない」と宇野は何度も断っている。そうではなくて、実際

にそれぞれの時代を代表して現存する商品(具体的には、羊毛製品、綿製品、鉄鋼製品)が物質的に(使用価値として)異なるということに基づいているからだ、と言う。これはどういう意味であろうか。それは、同じ「資本主義」だとは言っても、そういう制度的「外皮」(あるいは経済組織の形式)の論理に「包摂」される人間社会の「実質的経済生活」というものが別にあって、その中身を見れば、それは「使用価値的に」全く異なったものでありうる、ということである。純粋に理論的な経済原論のなかで「商品」といえば、それが鉄鋼材であろうと毛織物であろうと特にその素材によって区別はしない。同じ商品だが名前とか番号とかで区別されただけものだ、という話に過ぎない。即ちこの場合は、商品の使用価値が「名目化(nominalize)」されている。またそうしなければ、如何なる場合にも経済学的な理論も展開はできない。生身の使用価値に拘っていたのでは、純粋な資本主義の商品経済的な論理は見えてこないからである。だが他方で、経済史の対象となる人間社会の「実質的経済生活」という面を考えれば、それは具体的に特定な使用価値(concrete-specific use-values)を無視してこれを語ることはできない。そこには「生(ナマ)の」使用価値が、その全面的な多様性と具体性をもって現れるのである。このようにして、極限的に純粋化された「経済学理論(商品的論理)の空間」と、何処までも具体的な「経済史(実質的経済生活)の空間」とは、謂わば、両極端であって、これらを媒介するには「中間理論」が必要になる。それが宇野のいう「(発展)段階論」なのである。何故ならば、そこでは代表的(典型的)な「使用価値」が、毛織物・木綿製品・鉄鋼材といった「類型的な」形で、それぞれ「資本主義の発展段階を画するもの」として登場するからである。それぞれの代表的使用価値は、当然その生産方法や技術、商業ないし産業の組織、代表的な資本による蓄積様式などの点で、その時代に応じて特徴的な商品を代表し、異なった資本主義の「発展段階」を画するものとなる。これらの発展段階や、それと対応する使用価値の種類とそれに基づく実質的経済生活を「類型 type」として区別することに宇野は些かの異も唱えていないが、それは Max Weber の Idealtypen(理念型)のように経済学者が主観的・恣意的に決めたり考案したりすべきものではなく、現実の歴史がそれを示す(代表する)事実を淡々と確認すべきだと言うのである。

処で、マルクスの経済学は「古典派経済学を批判するものだ」というが、ここで彼が「古典派経済学」というのは、「イギリスではペテイに始まりリカードに終わり、フランスではボワギュイユベールに始まりシスモンディに終わる」というものであり、近代社会の下部構造である「資本主義経済」の内的論理ないし「運動法則」の一端を明らかにするものだと言う。それをしない経済学者は、仮令マルサスとかセイとか J.S. ミルのように有名であっても其処には含まれないらしい。（これに対し今日の「近代経済学」がケインズに倣って「古典派」というときの概念はこれよりもズット広く、「限界革命」以前の主な経済学者の殆んどすべてを含む。）この「古典学派」は、資本主義的（商品経済的）に組織された人間社会の経済をその「理想像」と捉え、総べての人間社会が究極的にはこれに到達しこれを達成する、という終末論 end-of-the-world faith 的思想を抱いている。即ち Polanyi のいう self-regulatory market（自己調節的市場：仏訳では marché auto-régulateur となっている）をイデオロギー的に信仰している訳である。どうやらアダム・スミスは、自分よりも一世紀ほど前のヨーロッパで活躍した哲学者 Leibnitz の「予定調和論」を念頭に置いて「経済」を考えていたような節がある。『国富論』と『道徳情操論』に其々一回ずつ Invisible Hand（見えざる手）という表現が出てくると言う。これには "of Providence（神の）" という言葉は必ずしもついていないが、神が人間社会のために予め available（利用可能）であるように準備（provide）して下さった「ご配慮」によるものであり、我々はその神の「見えざる手」によって其処に導かれる、という信仰が暗示されているのである。ライプニッツの単子（monad）はそれぞれが小宇宙であって、各自の自由意志で行動するが、それでも大局的には「神の見えざる手」による全体的調整によって、予定調和（最近の言葉では「パレト最適な一般均衡」）を実現する、という発想である。実際、今日の数理経済学によると、誰にでも納得できる幾つかの前提の下では、「完全に競争的市場」は「パレト最適である」ことを証明できると言う。重要なのは、これが資本主義の自動的な自己調整によって（あたかも神業のごとくに）達成されるのであって、人間の小賢しい運転技術によるのではない、という点である。

その後、リカードの教えを経てスミスの伝統を継ぎ深化した古典派経済学は所謂「転形問題」を上手く説明しきれなかったために崩壊して、

「左派（Ricardian Socialists）」と「右派（Smithian Harmonists）」とに分裂したと言う（Wicksell）。左派は「リカード流の社会主義者」と称して「富の分配問題」を重視し、そのために労働価値説に固執したが見るべき成果を上げずに解体してしまった。最近、Sraffa の業績をベースに neo-Ricardians として復活する兆しをみせ、「レオンチェフ型の労働価値説」を再興しようとする傾向もあると言うが、定かではない。これに比べて、寧ろ「右派」の方が基本的には優勢で、スミスの「予定調和論」に執着する一方で、手っ取り早く労働価値説を放棄し限界効用学説に乗り換えることによって「新古典学派」として再出発したため、今日では「近代経済学」の主流に収まっている。即ち今日の近代経済学は、基本的にワルラスの一般均衡理論をその出発点としている。然し、これだと（紆余曲折を経ても）結局のところ「価値論抜きの価格論」しか残らず、資本主義や自己調節的市場機構が歴史的な制度ではなく、「自然」と同様に（その「物自体」はカントの言うように「不可知」であるが）人間社会にとっては永久に「不可避な」ものとして「運命的に」与えられたものだ、という結論を支持する結果にならざるをえない。（実際、今日の近代経済学では仮令 value という言葉が使われても、それは price のことを「気取って」value と呼んでいるだけのことで、それ以外に別に深い意味があるわけではない。）しかし、若し「資本主義」も「自然」と同じように、（認識できようができまいが）人間社会が飽くまでもそれと共存すべく神から授けられた運命であったとすると、これを勝手に変革したり廃絶したりすることは、「神の意志」に背くことになり無謀である。

　「資本主義」という人間が造った制度を、自然と同じように「神から授けられた恩寵（Providence）」であるかのように近代経済学者が錯覚し、（盲目的な信念をもって）資本主義の美徳を強硬に主張する根拠も、実はここにあるのである。マルクスや宇野の教えを受けた我々は、資本主義を「どこまでも歴史社会（transient society）」であり、それには「始めもあれば終わりもある」ことをハッキリと理解しておかなければならない。何故ならば、それがマルクス経済学と近代経済学とを根本的に分かつものなのであるからである。その点を単にマルクスのイデオロギー的な「目的論」にすぎない、などと言って済ませるのでは、宇野理論から何も学ぶことはできない。

Ⅱ.〔段階論の必要性〕

　さて以上の前置きをしたのち、此処での主題である『宇野・政策論』に話題を転じようと思うが、私が『政策論』英訳に付録として加えた「解説論文」は五年半ほど前に書いたものであり、今からみれば、内容も表現もとうてい満足なものとは言えない。然し、差し当たりは改稿する予定がないので、その中で指摘した幾つかの問題点からここで話題にできたらよいと思うものを幾つか選んで再度、反省し考察してみようと思う。先ず予め述べておきたいのは、『宇野・政策論』が「段階論に関する古典的な典拠」と見なされており、Uno Schule では当然その「必読文献」になっているにも関わらず、読者各自がそこからどういうメッセージを汲み取っているかは、今日までのところ極めて不明確であり、果たして筆者自身の立場や解釈が、今日の読者から一般的な理解・支持を得られるかどうかも定かではない。だが筆者自身の立場は基本的に次のような解釈に基づいている。

　宇野原論のように、「純粋な資本主義の内的論理を総合（再構成）する」場合には、それが「商品にはじまり商品に終わる」と言っても（そしてこの命題は明らかに正しいが）、「その商品」は明らかに価値の面からみた商品であって、古今東西、人間社会の「実質的経済生活」を支える絶対条件となっており、極めて多様で具体的な、「あるがまま」で「生の」使用価値を持つ商品とは言えない。そういう実質的な内容はむしろ剥奪され、単に「名目的な」使用価値を持つ商品が念頭におかれるようになっている。ソモソモ経済学の「理論」にとって商品の使用価値はその実質的（素材的）内容を予め消去されて空虚なモノにされ、番号とか名前でのみ区別される「名目的な」形態としての使用価値が問題にされているのである。使用価値の面から直接に商品の研究をするのは、商学部の「商品学（Warenkunde）」などにおいてであって、経済学部でいう「経済学理論（economic　theory）」ではない。経済学では「資本の商品経済的（commodity-economic, or mercantile）な論理」を中心に据えて研究するのだ

から、当然そうならざるをえない。然しながら、われわれ人間の社会が現実に営む「実質的経済生活」では、商品の「空虚な名前」が問題なのではない。そこには人間社会が営む経済生活の「具体的な内容」が問題なのである。だから「経済史（現状分析）」の立場から見れば、当然それを支えている「極めて多様で、豊かな内容を持つ使用価値群」が直接に問題になるのである。

「原理論」が問題にする「名目化されて内容が空虚になった」使用価値群と、「経済史」で直接に問題になる「多様で豊かな内容をもつ」使用価値群とを媒介するには、当然「類型 (type) としての使用価値」というものが「中間項」として考えられなければならない。そこで資本主義の理論と歴史を媒介するためには、羊毛製品・木綿製品・鉄鋼製品のようにその三つの発展段階に対応して、それぞれに固有で代表的な使用価値を持つ商品に登場して貰わなければならないのである。これは問題の性質上、当然そうなるのであって、別に Max Weber の Idealtypen（理念型）を真似したものではない。それにも拘わらず、通俗な学者や評論家が、自分の「段階論」をしきりに Weber の Idealtypus と関係づけたがるのを宇野は大いに嫌い、不快感を示したり軽蔑したりもしていたようである。原理論の中では商品の使用価値が「中性化・名目化され、骨抜きにされる」のが寧ろ当然であるが、他方、資本主義の具体的発達史そのものは、羊毛・木綿・鉄鋼という実在する三商品をそれぞれの段階の代表的（支配的）商品として（即ち ideal type ではなく material type として）提示しているのである。更に言えば、経済学研究そのものが、実質的経済生活という「素材面」（内容）とその組織・運営を掌る「形式・形態面」（外皮）とをもち、常に「両者の関連」に注意を払わなければならないことを要請しているのである。特に、古典派経済学がこの点を曖昧にし、しばしば両面の区別をさえ怠っていること、そして通俗な「マルクス主義経済学」もその区別に十分の関心を抱いていないことに 対する宇野の批判的な立場が、彼の「段階論」のソモソモの根拠となっていると思われるのである。

然し、一歴史社会の下部構造をなす「資本主義」の研究には「段階論の必要性」が発生するという事実が、経済学で明らかにされるまでには、かなりの長い時間がかかっている。マルクス自身が、経済学の研究に特

に没頭したのは、1850年代から1860年代にかけての時期で、そのころの資本主義の発達は「自由主義段階」の真只中にあり、英国の綿工業がその最盛期にあって世界経済の中核をなしていた。1860年に英仏間で締結された通商条約 Cobden-Chevalier Treaty は画期的な内容をもつものであり、それは「工業を独占する英国（エンゲルス）」を中心国として、それに食料や原料を提供する農業国や途上国がそれを「周辺で支えている」という構図で、世界貿易が最も徹底的に「自由化」した時期でもあったと言う。それはイギリスという中心国において、世界の資本主義がその「純化傾向」を最も明確に提示した時期でもあった。言い換えれば、中心国イギリスにおける実質的経済生活の指標となる使用価値空間（$x_1, x_2,....., x_n$）が最も nominalizable（名目化可能）な（或いは最も nominalized されたのに近い）要素で構成されようとしていた時期でもあった、と言うことができる。それはまた1845年にエンゲルスが彼の有名な著書『英国労働者階級の現況』で描いたような状態で、大局的には未だ「労働力の再生産」が行われ続けていた時期でもあったのである。こうした情勢を肌で感じながら、マルクスは古典派経済学を批判し、自ら『資本論』の経済学を目指していたのであるが、恐らく自分で意識していた以上に、現実に進行する「資本主義の純化傾向」を感じ取っており、それ故にこそ、古典派経済学のお目出度い牧歌的な側面を的確に批判することが出来たのであろう。しかし、そのマルクスは1883年に没しており、晩年にはもはや経済学以外にもその知的関心を広げていたという。他方、資本主義の発展段階は、その頃すでに自由主義から帝国主義に移りつつあったが、その点について何らかの確定的な判断を下すにはまだ若干、時期尚早であったかもしれない。これに対し、宇野がマルクスの遺業を受け継いだのは「戦間期」であり、既に Hilferding や Lenin によって自由主義に次ぐ「資本主義の最後の発展段階」としての帝国主義の到来を見ていたし、その結末としてすでに WWI（第一次世界大戦）が「資本主義の終焉」の兆しをさえ見せていたことも「漠然と」かもしれないが十分に悟っていたのである。ただ宇野は Polanyi と違って「19世紀文明はこれで終わった、爾後の人間社会には大転換あるのみである」とまでは言い切らなかった。それはロシヤ革命や第二次大戦以後の「世界経済の進路」についての欧州人と日本人のもつ感触の差であったのかもしれない。同

じことを感じながらも宇野はもっと慎重で懐疑的だったかも知れない。そのことが、実際にはポランニーと同様にWWI以後の資本主義が、もはや「国際的金本位制度」も「自己調節的資本主義市場」も戦前回帰によって復活し得ず、従って「帝国主義」に次ぐ第四の「発展段階」などは持ちえないことを十分に納得しながらも、あえて「預言者的な明言」を躊躇ったのではないかとも思われる。

　それは兎も角、マルクスは帝国主義の確立を見る前に没しているのだから当然、「段階論」の発想には至らなかった。これに対しHilferdingやLeninはいずれも20世紀の初頭まで生きており、帝国主義の限界までをも容易に見据えることができたが、二人とも「段階論的規定」を直接に「原理論的規定」から導きだそうとして失敗している。それは、綿工業を中心とする軽工業レベルの「自由主義段階」から、鉄鋼や石炭を中心とする重工業レベルの「帝国主義段階」を理論的に（というのは、使用価値を名目化して骨抜きにする「価値ベースの推論」で）導きだすことは基よりできない相談だったからである。明らかに「使用価値的環境」が一変していることが問題であるにも拘わらず、である。それを別の言葉で表現するならば、単に「量的な技術革新」ではなく「質的な技術革新」が資本主義の発展段階を切り替え進展せしめたのである。ここで「量的な」技術進歩というのは、例えば同じような紡績機械に装備してある紡錘の数を50個から100個に増やすと言った程度のものである。これなら「資本の有機的構成が上昇して生産力が倍増した」と言う程度で話を済ませうるが、その時代の支配的産業が「繊維」から「鉄鋼」に移行するような場合の技術変化は「質的（transformational）な」ものであり、単に諸産業で有機的構成がどうのこうのと言って済ませうる問題ではない。この場合には従来、無数の小企業が完全に自由競争関係にあったものが、少数の大企業が相互に寡占的競争関係に立つのである。その背景には、「使用価値条件が質的に一新している」という事実がある。資本主義の発展段階が変わるときには、「理論の想定するパラメーター」が全面的に変化するのだと考えてもよい。（同様なことが、国の製造業の中心が「農村の家内工業」であった重商主義段階から、産業革命を経て、都市周辺に乱立する「無数の競争的小工場」をベースにする自由主義段階へ移行した場合にも言えた）。そのことを最初に明確に悟ったのは宇野弘蔵で

あった。然しこの場合、資本主義の発展段階が前進したからと言って資本主義そのものが滅亡してしまったわけではない。何故かと言えば、資本主義の総需要と総供給を調節する「マクロ的人口法則」も、資本主義の産業諸部門間の資源配分を調整する「ミクロ的価値法則」も、いまだ不完全とはいえ、大局的には自動的に貫徹することを止めていないからである。（実は人口法則で「労働力の価値」が決まらなければ価値法則も完全には証明できない。言い換えれば、資本家的な労使関係が労働市場で自動的に処理され続けうる限り、資本主義の発展は続くのである。）修正主義者はその点について全く盲目であったし、今日もそれは変わっていない。しかしこの二つの基本的な経済法則が、もはや資本家的市場で自動的（auto-régulateur）に機能しなくなった時、資本主義は最早や新たに如何なる新たな発展段階をも形成し得ず、その「解体期」すなわち「脱資本主義過程」に入ることになるのである。それは第一次世界大戦を経てから後のことであった。アメリカにおける Fordism が確立してから後である。

Ⅲ.〔ブルジョア国家の経済政策〕

　次に問題にしたいのは、解説論文では中頃の諸節に書いたことだが、ブルジョア国家の経済政策は、モトをただせば遥か昔のヨーロッパで、まだ資本主義が確立する以前に、随処で「関所 (toll gates)」のようなものが設けられてヒトやモノの流れを規制した、という事情に遡る。もともと地域的に独立した「荘園」などで営まれていた経済生活が、或る程度まで発達すると、ヒトやモノが動くことによってこれを広域化しヨリ豊かなものにすることができるようになるが、今度はそれに対応して、要所々々に関所のようなものが設けられ、通行料を取ったり運ばれる商品に課税したりする習慣も発達する。然し、そのようなものが、あまり無軌道に叢生したのでは、広域商業をむしろ阻害することになるので、各地の広域権力者と移動商人が次第に「結託する傾向」が産まれ、やがてそれが天下統一の気運を醸成するに至るが、最終的には絶対王政

に基づく「国民国家 (nation-states)」の成立に繋がるのである。これが間もなく「ブルジョア国家」に成長するのであるが、それは先ず領域内の「関所」を廃止して、そこでの徴税権をすべて王権のもとに統括する。これが近代的税制や財政の起源であると考えても良いのではないかと思われる。関所のイメージは、今日では高速道路の料金徴収所くらいにしか残っていないが、港湾地域や空港には未だに「関税局」の存在が物々しく残っている。それは国際的な通商関係が今でも現代国家の重要な責務になっているからである。また先進国以外では、いまだに財政収入の主要部分が関税である国もいくつか存在する。それは最も低コストで徴税できるのが国境であるような国が、未だに少なからず残存しているためである。要するに可成り発達した国でないと、直接税よりも間接税のほうが確実に徴収できるのであって、ブルジョア国家の税金はもともとcustoms and excise（関税と内国消費税）と言われていた。このような事情を思い浮かべると、ロスドルスキーがその『資本論成立史』のなかで「マルクスの1857年プラン」と呼び、もともとはマルクス自身が自分の「経済学研究プラン」として構想し Grundrisse（『経済学批判要綱』）のなかに提示していた五部門のうち、(1) の「一般的抽象的な諸規定、したがって多かれ少なかれすべての社会形態に…見られる諸規定」と (2) の「ブルジョア社会の内部の仕組をなし、かつ基本的諸階級の基礎となっている諸カテゴリー。資本、賃労働、土地所有」の内容は、大体において現行『資本論』三巻のなかに収まっているが (3) の「ブルジョア社会の縮図としての国家」と (4) の「国際的生産関係等」という二部分はそれをはみ出している。然るに、この二部分の内容がどうも宇野の『政策論』の内容とほぼ一致するように思われるし、後に宇野自身が、自分の『経済学方法論』で述べている点とも整合的である。つまりこれらの主題は「原理論の問題にはならないが、だからと言って単に現状分析の対象としたのでは十分に理解しきれない」という発言も、この見解を裏付けるもののように思われる。

　だとすると、これはブルジョア国家が「段階論レベル」で成すべき最低限のことを、彼の『政策論』が示していると考えてもよいのではないかということになる。それは「国民国家」という carapace の重要さを物語る。（この carapace というのは、元々はエビやカニの「甲殻」のことだ

が、スミスのように「夜警国家」(nightwatchman state) とまでは言わないまでも、一般に「ブルジョア国家」のように最低限（minimalist）の法的・行政的権力機構として、安全かつ健全に国内の経済活動を保護できる枠組みを一般的に表現するのに適した言葉かも知れないと思う。) すなわち、ブルジョア国家が成すべきことは、資本の自発的な活動を直接に規制したり制御したりするのではなく、寧ろ裏方に回って、その段階を代表する資本 (representative and / or dominant capital) の蓄積過程が、最も十全にその能力を発揮できるような言わば「舞台装置」を整えることにある。表に現れるのは、あくまでもその発展段階を代表する「典型的（代表的かつ支配的）な形態の資本」であり、ブルジョア国家ではない。後者は舞台裏から前者の「演技」に支障が起こらないように（裏工作をして）援助するだけである。だからブルジョア国家の政策は、今日考えられるような「産業政策」よりは遥かに謙虚かつ小規模で、主として商品の流通に介入する（河川であれば、その水流を「堰き止める」のではなく適当に誘導し蛇行させる）「課税と補助金の組み合わせ」という形になり、特に「国外との通商」に関与するものに代表される。実際、宇野の『政策論』でもその殆どが「通商政策」の話である。これを一般的にいえば、ブルジョア国家の本領は「課税と補助金の組み合わせ（tax-subsidy combinations）」をもって商品の（生産過程ではなく）流通過程に介入し、これを規制することにある。ところが、これは近代経済学の方では従来 welfare economics と称される部門に一任されてきた問題で、ケインズのマクロ政策に対してミクロ型の政策の部門として（A.C.Pigou 以来、特にシカゴ学派で）精力的に研究されてきたものである。そこでは「従来（市場にたいして）「外部性」と見なされてきたものを改めて「内部化」する（internalize externalities）」という名目で市場を調整し、その歪を矯正するという。宇野が「資本主義の下における経済政策」と理解するものは、この種のミクロ・ポリシーに近いものと考えてよいのではないか。ちなみに『政策論』の序論では、後に「厚生経済学」の専門家として著名に成った熊谷尚夫教授の著書『経済政策理論の展開』からの短い引用があるが、私の知る限りそれ以外に宇野と「厚生経済学」との接点は認められない。

IV. 〔原論的規定と段階論的規定の区別〕

　次に原論的規定と段階論的規定の区別についてどう考えるかという問題に再び戻ろう。「商人資本」と「産業資本」については同じ言葉が、時には「原論のコンテクスト」で時には「段階論のコンテクスト」で使われる。商人資本というのは「安く買って高く売る」という資本の運動形式であるから、原論のコンテクストでは「価格差」があるところなら何処ででも利用される。地域的な価格差であれば裁定行為 (arbitrage) を、時間的な価格差であれば投機行為 (speculation) を引き起こす。特定な事例に限らず一般的に予想される商人資本の行為にほかならない。つまり譲渡利潤 (profit upon alienation) を追求する資本家的行為である。然し、段階論では、もっと具体的な地域的価格差の故に、例えばアジアや北米の特産物がヨーロッパに運ばれるとか、逆にヨーロッパの物品が北米やアジアに運ばれて、遠距離の大商人に著しい貨殖の機会を造りだす。またそれより近距離商業でも中小商人の活躍は目覚ましく、特にイギリスの羊毛生産が、先ずは羊毛そのものを当時のヨーロッパ大陸で既に盛んであった毛織物工業の原材料として輸出していたが、その後、英国の農村家内工業が発達すると、その生産物が様々な羊毛製品として国内外の需要にこたえて各地に発送されるようになった。これも国内の「前貸し問屋制度 (putting-out system)」で生産されたものが、具体的な商人資本 (特に clothiers・織元) により高価で各地に発送され、販売されることにより、有利な価格差を稼ぐ機会を得るという事実があった。他方、商人資本による迅速な裁定によって、もはや殆んど価格差がなくなった後でも、既に労働力が商品化していれば産業資本が、どの産業分野ででも剰余価値生産をできる筈であるが、実際にはそういう方向の中で、自由主義段階のイギリス綿工業が世界中で圧倒的な成功を収め、その生産方法が、あらゆる産業資本のモデルと目されるようになった。そのため原論で理論的に説明される「協業・分業・機械化」という三要素で構成される所謂「資本家的生産方法」も、具体的には 19 世紀のイギリス綿工業をモデル

とするものであった。

　この場合、19世紀中葉のイギリスで支配的であった綿工業には特別の事情が重なることになる。それは、自由主義段階の（特に当時の国際的な自由貿易を前提とする）資本主義を代表する加工型製造業として「産業資本」の活動を典型的に例証するものであったばかりでなく、それが同時に資本家的生産様式の「純化傾向」をも持つことによって、産業資本の活動が原理的にも基本的で主要な資本形式であることが明らかに示されたのである。即ち、19世紀中葉のイギリスおける綿工業は、資本主義の最も健全な発展段階を画したものであるばかりではなく、それが提示した「純化傾向」のゆえに、資本主義の「論理（原理）的規定」をも根拠づけるものであったとも言える。ところが資本主義をその下部構造に持つ社会は「歴史社会」であり、即ちその社会は歴史的に一過性であるから、当然、我々の歴史の中にその「始まる時」と「終わる時」を持つ。言い換えれば資本主義は歴史的に一種の「成長曲線」を描きつつ存在する。若しそうだとすれば、それは必ず鞍点を持つ。この点までの成長は加速するが、それ以後は減速する。資本主義の「純化傾向」というのは「この鞍点における最高速度が維持できた場合を想定する」ということであるから、それは実際には達成されていないが、極限的には達成できるものと「想定できる状態」でもある。宇野が「純粋な資本主義を想定する」と主張したのは、その下部構造を資本主義とする社会が「歴史的な社会」であると言明するのと同じことである。即ち、資本主義が歴史的に一過性であること、従って歴史的には成長曲線を描くこと、及びそれゆえにその純粋な姿を想定しうるということはすべて同義である。だから、これを根拠に「資本主義を論理的に規定すること」も「資本主義を経済学理論によって論理的に総合し理解できること」もできるのであって、その一面を否定してその他面を主張することは（形式論理的にも）不可能である。資本主義が（hard として）歴史的一過性である限り、宇野の「純粋資本主義論」は必ず（soft として）存在する。これを批判する人は先ず自分が自家撞着に陥っていないかどうかを確かめる必要があろう。そもそも観念論に対する唯物論では、現実の抽象（純化）傾向を「模写」してのみ観念的抽象が許されるのであって、現実そのものが抽象化（純化）しないのに、理論家が勝手に抽象化（純化）を想定することは許さ

れない（このことを宇野は「方法の模写」と表現している）。

　この点は次節で更に論じることにして、次に帝国主義段階を代表する「金融資本（finance-capital）」なるものについて考えると、そこでは若干、事情が異なる。普通、これを原論で言う「金貸資本（money-lending capital）」と関連付けることは行なわれておらず、むしろ「利子付き資本（interest-bearing capital）」がこれに対応するものと考えられている。それは恐らく金融資本の主戦場が株式市場であったことに拠るのであろう。しかし原論の中での「利子付き資本」はあくまでも観念的（notional）なものであり、「資本弁証法」の第三部をなす「分配論」においてもその最終段階で、定期的収入を「生み出す」所有物〈私有財産〉の資産価格を算定するという手続きとして「資本還元（capitalize）」という方法が説明されるのである。即ち「資本の商品化」も「私的土地所有」と同じ手続きで商品化されるのである。ところが、実際に産業資本による「個人的生産企業」が株式会社の形態を採ることは原理的には（使用価値群が「名目的」である限りは）想定外であり、マルクスもその点を「資本家的生産様式そのものの限界内における、私的所有としての資本の止揚である」などと言い現わしている。これは資本家的生産様式にとって本来は外部的なものである土地所有を許容し正当化するためには、観念的にでも土地価格を資本家合理的に設定しなければならず、そのために資本還元の手法を導入したのである。然し土地は生産物でもなければ価値物（商品）でもない。それゆえ理論的に「定期的な地代収入」を資本還元して土地価格を設定しても、それはもともと観念的な操作に過ぎず、資本はそれで合理的な不動産の売買ができるような資本家的市場を現実に形成したり管理できたりするわけではない。従って純粋な資本主義の中では、土地の売買は極めて例外的なもの（実際には手広く行われないもの）と見倣さなければならない。同じように土地以外の私有財産も資本還元によってその「資産価格」を観念的に設定できるからと言って、それだけで合理的に資本の証券化(特に株式化)ができるわけではない。（純粋資本主義のもとでの資本は、常に「商品資本」、「貨幣資本」あるいは「生産資本」としてしか存在しないわけである。）それ故、帝国主義段階における重工業の下で「固定資本の巨大化」が産業資本の株式化を必要とするため、株式市場が急速に発展し、其処で「金融資本」に大活躍の機会を

与えたことも、原論から見れば最早やその限界を逸脱し始めた兆候と認めざるをえない。実際に、少数の大株主が多数の分散した小株主の資産を「事実上、乗っ取って私物化する」という金融資本の常習的な行為は、原理論で「表向き」には認められていない。それにも拘らず実際には、こういう「金融資本」の活動を認めなければ、資本主義は「固定資本の巨大化」には対処できない。これは資本主義の「不純化」{没落}「不均等発展」「帝国主義戦争の不可避性」を順次もたらし、未来の資本主義があるべき姿を否定する傾向となって現れる。私がここで言いたいのは、「帝国主義」という資本主義の最後の発展段階において主役を演じる「金融資本」は、既に原理的には「限界的」なものであり、いつでも邪道（原論破壊的）なものに転じうる、ということなのである。その結果「帝国主義国家」はいつまでも「ブルジョア社会の縮図」にとどまることができず、むしろ「戦争準備国家」に変身せざるをえない。その結果、当然のことだが、帝国主義は WWI でその命運を絶たれる訳であり、ポランニーの所謂「百年の平和」も、それをもって終結することになる。以上は一見、パラドクシカルに聞こえるかもしれないが、資本主義を歴史的なものと認めながら然もその論理を解明しようとする我々の立場からは、その限界をこういう結論で表現する以外にないのである。即ち、資本主義は WWI 以後には更なる「発展段階」をもつことができず、ここにおいてその「解体期（即ち脱資本主義過程）」に入るのである。

Ⅴ．〔原理論の完成と社会科学の科学性〕

　他方、資本主義が何であるかを知らず、その考え方が依然として「自然科学摸倣的」な近代経済学では、経済学の理論を学生に教えるときに kit of tools という比喩をつかうことが多い。これは職人の「道具箱」という意味である。大工ならば其処に大工道具一式が入っている。料理人なら調理につかう包丁、植木屋なら剪定用の鋏、及びそのほか自分の作業に差し当たり必要なものが一揃い入っている。町医者が患者の家に診

察や治療に行くときも、必要な器具や薬の入ったカバンを自分で持ったり、看護婦に持たせたりして出かけていく。だから経済学者もそれに倣って、自分の分析に必要な概念や方法の道具一式を習い覚えておけば、与えられた分析対象に即して適切な「政策提言」を行うことができるようになる、というように教え込まれている。だが、果たして経済学の場合、その理論に関してこのように instrumental（道具的）な効用を前提したり期待したりすることが適切なのであろうか。第一そんなことが本当に可能なのであろうか。「科学的な理論は、人間がこれを技術的に利用することができる」という安易な考え方は、もともと「自然科学的」なものであり、それをそのまま拡大解釈して社会科学にも当てはめようという乱暴な通説は、「還元主義（reductionism）」とか「自然科学帝国主義」とか呼ばれることもあるが、私の意見によれば、これは全く何の根拠もない俗説であり、そうでなければならないという理由は、何処にも説得的に説明された試しがない。「この謬説を鵜呑みにして信仰している限り、経済学も社会科学もソモソモまともに発足することさえできないであろう」というのが、宇野弘蔵の一貫した信念であり、彼特有の学説の本来の出発点なのである。実際、宇野がこのような謬説に片時と雖も譲歩したと思われる証拠は何処にも見あたらない。むしろ宇野が東大の「社会科学研究所」の名称を英訳するときに単数の social science に拘ったのは、彼らしい「自然科学帝国主義」への抵抗とみることも出来よう。社会科科学には自然科学とは別の「科学性（真理性）」があるのであって、なんでも自然科学の猿真似をすれば、社会科学にもその「科学性」を保証されるという話ではない。そんな「子供騙し」に何時までも幻惑されていてはならない。自然科学の場合、その研究対象は「自然」であるが、その「自然全体」（大自然とか mother nature の意味で）は人類の発生より遥か以前に、何らかの big bang によって発生したものであり、その全面的な理由、目的、秩序、論理などと思われるものは、仮令（たとえ）あったとしてもそれは本来的に人智を超えるものであって、カントの言うようにその「物自体（Ding an sich）」は不可知（認識不可能）とすべきである。然し、その全体から適当に切り取られたミクロ的局部については、そこで規則的に繰り返される現象の反復を、厳密な観測や実験で確かめ $(a, b, c, ..., n) \rightarrow x$　即ち、「条件 $a, b, c, ..., n$ が揃えば、その結果、別の事象 x が生

起する」という因果関係を表現する命題を示し、それを仮設的に提唱することができる。そして、これを覆す現実の事態が認められなければ、差し当たりそれを科学的事実（真理）と認める。このような主張を積み重ねたものが、自然に関する我々の科学的知識を構成するのである。凡そ自然科学において「科学的真理」と認められるものはすべてこの形式による（so far so good（暫定的）な）命題であって、数学的定理と同じ形式をとる。何故なら、それによって「差し当たりよし」として既に確立された外の命題と矛盾しないことが直ぐに確かめられるからである。こういう「科学的」方法は、自然科学に関する限り全く正当であり、何の問題もない。然し、このような形式の命題を積み上げることでは、経済学や社会科学における知識のすべてを形成することはできない。

　確かに経済学でも、その部分的知識を数学的な定理の形で表現することはできるし、またそうすべきである。実際にワルラス的な一般均衡理論は、そのかなりの部分を数学的に表現することができている。従来は経済学における部分的理論（命題）を説明するのに、特定な数値を使って例証するだけであったのを、限界革命いらい数学的な定理としてヨリ一般的で厳密に証明することもできるようになった。言うまでもなく、それで経済学は大きな前進をした。然しそれで全ての理論が尽くされる訳では決してないし、それだけで「資本主義」という概念が十分に総合規定できる訳でもない。資本主義の「物自体」が形式論理（分析用の /公理的 / 同義反復的 / 論理 analytical-axiomatic and tautologial logic 等ともいう）だけで明らかにできるわけでもない。人間社会にとって（したがって社会科学にとっても）最も基本的な概念である「資本主義」は、自然とは違って、その物自体が不可知（認識不能）ではありえないからである。この概念は、数学を含む「形式的な論理」だけでは十分に認識できないが、総合的論理学（具体的にはヘーゲルの弁証法的「論理学」）によってなら、十分に把握できるものである。これを最初に悟ったのがマルクスの『資本論』であり、それを実際に証明したのが宇野の「原理論」に外ならない。

　私は、ずっと以前からヘーゲルの『論理学』と宇野「原理論」が密接な関係を持っていることを信じてきた、それ故に 30 年前に東信堂から自家出版した『資本弁証法』という著書でも、「資本主義の理論」と「ヘーゲル論理学」との対応関係を明示的に示そうとしてきた。しかし職業柄、

自分の専門でもないヘーゲルの『論理学』をあまり振り回すわけにもいかず、1997 年に出版した *An Outline of the Dialectic of Capital* では「ヘーゲル対照部分」を削除したのである。然し最近この歳になって、もう残すところ僅かになった自分の研究生活を振り返ってみると「やはりアレが正しかった」という確信を深めるに至った。宇野も自分の原論を「ヘーゲルの『論理学』に対応するものと意識して」書いたに違いないと思う。そうだとすれば、彼の原理論は一つの経済学理論であると言っても、自然科学的な「理論」（分析の用具）などとは全く異質なものでなければならない。寧ろ、資本をして資本主義の「物自体」を自らの「商品経済的論理」（のみ）に基づいて暴露して見せ、自己規定（定義）せしめたものだ、ということになる。また、こういう形で（弁証法的に）しか「資本主義」のように「複雑で総合的な概念」を論理的に把握することはできないのである。この点が明らかになるに及んで、我々は漸く宇野弘蔵が何を求めていたのかをも本格的に了解することができるのである。それは、仮令、「自然の物自体」が「不可知」であっても、「資本主義の物自体」は全面的に「可知」であると言うことに外ならない。ドイツの観念論哲学者のなかでスコットランドの道徳哲学に最も深く通じていたヘーゲルが誰よりも強くカントの「物自体論」に批判的であったのも理由のないことではない。ヘーゲルの『論理学』は絶対者の弁証法を説いたものとされているし、本人もそう確信していたに違いないが、実は彼すらも「無意識のうちに」資本弁証法の台本を書いていたとさえ考えられなくもない。Feuerbach の anthropomorphism（擬人化）を思えば、それも一概に荒唐無稽として一蹴できる訳ではないであろう。我々は屢々「思いもよらなかった事実を思い知らされる」ことがある。実際、我々は（無意識のうちにも）自分で資本主義を造ってきたのである。それは人間社会がその生活のために必要とし有用と感じる使用価値の多くが、他の方法で生産されるよりも「商品として」生産された方が容易で合理的である、という事態が歴史的な現実として形成されてきた時に、われわれは無意識のうちにも資本主義社会の到来を感じ、その形成に尽力し始めていたのである。だからこそ我々はその内的論理を完全に知り尽くし、それを超えることができる。原理論が完結するということは、「物質的条件が揃いさえすれば（実質的経済生活の必要とする使用価値群がますます名目的な

ものに近づく傾向が再現すれば)、何時でもそれを再生することができる、ということに外ならない。逆にその使用価値群が名目的に表現しづらくなればなるほど、その可能性は遠ざかるのである。

　宇野もよく承知していたに違いないヘーゲルの言葉に、wirklich（現実的）(real, actual) なものは vernünftig（理性的）(ratioanl, reasonable) であり、逆に vernünftig なものは wirklich である、というのがある。これは（物質的な条件さえ揃えば）論理的に総合できるもの、即ち（使用価値的条件が揃えば）自己完結的に認識できる経済学理論は、現実にも存在しうる、という意味である。即ち、何者かについて、その epistemology（認識論）が完結すれば、その ontology（存在論）も確立できるし、その逆もまた正しいということになる。宇野は恐らくこの論法で「原理論の完成」が論理的に「資本主義の存在」を証明する、と信じて居たのであろう。逆に、若し原理論が「理路整然と自己完結する」のでなければ、資本の内的論理に基づく資本主義も成立しない。だから、その場合には「資本主義」と言っても、それは無内容かつ恣意的で通俗な概念に過ぎず、資本主義の「物自体」は不可知なままに留まる。この論法で行けば、近代経済学のように、資本主義の研究を自然の研究と同じ方法で試みようとしても、それは単に盲目的な「資本主義擁護論」に終始するだけだし、それをイデオロギー的に批判する「マルクス主義経済学」の方も、その科学論的根拠をすでに信用を失った「弁証法的唯物論」の魔力に求め続けている限り、究極的には「無用なお喋り」の域をでない。真の経済学研究は、マルクスの「経済学批判」に始まり、ヘーゲル的に理解された宇野理論の中興に懸かっている。

【参考文献】
＊宇野弘蔵『経済政策論─改訂版』弘文堂 昭和 46 年 2 月 (Kôzô Uno, *The Types of Economic Policies under Capitalism*, Translated by Thomas T. Sekine, 2016, Brill)
＊ロマン・ロスドルスキー著　時永淑外訳『資本論成立史 1、1857－58 年の「資本論」草稿』 法政大学出版局　1973, (Roman Rosdolsky, *Making of Marx's 'Capital'*, Pluto Press, 1977.)

* Alan K. Smith, *Creating a World Economy, Merchant Capital, Colonialism, and World Trade, 1400 – 1825*, 1991, Westview Press.

* Thomas T. Sekine, *The Dialectic of Capital, A Study of the Inner Logic of Capital*, two vols. 1984-86, Toshindo Press, Tokyo (Shortly to reappear from Brill).

* Thomas T. Sekine, *An Outline of the Dialectic of Capital*, two vols., 1997. Macmillan Press.

第 8 章
現代経済における脱資本主義化傾向

〔初出〕
『経済セミナー』No.227
1974 年 2 月号

広島修道大学の 2004 年度第 1 回学術講演会 (10 月 22 日) で
講師を務めた著者 (左端)

第8章　現代経済における脱資本主義化傾向

はじめに

　今日の経済体制を現代資本主義とか国家独占資本主義とか、あるいは
また修正資本主義とかいう場合に、通常二つのことが含意されているよ
うに思われる。そのひとつは「現代経済が資本主義である」ということ、
もうひとつは「これが典型的な資本主義ではない」ということである。
そうだとするといわゆる現代資本主義論の課題は、今日の経済がいかな
る意味で典型的な資本主義を不純化し歪曲した結果であるかを論ずるの
でなければならないが、それにはどのような根拠が必要だろうか。この
ようなことを主張するには、何らかの意味で典型的な資本主義の概念が
明確にされ、それとの関連で現代経済の諸相が評価されなければならな
い。ところが、近代経済学には完全競争とか一般均衡とかの概念はあっ
ても純粋資本主義という思想はなく、何が資本主義を構成し何がしない
のかは十分明らかにされていない。これに対し一般のマルクス主義経済
学では、「生産手段の私有」ということであたかも資本主義を厳密に規
定しうるかのように思われているが、私の考えでは、このように経済学
上不明確な定義では、資本主義の本質が把握できるものではないと思う。
それではどのような学説が純粋資本主義なる概念を明確にしているかと
いうと、それは一般のマルクス主義経済学とは区別された宇野理論であ
る。そこでは資本主義の分析が原理論・段階論・現状分析の三分野に分
れ、原理論で純粋資本主義なるものがきわめて体系的に解明されている
のである。

　しかしながら宇野理論においてさえ、現代経済の評価と分析について
判然とした定説はもたれていないようである。宇野教授は資本主義の最
終段階である帝国主義を類型として論じうるのは1870年代から第一次
世界大戦にいたる40年間であり、それ以後の資本主義は過渡期におけ
る世界経済として現状分析の対象とすべきものとされた[1]。この教示に

従って現代経済を論じた代表的なものとしては、大内力教授の国家独占資本主義論があるが、それは示唆にとみ優れた分析であるにもかかわらず必ずしも支配的学説とはならなかった[2]。むしろその批判を通じて「世界資本主義論」の形成を促進し[3]、後者は純粋資本主義なる概念そのものを否定するような別の分派に発展していったのである。ここではかかる学説史的経過を詳論する余裕はないが、広い意味での宇野学派にはさまざまの見解があり、いずれも試論的段階に留っていることを指摘しておきたい[4]。ここで展開する私の考えはこれらの見解とは全く異ったものであり、一見宇野教授の所信とも著しく乖離するかのようであるが、実はかえって宇野理論の根本思想に忠実なものであると信ずる[5]。

　この小論ではまず理論的に純粋な資本主義に対して現実の歪曲された資本主義とは何であるかを論じ（第Ⅰ節）、次に現代経済の成立と定着の由来を簡略に記述したのち、私が特に国家独占資本主義という名称を避けて、「脱資本主義過程」と規定しなければならない現代経済に、特徴的な諸相を考察する（第Ⅱ節）。最後に、脱資本主義過程を帝国主義から峻別すべき経済学的根拠と、かかる規定の採用によって生ずる帰結とを明らかにしたい（第Ⅲ節）。ここではまだ脱資本主義論を世界経済論として展開するにいたっていないが、本稿の目的は宇野理論の方法と私の基本的状勢判断との間に何ら根本的矛盾が存在しないことを明示するにある。

第Ⅰ節　純粋資本主義と帝国主義

純粋資本主義─労働力商品化の把握

　資本主義とは本来生産を商業的に編成する組織を意味するのであるが、もっと具体的にいえば、それは「商品によって商品を生産すること」を基調とする制度である。かかる制度の原理を明らかにしようとして純粋資本主義なる抽象がなされるが、ここにおいてはあらゆる生産が「商

品による商品の生産」であることが前提される。そのような方式で生産を行う一社会がどのような機構によって存立可能であるかが示されれば、それは資本主義の原理を解明したことになる。ところが「商品による商品の生産」が全面的であるためには、あらゆる生産物が商品として販売されるばかりでなく、生産物ではない本源的生産要素までもが商品として購入可能でなければならない。この場合もちろん土地用役の商品化も必要であるが、それよりもまず商品としての労働力の存在が保証されていなければならないので、宇野理論ではこれを資本主義生産の根拠とみているのである。しかし労働力の商品化はいつどこでも起りうることではなく、歴史的事情によって決定的に制約されている。そこでまずこの点を注意深く吟味しておく必要がある。

　労働力が商品化していなければ資本主義生産は成り立たないにもかかわらず、労働力の商品性は二重の意味で不完全である。第一に「いかなる社会でも現実にすべての労働力が商品たることはありえない」という不完全性がある。それは資本主義の部分性といってもよい。「労働力が商品である」というのは、何らかの有用な労働用役に対して賃金なり俸給なりで代価が支払われる、というだけのことを意味するのではない。貨殖・営利のためには何でも生産しようとする資本家に対して、「何でもつくれる」という無差別・不特定な生産性を使用価値として提供してこそ、労働力は商品といえるのである。かかる無差別・不特定な労働生産性の根拠には、もちろん分業によって労働過程が細分化され単純化されるという歴史的現実がなければならない。ところが実際には、あらゆる労働過程がそれほど広汎に単純化できるわけではなく、19世紀中葉においてすら、単にイギリス綿工業を中心にそのような基調が支配的であったに過ぎない。原理論では資本主義のこうした核ともいうべきものを拡張解釈して、労働力商品が全面的であり、その使用価値がすべて無差別・不特定になっていると想定するのである。近代経済学者がしばしば理解しがたく思う労働価値説も、実はこのことをいっているに過ぎない。何故ならば、数ある本源的生産要素の中で労働量のみが（歴史的傾向に立脚して）、同質的なものとして計量できるのに対し、他の本源的生産要素はすべて特定の生産に特定なものとして使用される（少なくともそうでないと想定する歴史的根拠がない）からである。もちろん特定な生

産要素の使用量では社会的実質費用（social real cost）を市場から独立に秤量することはできない⁽⁶⁾。

　純粋資本主義では労働力商品の第一の不完全性が捨象されているからこそ価値法則の全面的妥当性を主張することができるが、その場合でも第二の不完全性は残る。それは「資本の生産過程が労働力を直接の生産物として供給できない」ということであって、ふつう「労働力商品の矛盾」などといわれている。そしてこれが究極的には資本主義に特徴的な周期的恐慌を説明するのであるが、このように特殊な不安定性が発現するには、もうひとつの歴史的現実すなわち資本設備のしかるべき固定性が、前提されなければならない。というのはそれが資本主義の人口法則の作用（有機的構成の高度化による相対的過剰人口の形成）を断続的なものにするからである。そもそも純粋資本主義なる概念は、19世紀中葉のイギリス資本主義が傾向的に純化し、あたかも一社会の全生産を資本主義的に処理できるかの如き様相を呈したという事実に立脚している。しかしこの時代の基幹産業は今日からみればきわめて単純な綿工業であって、かかる軽工業における生産の固定性もまたはなはだ限られたものであった。それは産業資本の蓄積過程を拡張（widening）と深化（deepening）の交替とすることによって自由競争ともよく調和し、たとえ恐慌が起っても資本主義が自動的回復能力をもったというのも、実は生産の固定性がそれを許す程度のものであったからである。

段階論としての帝国主義

　純粋資本主義はもちろん抽象の産物であって、それ自体が自由主義段階の現実資本主義を意味するわけでは決してない。現実の資本主義はイギリス綿工業を中核とした世界史的過程であったのであり、その中では世界商業の展開も生産構造の進化も当然考慮されなければならない。かかる問題は自由主義段階論や現状分析（経済史）で究明されるのであるが、そのような観点から自由資本主義をみると、それが19世紀後半から次第に帝国主義段階に推移せざるをえなかった理由が解る。（これは原理論の抽象レベルでは解らないが、段階論では明らかである⁽⁷⁾。）何故な

らば世界商業を通じて先進的イギリス資本主義が比較的後進地域と接触することによって、当然新興工業国の擡頭が起り、他方軽工業中心の産業構造も鉄道の発展などを媒介として重工業化する傾向が避けられないからである。しかし19世紀後半から確定的となったこのような傾向を単に経済史的特殊事情として理解したのでは、新段階としての帝国主義経済を純粋資本主義の原理と関連づけることはできないであろう。そこで今や帝国主義を資本主義の現実的一段階として明確に規定する必要が生れる。

　段階論としての帝国主義論はその意味でまことに重要であり、これまでも大いに研究されてきたが、ここでなすべきことは、しばしば誤解されているように経済史を簡略に要約することではない[8]。1873年の恐慌以来第一次大戦にいたる40年間がいわゆる「大不況期」「大合同運動期」「世界分割期」に大体三分されることは事実であり、これらの時期に英・独・米・仏などの帝国主義諸国がいかなる経路で資本主義の再編成に腐心したかということは無論経済史的に重要であるが、そうしたことは段階論の焦点ではなく、むしろ現状分析の課題である。帝国主義論ではもっと抽象的に金融資本という類型を明らかにし、それによって具体的な経済史的事実と純粋資本主義の原理とを関連づけるのでなければならない。そのためには次の三つの様相がひとつの必然的過程として結合されなければならない。それは、(1) 金融資本の成立（株式会社制度 → 固定資本の巨大化 → 金融資本形態）、(2) 金融資本の蓄積様式（独占企業体制 → 市場支配 → 過剰資本処理）、(3) 帝国主義政策（関税・ダンピング → 資本輸出 → 世界分割）の三様相である[9]。これらは大体発生論・本質論・概念論という構造をなしているが、原理論の場合とは異って全部あわせても自己完結性をもたない。何故ならば、いったん達成された世界分割は終局的に安定するものではありえず、さらに再分割を要求するからであり、これが帝国主義戦争の必然性を明示するのである。

　ここでわれわれは、帝国主義（金融資本主義）の現実的論理が純粋資本主義の抽象的論理とは異り、それ自体のうちに自滅の必然性を含んでいることに注意しなければならない。金融資本の本質（蓄積様式）は自らつくり出す資本過剰を外部的に処理しようとして世界分割に乗り出すのであるが、それはこの矛盾がもはや恐慌のような純経済的過程では処

理しえず、政治的・外交的・軍事的手段をも誘致することを示している。かくて経済的論理のひき起す矛盾が経済外的解決を迫るところに、資本主義没落期における帝国主義段階の特徴が認められるのである。しかしこのような解決は決して真の解決ではありえない。事実第一次世界大戦によって金融資本の論理は終結するのであり、典型的な帝国主義時代もこれをもって終了している。だがここにいたる過程そのものは、あくまでも「資本の論理」を考慮して説明されなければならない[10]。この過程では、たとえ価値法則の貫徹様式が歪曲され阻害されたといっても、それは帝国主義経済の中核をなす重工業の周辺で、資本と労働の関係を律する価値法則それ自体が、少しでも損われたという意味ではない。むしろ逆であって、金融資本の蓄積様式は過剰資本とともに、過剰労働力をも傾向的に創出する能力をもっていたのであり[11]、したがって労働力の商品性を保持するのに何ら格別の困難はなかったはずである。

第Ⅱ節　脱資本主義過程の成立

帝国主義の消滅と金融資本の不在

　第一次世界大戦はその名が示す通り当時としては全世界を巻き込んだ一大動乱であって、それは単に一小国ロシアで共産主義革命が成就したという程度の異変ではなく、全世界の経済構造を一変するものであった。したがって勝敗の決した暁においても、戦勝帝国主義国が大戦前の状態における世界をそのまま再分割しうるというような簡単な現状ではなかったはずであり、ようやくヴェルサイユ体制が成立した時点では、もはや旧帝国主義経済の秩序は完全に破壊されていたとみなければならない。ヨーロッパ全土の荒廃とは対照的に、戦域外の日本・アメリカや旧植民地ないし従属国における生産拡大は物資の国際的な流れを全面的に改変したし、ドイツ帝国の解体・バルカン諸国の乱立・ロシア帝国の崩壊などは、ヨーロッパ内部における復旧を大いに妨げるものであった。

それゆえ 20 年代における金本位制度再興の一時的成功も実はアメリカの対外政策によって辛うじて支えられたものであり、当のアメリカが1929 年の恐慌でおそらくは帝国主義最後の繁栄を終ったときには、ほとんど一瞬にして脆くも崩れ去ったのである。そして 30 年代においては、戦前の経済秩序はもはや幻影でしかなかった。旧帝国主義諸国は金本位制度に象徴される旧体制への復帰よりも、目前の大不況を収拾すべき「時局匡 救政策」の火急の導入を迫られたのである[12]。

この時代に旧帝国主義諸国が採用した不況対策は、それぞれ特殊な事情を反映し決して一律の型を示したわけではないが、いずれの場合にも、それが金融資本の概念を表わす伝統的な帝国主義政策とは異質であったことだけは確かである。むしろ金融資本はこの時以来、急速に解体し消滅し去ったと考えなければならない。後の枢軸国のように比較的はやくから準軍事経済を採用した諸国でも、統治領や植民地を統合して経済ブロックを形成した英・仏の場合でも、また画期的なニューディール政策で時局に対処したアメリカでも、国家の決定的な経済介入は避けられなかった。いわゆる混合経済の発足であるが、今や急速に世界経済の中心となりつつあったアメリカの場合について、この変遷をよく吟味してみることが肝要である[13]。ニューディール政策といわれるものは、通俗に考えられているように単なる公共投資政策に留ったのではない。そのようなものは実験的にしかも散発的に行われたに過ぎず、決して今日の巨視的政策と同一視すべきものではない。それよりも根本的なのは、政治的支持を背景にルーズベルトが強行した「銀行法」や「証券法」などの改正であって、これによって旧来の金融資本は一時的にせよ決定的な打撃をこうむったのである。しかし米国経済の当時の混乱とルーズベルトの個人的人気のゆえに、このような改革がひとまず可能であったとしても、政権交替とともにこれを逆行せしめ金融資本の権威を回収する余地は、まだ残っていたとみなければならない。かかる逆行を不可能にしたのが 30 年代末から不可避となった準戦時体制であり、それにひき続く第二次世界大戦であった。

第二次大戦は確かにヴェルサイユ体制の破綻であり、その意味では第一次大戦の延長であったといってもよい。しかしそれはもはや第一次大戦のように金融資本の世界分割的志向を表明するものではなく、むしろ

両大戦間に金融資本が主導性を喪失することによって発生した社会的矛盾が、もはや他の手段では処理し切れぬまでに激化した結果である。いずれにしても、大戦中に 30 年代の沈滞を一掃し極度に拡大した米国経済は、金融資本不在のうちにも政府と経営者との結合によって、その巨大な生産能力を十全に発揮しうることを示した。この体制を平和時においても固定化しようとしたのが、1946 年の「雇用法」であり、それに立脚する巨視的経済政策の本格的導入である。戦後アメリカの指導と援助のもとに復興した西欧経済は、中心国アメリカにおけるかかる成果に当然影響されざるをえない。それゆえ政策的に財閥解体のなされた場合もなされなかった場合も、第二次大戦以後典型的な金融資本の支配を再現した国はない。帝国主義の時代は永遠に過去のものとなったのである[14]。

脱資本主義化の諸指標

さて以上のような経過によって成立した金融資本不在の現代経済を、私は脱資本主義過程と呼ぶのであるが、その特徴的諸相はすでに修正資本主義論・混合経済論・経営者革命論・新産業国家論・独占資本主義論・管理通貨制度論・等々において一面的に強調せられてきた諸事実の集合に他ならない。しかしここでのわれわれの目的は、脱資本主義の本質を全面的に認識することであって、そのために特に重要な 6 点を選んで要約すると、次のようになる。

(1) 政府経済の規模

まず国民所得的定義で政府支出の果す経済的役割をみると、今日多くの先進国で政府支出が国民総生産に占める割合は約 20％といわれている。これだけのものを民間支出と競争的でなく、全く自生的と考え、しかも政府の歳入は主として所得税型であるとすると、租税性向をも合めた乗数が 3 の場合でも国民所得の 60％がその直接的かつ派生的効果に依存していることになるが、乗数が 4 であれば 80％が、それが 5 の場合には実に 100％が政府支出あればこそ実現可能という状態にある[15]。そうとすれば政府支出が半減しても民間経済はほとんど壊滅することに

疑いはない。もちろん減税によって財政規模を縮小するのが望ましい場合もあるが、それは政府支出と民間支出が競争的な範囲でのみいえることである。したがって、現代経済の中で派手な隆盛をきわめている巨大独占企業といえども、その生産物が直接政府に購入されるか否かにかかわりなく、実は政府経済の非資本主義的活動あればこそ生息を許されているに過ぎず、民間経済が自立的に今日の規模を維持しているのでは決してないことが解る。かかる実情のもとで資本の自律的運動やそれを媒介として成立する価値法則を謳歌しても問題にならない。独占企業はその実現する利潤の大半近くを法人税などで公的機関に譲渡し、これを非資本主義的に支出してもらうことによってはじめて生存できる運命にある。

(2) 通貨の公的管理

このような経済においては、商品経済がそれを基礎としてはじめて自立しうる貨幣も、管理通貨としてしか存在しない。商品貨幣（金）が今でも問題になるのは国際貿易の決済においてであり、それさえも部分的であるが、最近では金の廃貨も不可能ではないと信じられている。国際貿易の一部でのみ金が貨幣であるというのは、その局面にのみ真の商品交換が残存していることを示す。そうでない範囲については、商品交換も商品生産も巨視的に統御された枠の中でのみ許されるに過ぎず、真に自立的ではありえないことが明らかである[16]。もちろん完全に金を廃貨するには管理通貨制度が国際的に整備されなければならず、これが全世界で一様に整備しうるかは問題であろう。しかし、少なくとも国内的には通貨の流通量が政策的に制御でき、それによって商品交換も信用供給も決定的な影響を受けざるをえない現状は、何としても否定できない。そうだとすると現代企業は全体として、資本主義に外部的な通貨当局の政策意志に規制された範囲でのみ、利潤追求を認められる現状にある。

(3) 企業の公的規制

さらに公的機関は、不完全とはいえ独占禁止法や証券法に基づいて企業の会計を監査し、資本市場の攪乱や公正取引の侵犯が過度になることを許さないばかりか、企業の実務的内容にも多くの法的規制を加えてい

る。かかる状態においては独占企業といえども、金融資本の常套手段を用いて組織的独占体制を形成し市場支配を徹底するわけにはいかない。今後、企業の社会的責任などが問われ、さらに多くの規制や圧力が加えられると、独占体による市場分割とそれによる収奪も、公的機関を完全に買収しない限り不可能であるが、個別的な買収はともかく全面的な買収はもちろんできない。今日個々の企業の横暴や無責任な経営が批判されることは多いが、独占禁止法が無効であるから廃止してもよいという主張はあまりなされない。それは金融資本による自立的体制としての組織的独占が存在しないからである。

(4) 経営者組織の発達

このような限定のもとで大企業体制を運営するには、金融資本の動因となる商人的貨殖・営利の精神は不要である。何故ならば国民生産はすでに巨視的に管理されており、各企業は与えられた枠組の中で技術的にその生産能力を駆使すればよい。そうすれば資本過剰が大局的には発生しないように、政策的配慮がなされているのである。かかる場合に独占的大企業にとって必要なのは、金融資本という営利・貨殖の天才ではなく、技術的な経営・管理の組織（いわゆるテクノストラクチュア）である。それは労働をも含めて企業に与えられた生産能力を効率的に開発しうるものでなければならない。現代企業はもちろん利潤追求を目的とする営利団体ではあるが、それは「儲れば何でもする」という資本家的精神よりも「特定のことをして儲ける」という経営者的誘因に導かれている。このことは現代企業が、使用価値の如何にかかわらず価値の生産を求めるという資本家的企業ではなくなりつつあることを意味するのであって、「資本家」が活躍しうる余地は次第に縮小する傾向にある。

(5) 技術進歩と労使関係

しかし、いわゆる経営者組織なるものを発達させたそもそもの動機は、現代産業の基幹技術が伝統的な鉄鋼製造から機械製作に移行したことにある。巨大な熔鉱炉に依存する製鉄業は、技術的に独占化の傾向を内包しており、今日でも価格協定などの誘惑に打ちかてない場合が多い[(17)]。このようなものが支配的な産業構造を脱し切れなければ、国民経済を非

資本主義的に管理するといっても、そう簡単に資本家の退場を要求できないかも知れない。ところが20年代以来アメリカでは、自動車産業に飛躍的前進がみられ、これとともにいわゆる「流れ作業」的工場管理方式が全産業に波及した。おそらく戦時中の兵器増産もこの傾向を促進したであろう。しかしそうなると、生産技術は実験室から一方的に工場へ輸入されるのではなく、工場内の経験からも開発しうるものとなる。そして企業は与えられた技術のもとに銑鉄とか規格鋼材のような一様生産物を、他者よりも安くつくって売ろうと努めるのではなしに、自主的に設計・開発した生産物（自動車・機械・耐久消費財）の技術的特殊性で競争することになる。いわゆる「生産物の多様化による独占的競争」[18]が発生するのである。そうすると、価格協定や生産協定で市場を分割・支配しなくとも、企業は技術開発によって自主的に成長・拡大することができるのであり、そのためには優秀なテクノストラクチュアを育成することの方が、単純に労働強化を強いて剰余価値率を高めるよりも有利なことが多い。したがって労使関係にもその無視できない影響が認められる。そもそも「流れ作業」における極端な単調労働では人間の注意力にもおのずから制限があるのであって、無理な労働強化はむしろ品質低下を招き必ずしも企業にとって望ましくない。これは一方で全工程のオートメーション化を刺激するが、他方では避けがたい人間労働の心理的安定性を確保するため、近代的労務管理による労働条件の改善や賃上げ要求に対する相応の譲歩を正当化する。もちろん労働市場が逼迫すれば、企業はますます大幅な譲歩を迫られるであろう。

(6) 労働力の非商品化

　ところが、労働市場は政策的配慮によって常に相当程度に逼迫した状態に保たれる。いわゆる完全雇用政策の効果である。戦後ほとんどすべての先進工業国は失業率を低位に保つことに成功している。それは法的に就職権を保証するものではないが、摩擦的かつ構造的失業の不可避性を考慮したうえで、国民経済が特別の異変に見舞われない限り、これらの国々が政策的にほぼ完全雇用を達成しうることを示している。そうだとすると労働力が商品だといっても、それはほぼ確実に売れる商品になっている。というのは、ある会社で失職しても失業保険で喰いつない

でいるうちに別の会社に就職できる。そうなれば同じ会社の中で就職したまま職場転換するのと大差ないことになる。これが大差であるというならば（それはしばしば正当な主張ではあるが）、労働力はもはや「何でもつくれる」という本来の意味での労働力商品ではなく、「特定のものしかつくれない」という職業になっており、それだけ非商品化しているとみなければならない。最近よく問題になる転職コストなども、実は労働力の使用価値が単に無差別な価値を生産することにあるのではなしに、特定の使用価値を生産しうることにあるという事実を反映している。このような状態においては、労働価値説などはじめから成立しないのであって、剰余価値の搾取などといってもそれは文学的表現としてはともかく、経済学的には全く無意味であることはいうまでもない。しかし労働力がそういう意味ではまだ非商品化していないとすると、同じ会社内で転職しても他社へ転職してもそれは全く同じことになり、その場合には完全雇用が成立している限り労働力は必ず実現されるよう保証されていることになる。そのようなものが商品ではありえないことについては、特に多言を要しないであろう。

　以上の6点で要約された現代経済の基本的特徴を総括すると次のようになる。(1) 現代の民間経済は（たとえ資本主義的であったとしても）全面的に政府経済に依存しており、自立的とはいえない。(2) 商品経済を自立せしめる基礎ともいうべき貨幣は、今や管理通貨としてしか存在しない。(3) 企業は法的に拘束されて金融資本的に発展できない。(4) 現代企業は資本家的に運営される必要がない。(5) 経営者組織の発達には物理的根拠があり、その影響で労使関係も非資本主義的になってきている。(6) 労働力は大体において商品ではなくなりつつある。これらの点を認めると、現代経済はもはや本来の意味での資本主義ではなく、別の経済秩序に推移する過程にあることが明らかである。現代経済が資本主義でないならば、それはもちろん帝国主義でもありえない。

第Ⅲ節　脱資本主義過程の本質

資本主義の自立性と「国家独占資本主義」

　資本主義とはもともと生産を商業的に編成する制度に他ならないが、ここで商業的というのは、利益をえようとする商人（資本家）が自分達の力でこのような制度を形成するということを含意している。そうでなければ自立的な資本主義などというものはありえないし、それがなければ資本主義に独自な論理（原理）も当然ありえない。資本主義はいったん発生すると、その歴史が示すように、次第に異質な要素を排除して、それ自身の力で拡大・発展するのである。このような生命力をもたないものを資本主義とみなすわけにはいかない。しかるに前節で検討した現代経済の著しい特徴は、それが公的機関の政策的介入なしには存立しえないことにあった。しかもこの政策は帝国主義政策のように金融資本の論理を反映するものでもないし、重商主義政策のようにやがては資本の自立的運動によってはねのけられ淘汰される傾向のものでもない。むしろ今後とも非資本主義的経済の庇護と制約にますます強く依存しなければならないであろう現代の再生産過程を、いかなる意味で「資本主義的」といいうるであろうか。かつての帝国主義経済は、たとえ純粋原理を歪曲し不純化したといっても、決してこのような他力本願ではなかった。

　いわゆる国家独占資本主義論を唱える一般のマルクス主義学説は、この点をむしろ裏返しにして、実は国家権力が強大なる独占資本に従属しているのだと主張しているが、独占資本が今や協同的に国家機関を利用できるのだとすれば、それはもはや資本たる必要もないのではなかろうか。国家はもともと階級的収奪の装置と観念されているのであるから、これを活用して経済外的搾取に徹底すればよいはずである。それができないとすると、国家はやはり独占資本が意のままに利用できない独立の権力であり、その介入をまってはじめて再生産過程の斉合性を保ちうるような独占資本は、結局松葉杖なしには立てない敗戦将軍と同じことになる。国家独占資本主義という名称はいかめしいが、そこにあるのは自

立性のない資本主義であり、せいぜい半資本主義とでもいうべきもので
ある。しかしこのような形容矛盾を犯してまでも「資本主義」を強調す
ることは、無用な混乱を招く所以であろう。

　帝国主義の段階規定を第一次世界大戦とともにうちきった宇野理論
は、このように素朴な国家独占資本主義論を展開してはいない。宇野教
授は「第一次世界大戦以後の資本主義の発展は、それによって資本主義
の世界史的発展の段階論的規定を与えられるものとしてではなく、社会
主義に対立する資本主義として、いいかえれば世界経済論としての現
状分析の対象をなすものとしなければならない」[19]と明言しておられ、
私もこの主張が正しいものと信じている。しかし「社会主義に対立する
資本主義」の内容がどのようなものであるかというと、宇野学派ではほ
とんど具体的な考察を示していないように思われる。特に現代経済が本
来的な意味での資本主義ではないということ、すなわち脱資本主義過程
(excapitalist transition) にあるということを、必ずしも明確にしていない[20]。
このような過程がいわゆる全般的危機を背景として発足したかどうか、
また今日社会主義を標榜する諸国が果して真の社会主義を建設する途上
にあるかどうか、というような問題は、私の考えではむしろ第二義的
であり、それよりもこの過程の経済的性格を明確にすることによって、
「我々がどういう社会にいるかを明らかにする」[21]努力がなされなけれ
ばならない。そこにこそ第一次大戦をもって帝国主義段階論を終結させ
た宇野理論の深い思慮の現代的真価があらわれるのではなかろうか。

経済原則と政府経済の介入

　宇野理論では、いかなる社会においても何らかの方法で「経済原則」
が充足されなければならないといっているが、ここで経済原則とは、「実
質的な経済生活の効率的運営」と解釈してもよいだろう。資本主義社会
においては、これが資本の自律的運動を媒介として、すなわち価値法則
によって貫徹せられるのであり、そのためには、資本主義にとって異質
なものの介在は必要としないというところに特徴がある。それだからこ
そ資本主義のもとにおける経済政策も、実は資本自体の運動を反映する

ものとして、いわば資本の「概念」としてのみ発現するのであって、国家といえども恣意的な政策の効果を期待することはできないのである。ところが30年代の大不況期には、もはや価値法則を通じては経済原則を自動的に充足せしめえないのではないかという観測（すなわち長期沈滞の危惧）が発生した。そしてこれは正当な観測であった。何故ならば、この時以来、政府の経済政策は、資本の論理を超えて直接に、経済原則の充足に関与するものとなったからである。

　第一次大戦で生き残った金融資本は、金本位制度の再興とともに戦前の帝国主義経済を復活しようと願ったが、その淡い夢は世界的恐慌の襲来によってあえなく挫折してしまった。これにつづく金本位制の最終的崩壊と管理通貨制の採用によって、狭小な国内に封じこめられた金融資本はたちまち過剰資本の重圧に苦しみ、生産は著しい停滞に見舞われた。近代経済学者の（ブルジョワ的?）目には、これが投資機会の急激な枯渇として認識されたが、かかる事態を理論的に説明しようとしたケインズは、実におどろくべき勇気と洞察力をもって、新古典的労働供給函数の不成立を唱えたのであった。これをマルクス経済学的に解釈すれば、労働力を価値通りに購入したのでは資本主義的再生産が十分な規模で行われえないことを指摘したのである。これでは経済原則を資本主義的に充足しえないことは明白であって、再生産過程は今や非資本主義的な政府部門によって支えられなければならないことになる。かくて導入された政府の巨視的経済政策を、金融資本の概念としての帝国主義政策と混同するようでは、近代経済学者の鋭い洞察に比してマルクス経済学者の認識が皮相で浅薄だと思われても致し方ない。

　ここでやや図式的に現代経済の構造を考えてみよう（次頁参照）。よく知られた産業資本の一般的定式 $G{\rightarrow}W{\ldots}P{\ldots}W'{\rightarrow}G'$ が再生産過程を包摂するという場合には、実は生産された商品 W' の一部が生産手段 Pm として W に還流し、生活資料として生産された別の部分が労働力 A によって買い戻される、という関係が含まれていなければならない。ところがこの「買い戻し」の行われる自由交換市場においては、同時にまた外部から与えられる労働力人口 N が、絶えず商品化されて A に追加されるか、さもなくば過剰労働力として非自発的失業の予備軍 R に吸収され、これが労働力供給の安定装置となっているのである。このような関係は

資本主義に特徴的なもの
であって、金融資本主義
の場合にたとえ Pm の一
部を擬制化する上部構造
$(G) \rightarrow (G')$ がつけ加え
られても、この基本的関
係に変化は生じない。

　ところが現代経済の再
生産過程にあっては、W'
を Pm および A に還流せ
しめる機構が、もはや資
本主義に外部的な政府経
済 T の介入なしには成立
しないのである。それは
単に政府が G' の一部か
ら租税をとり、W' の一
部を買い取るという形式
的な事実をいうのではな
い。それによって資本主
義的再生産の実質的な基

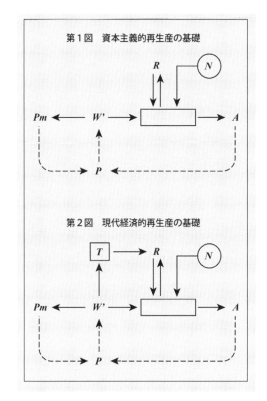

第1図　資本主義的再生産の基礎

第2図　現代経済的再生産の基礎

礎（第1図）が全く別なもの（第2図）に改変せられることが問題なの
である。政府経済は国民総生産 W' の20％を吸収することによって再生
産過程に活力を与え、それが同時に非自発的失業 R の大部分を生産的
に雇用せしめる。したがって資本主義に根本的な「買い戻し」関係 $W' \rightarrow A$
は今や政府の介入なくしては十分な規模に保てないということになり、
価値法則の絶対的根拠は失なわれたことになる。

　このような政府活動が軍需生産などの浪費的部門と結びついているか
どうか、ということは興味深い問題ではあるが、根本的ではない。ここ
では民間経済が自立的でないこと、したがって資本主義ではありえない
ことに注意すべきである。表面的にはいかに資本主義的（利潤追求の）
形式を満足していても、民間経済はそれ自体の力で経済原則を充足して
いない。前節で要約された現代経済の6大特徴のうち、最初の3点は民

間経済の従属性を表わすものであり、残りの3点は価値法則の実体が欠如していることを示すのである。現代経済がかくして資本主義ではないとすれば、当然それは労働力の非商品化傾向に反映されなければならない。そしてこれこそが現代社会の最も著しい動向として認識さるべきではなかろうか。

われわれはどういう社会にいるか

　そうとすれば最近顕著にみられる広汎な大衆化現象、その中における工場労働者の主体性の喪失、古典的階級闘争の消滅、そしてマルクス主義思想の退潮などはすべて容易に説明できる。いわゆる労使の対立といっても、それはもはや革命的な対立ではなくて、いかなる社会にも起りうる生活改善の要望とその抑制を表わすに過ぎない。マルクス主義者の多くは、今日もなお自立的資本主義の健在を信じ（あるいは妄想し）、ひたすらプロレタリア革命の到来を期待する傾向にあるが、それは経済的根拠をもたぬ幻想というべきである。われわれは「そういう社会にはいない」からである。かくいうと俗流マルクス主義者諸君は直ちにこの結論を修正主義と難じて斥けたがるであろう。しかし修正主義とは本来帝国主義の中にあって帝国主義経済の存在を否定するものであり、ここではそのような主張は少しもなされていない。逆に帝国主義でもないものを帝国主義と錯覚することは何ら修正主義の批判にならないばかりか、むしろマルクス経済学の根本規定を無視するものといってよいであろう。

　もちろんこういったからといって、われわれは現代社会にいかなる反動性も存在しないと主張するわけでは決してない。脱資本主義過程における現代経済は、資本主義の原理からでは説明し切れない反動性を内包しており[22]、これを克服することこそが新しい経済秩序への前進であることはいうまでもない。しかしこの反動性も、資本主義の三段階とははっきりと区別された脱資本主義過程の本質を、さらに詳細に分析することによってのみ悟られるのであって、古典的な階級闘争論をただ公式的に適用することで解明しうるものではないであろう。

【注】

(1) 宇野弘蔵『経済政策論―改訂版―』補記（1971、弘文堂）。

(2) 大内力『国家独占資本主義』（1970、東京大学出版会）。これにはひろく問題にされた同「国家独占資本主義論ノート」（1962）も収録されている。

(3) 岩田弘「世界資本主義」（1964、未来社）第五章「帝国主義と現代資本主義」。

(4) 降旗節雄「宇野理論と現代資本主義分析の方法」『宇野弘蔵をどうとらえるか』（1972、芳賀書店）所収。同『宇野理論の解明』（1973、三一書房）第八章「現代資本主義論の方法」。

(5) 前注文献にも要約されているが、宇野教授自身の論文には「資本主義の組織化と民主主義」（1946、『世界』）、「世界経済論の方法と目標」（1950、『世界経済』）がある。ここには注目すべき見解が披歴されているが、いずれも戦後間もない時期の試論であって、真に定着した現代経済の分析としては時機尚早な作品であった。最近における教授の所信はむしろ大内学説に関するコメントを通して知られるが、これは断片的で、まとまったものは発表しておられない。

(6) 実証的（positive）な一般均衡論では実質費用（real cost）よりも代用費用（alternative cost）が重んじられるが、それは価格機構の欠落（market failure）のない場合によく適応するものである。しかし最近では厚生経済学的な価値の問題が注目されるようになってきている。市場から独立な社会的実質費用という概念も、近代経済学者の場合は、厚生経済学的に理解しておかれてもよい。森嶋通夫教授（*Marx's Economics*, Cambridge, 1972）も大体そのように考えておられるように思われる。

(7) 宇野理論においては、経済学研究の原理論と段階論への分化が基本的重要性をもっている。この方法の特殊性が正しく理解されないと、いわゆる世界資本主義論のように宇野学説から大きく分離することになる。産業資本から金融資本への転化は決して原理的に説明しうるものではなく、史的唯物論でいう上部構造と下部構造の相互連関を問題とする段階論のレベルで、はじめて理解しうるものである。宇野弘蔵「段階論の方法」「経済学方法論」（1962、東大出版会）所収、の説明を参照。しかし宇野教授の努力にもかかわらず、段階論の使命についてはまだ必ずしも明瞭でないものが残っているように思われる。この点を明らかにしていくのが今後の宇野学派にとって重要な課題であると思う。

(8) 前注参照。

(9) ここで示した帝国主義段階論の編成は、宇野教授の『経済政策論』によっているが、叙述の方法は若干異っている。

(10) そうでなければ段階論と経済史の区別は、主観的なものでしかありえ

ないように思われる。

(11) 宇野弘蔵『経済政策論』183-4 頁。

(12) 両大戦間の経済的混乱については世界的に多数の文献があり、宇野派でも揚井克巳編『世界経済論』(1961、東大出版会) ほかいろいろある。岩田弘前掲文献もこの間の事情をよく説明しているように思う。

(13)「国家による資本主義の組織化」を宇野教授に従ってナチス型とニュー・ディール型に分けるのが、宇野学派の常識になっているようである。降旗節雄前掲文献。大不況およびニュー・ディール政策に関する決定的な研究はないが、次のものは便利である。Broadus Mitchell, *Depression Decade, From New Era through New Deal, 1929-1941*（〔1947〕,Harper & Row, 1969）; Lester V. Chandler, *America's Greatest Depression 1929-1941* (Harper & Row, 1970).

(14) 現代においても帝国主義という言葉は広汎に愛用されているが、その文学的意味はともかく、経済学の段階論でいう帝国主義は第二次大戦以来存在しない。

(15) 乗数が 5 以上の場合は 20% の財政規模がそのままインフレ促進的であることになるが、私の考えでは他の自生的支出とあわせて 20% 程度の財政規模が大体国民総生産を支えるのに今のところ十分なのであろうと思う。これが 30%、40% ということになれば、私のいう民間経済の政府依存性はもっと明白になり、脱資本主義過程を疑う人もいなくなるであろう。

(16) 宇野教授は「管理通貨というのは、一つの過渡的資本主義の政策」であって、その本質は「価値尺度の骨髄を抜いたようなものになっている」と発言しておられるという。降旗節雄前掲文献、311 頁。

(17) その古典的事例としては、ケネディ大統領と米国鉄鋼業界の価格決定をめぐる有名な対決があるが、最近石油危機を背景として発案されている統制立法に対し、日本の財界がその民間主導的運営を強く要望していることを伝えた後、日経新聞 (1973.12.5) は次のように書いている。「この情勢をみて、がぜん、勢いづいているのは "ミスター・カルテル" の異名を持つ稲山氏 (鉄鋼連盟会長) と、同氏がよって立つ鉄鋼業界の価格安定のカルテル論である」。帝国主義の亡霊がときどき現われるらしい。

(18) E.H.Chamberlin, *Theory of Monopolistic Competition*（Harvard University Press,1933）.

(19) 宇野弘蔵『経済政策論』267 頁。

(20) 降旗節雄前掲文献。少なくとも宇野理論の根本思想にとっては、自立的でない（もしくは自立的になろうとしない）資本主義などというものが全くありえないことは明白である。宇野教授は 1946 年の論文「資本主義の組織化と民主主義」の中で、「各国における国家主義的傾向」を「金融資本の自主的活動」ではないばかりか、「失業と農業恐慌とに対して、

金融資本がその無力を暴露したことに、国家主義的傾向の根拠がある」と正当に指摘する一方、「資本主義は金融資本による組織化の限度を越えて、更に一段高度の組織化を実現し得る形態を採らざるを得ないのである」と主張しておられる。しかし資本主義を一段と高度に組織化する国家主義的形態は、決して資本の形態ではありえない。資本主義が資本以外の形態で組織されてしまったら、その結果自立的商品経済は「価値尺度の骨髄を抜かれ」、もはや資本主義にも留りえないのではなかろうか。これは理論的にも明白であり、1946年以後の世界経済の発展によってはますます明白である。これに対して、かくも高度な組織化が、超金融資本とか国家独占資本とかのありえない資本形態によって実現されていると観念することは、どう考えても宇野理論の根本思想と相容れないように思われる。

(21)　宇野弘蔵『経済政策論』265-6頁。

(22)　現代国家の反動性の中には、たしかに旧資本主義的階級構造の残骸も残されているであろう。しかしそれが基本的でないことは、宇野教授のいわゆるナチス型「国家主義的傾向」をみても明らかである。また現代的な反動性が一概にソヴェート社会にはありえないとするわけにもいかないであろう。またかかる反動性が何らかの形で戦争誘発的でないとも限らないが、たとえそうだとしても、われわれが今日帝国主義的世界戦争の時代にいる、という結論にはならない。このような点は、脱資本主義過程における世界経済の問題として、別の機会に論じたいと思う。

資本主義から次の歴史社会への
過渡期をどう見るか
——脱資本主義過程論の系譜

〔初出〕
櫻井・山口・柴垣・伊藤編著『宇野理論の現在と論点』 所収
2010年7月30日 社会評論社

1998年5月11日から18日までパリとランスで開催された国際
会議に出席した時の写真(1998年5月14日撮影)。著者は "Polanyi,
Marx et Uno" という題で報告した。

第9章 資本主義から次の歴史社会への過渡期をどう見るか
──脱資本主義過程論の系譜

Ⅰ. 『経済政策論』への補記

　宇野弘蔵『経済政策論』改訂版への「補記」(1971) には「第一次世界大戦後の資本主義の発展について」という副題が付けられているが、これは僅か四ページ半に凝縮された論述に過ぎず、しかも宇野特有の（含意に満ちた）文体で綴られているので、不幸にして「誰が読んでも単純明快」とは言い難い。しかし、ここでは、「1917年のロシア革命後の世界経済の研究は、資本主義の典型的発展段階の規定を与える段階論よりも、むしろ現状分析としての世界経済論の課題ではないか」という旧版いらい宇野の心を離れなかった疑問に決着をつけることが意図されている。1957年に発表されたツィーシャンクの論文と、それに触発された我が国における「国家独占資本主義論争」が引き合いにだされ、特に、それを決定的に整理した大内力氏の「国家独占資本主義論ノート」で重視されている「管理通貨制に基づく景気政策ないし労働政策」に、宇野は強い関心を示している。先ず「社会主義がすでに世界史的現実になった」時点では「いずれの資本主義国も、対外的には社会主義圏をある程度意識せざるをえなくなる」という大内説に賛意を表したのち、かかる「管理通貨制によるインフレ政策」が「（帝国主義国家の）関税政策などとは異なって、その影響力は極めて大きい」ということを認めている。もともとツィーシャンクの論文は、発表当時の西独経済が、戦後アメリカの影響下に、ケインズ的マクロ政策を採用して完全雇用と物価安定を図ろうとしたことに触れ、（唯物史観でいう）「生産力と生産関係の矛盾の強化」に対応して「帝国主義国家の役割が強化」されたという解釈を披歴するものであった。宇野にしてみれば、（経済学ではなく史的唯物論の視点で）「帝国主義的生産関係の新たな一段階」などと言い出されても、

それが「金融資本」とどう関わるのかが明らかでなければ、なんとも対応のしようがない訳である。それゆえ、大恐慌と第二次大戦後の冷戦を経過して進展しつつある世界経済については、先ず「現状分析」によってその実態を把握することの方が大切であり、性急なマルクス主義者達がそこに強引な「原論的解釈」を持ち込むことは、寧ろ非生産的であると考えたのではなかろうか。

確かに、大内に拠るまでもなく、冷戦下の西欧で30年代の大不況のようなものの再来を許せば、それは態々（わざわざ）共産主義に「付け入るスキ」を与えるような結果になることは明白である。それゆえ、当初は「半ば社会主義的」と思われていたケインズ政策によってでも、アメリカ「雇用法（1946）」の精神に基づいて、「完全雇用と物価安定」を最優先せざるを得ない政治的情況があった。だが、宇野も大内も認めるように、ケインズ的なマクロ政策は従来の金本位制度を維持したままでは遂行できない。そこで「資本主義が歴史的な特殊な一社会として、しかも商品経済的に自立する基礎をなす貨幣制度を実質的にはともかく、形式的にあるいは部分的に自ら放棄し、これを利用するに至ったということは極めて注目すべき点をなすものである」と宇野は言う [1]。だが、それならば、ケインズ的なマクロ政策で階級闘争の融和を図ろうとする「ブルジョア国家」などというものが、果たして想定可能であろうか。それは金融資本と協力して剰余価値生産の確保に専心する帝国主義国家というよりも、むしろ社会民主主義的な「福祉国家」とでも言うべきなのではないか。（少なくとも、そこでは「資本の市場原理」だけにこの社会の再生産過程を任せきれなくなっており、ポランニーなら「再分配」と呼ぶような「国家の計画原理」がすでに介入してきている。）すなわち、『経済政策論』を通して宇野が規定してきたブルジョア国家の在り方とは根本的に異なった国家像が浮上してきている。だとすれば資本主義は、もはや「没落期」を通り越して「解体期」に入っていると言わなければならない。

しかし宇野としては、たとい戦後の世界経済の動きに新しい胎動を感知したとしても、それを「資本主義の解体期」として理路整然と説明する用意はなかったであろう。それは晩年のマルクスが帝国主義の到来を感じながらも、それを経済学的に規定できなかったので寧ろ立ち入らなかったのと同じ立場である。また第一次大戦直後に、早くも「国家独占

資本主義」を語りながら、未だその概念を厳密に規定できなかったレーニンの立場にも通じる。だから『政策論』改訂版「補記」の後半でも、宇野はやや雑談風に様々の主題に触れるにとどめ、自分自身の研究に基づく確信のある議論を未だ展開できないことを自覚していたと見るべきであろう。

II. 大内力の「国家独占資本主義」論について

　とはいえ、宇野は大内の「ノート」が語る「管理通貨制によるインフレ政策」の決定的な意味を見過ごしてはいない。おそらく宇野が真に望んでいたのは、『政策論』で自分が確立した「段階論」と整合的な資本主義の「解体過程」（すなわち「脱資本主義過程」）として、第一次世界大戦以後の世界経済を総括することであったであろう。だが、すでに自らにはその余力がないことを悟った宇野は、大内のような後輩にその任を託したいと望んだようである。実際、大内も宇野『政策論・改訂版』と前後して、自らの「ノート」を拡大・敷衍した『国家独占資本主義』[2] (1970)と題する大著を残しており、それは、当時、同じテーマで群生した類書のなかでは、抜群の水準を行くものであったし、当然その影響力も著しいものがあった。しかし、如何に優れた業績であっても、世界経済における脱資本主義過程の帰趨がいまだ甚だしく不透明であった40年前のものを今日からみれば、そこに大きな制約があったことは否めない。宇野の場合も大内の場合も、資本主義の「解体期」が如何に展開されるであろうかを判断するには、時期尚早であったという感を免れない。当時は、殆ど誰もが1930年代のような大不況が再来することはあり得ないと信じていたが、リーマン商会の破綻を経て「百年に一度の」世界恐慌に直面している我々にとっては、「大内国独資論」の限界もまた明らかになるのである。

　大内の主張を要約すると大体次のようなものになる。第一次世界大戦後にレーニンは、国家が戦時中に「規制・統制・計画・国有化」などの

手段で経済活動に深く干与したことを認め、私的独占資本の能力をこえた経済の管理に「国家独占資本」の登場が必然になると考えたようであるが、第一次大戦中に見られたこのような「国家の干渉」は、その後の「相対的安定期」には大幅に後退しているし、第二次大戦中とその後にも同じような傾向が認められている。それゆえ、戦争経済のもとで臨時的に強化される国家の経済への関与から、「古典的な帝国主義」を超える体制として「国家独占資本主義」を規定することはできない。また、ツィーシャンクが示唆したように、「生産力の社会化」が著しくなると、それが個別資本や株式資本の処理・管理能力を超えるので国家による経済干渉が深化するという主張も、「古典的な帝国主義」の時代にすでにみられた傾向をただ（感覚的な判断に基づいて）「量的に著しく強化された」と主張する限りでは、国家独占資本主義を経済学的に規定する「決め手」を欠く。それゆえ大内によれば、国家独占資本主義は、第一次大戦の後で、なかんずく1930年代の世界恐慌いらい、資本主義が直面した「全般的危機を時代背景とする帝国主義」と規定されなければならない。言うまでもなく「全般的危機」とはロシア革命（1917）以後、「既に社会主義への移行が世界史的に明らかになった段階」で、それに対峙する帝国主義段階の資本主義を形容する言葉である。具体的には、1929年の恐慌によって30年代の世界的大不況が誘発された局面で、資本主義国の「政治的国家」がもはや「経済の自動回復力の作用を待つ余裕がなかった」とき、一種のアピーズメント・ポリシーとして応急的に採用せざるを得なかった「ケインズ的なマクロ政策」が、「補正的財政支出」として経常的に定着したとき、「古典的な帝国主義」とは区別された「国家独占資本主義」の体制が成立する。

　ケインズ的マクロ政策は、当初、応急的な「呼び水効果」を期待する不況対策だったが、後に制度化され、特に第二次大戦後は「恐慌を未然に予防する」対策として組織的に採用されるようになった。戦後のアメリカでは、補正的財政出動を根幹とする「混合経済」が定着して目覚ましい成功をおさめたのみならず、同じ体制が次第に世界的にも普及するようになったのである。そこでは、景気変動がもはや恐慌による断絶を含むことなく、ほぼ潜在的成長経路の周辺で、緩やかに好景気から景気後退へ移り、次にそこから回復基調へ戻るというパタンを繰り返すもの

に変わった。大内によれば、これは金本位制度を廃絶し「管理通貨制度」を採用した帝国主義国家が、政策的に「管理された物価上昇（即ち creeping inflation）」を常態化できたためであるという。この方式にも「限度」がない訳ではないが、それはブレトン・ウッズ合意に基づく固定為替相場が維持できる範囲で、金本位制度の場合ほどに厳しい制約を受けることなく、必要に応じて国家が実質賃金と金利の急上昇をコントロールできる限り、急激な利潤圧縮による恐慌を回避できるのだと主張する訳である。

　ところが、大内が国家独占資本主義の本質としている所謂「混合経済」は、実はブルジョア国家を超える経済政策（即ち、必要に応じて、労賃の騰貴を抑え、信用を拡大し、適当な物価上昇を演出することで「恐慌を予防」する経済政策）を前提しているのであって、それは明らかに価値法則や人口法則の支配を逸脱する傾向を示している。それがいかなる意味で「全面的かつ自律的な商品経済」としての「資本主義」と整合するのかを説明することなく、「資本が労働力を商品として支配すること」に介入する政策であると大内が主張する根拠は、少しも明らかではない。また、それが如何なる意味で「古典的な帝国主義」国家が行った高関税政策や植民地政策・対外投資政策などの「金融資本」に特有な経済政策と繋がるのか、という問題にも大内は応えていない。こうした点では、とうてい宇野を満足させるものではあり得なかった。ただ注目に値するのは、大内が「国家による管理されたインフレーション」と呼ぶケインズ的マクロ政策が、管理通貨制度を前提として始めて可能になることが強調されている点である。

　以上のような大内の主張は、当時としては画期的な見識であったが、今日では大方その説得力を失ってきている。何よりも先ず、国家独占資本主義を「全般的危機のもとにおける帝国主義段階」としてきた以上、今日のように「全般的危機」ないし東西対立そのものが消滅した段階で、その命運がどうなったのかが説明されなければならないだろう。しかし、それ以上に問題なのは、大内が「国家独占資本主義」としているものが、1950 年代から 60 年代にかけて、アメリカを中心にその黄金時代を展開していた所謂「混合経済」であった点である。この種の経済体制の成功を支えていたのは、一方において、ブレトン・ウッズ合意に基づく IMF

体制であり、他方において、国家の総需要政策の下で、実は単位労働費用が低下傾向にあったため、民間投資の収益性の増加を確保できるという好条件があった。この点は侘美光彦氏が『大恐慌型不況』[(3)]（1998）という著書の中で極めて的確に指摘している。

III．侘美光彦の「大恐慌型不況」論について

　まずブレトン・ウッズ体制であるが、これは実際には米ドルを基軸とした金為替本位制度に過ぎず、アメリカ以外の国は外貨準備の許す範囲で通貨供給を管理していればよかった。具体的には対米赤字が憂慮される場合にのみ金融を引き締め、それ以外には自国通貨の発行に限度がなかった。またアメリカは当初、莫大な金準備を保有していたから、それによって米ドルの信認が支えられている限りでは、いくらでも通貨の供給ができたのである。しかし周知のようにアメリカは、自国の基本収支が赤字傾向になってもこれを放置し、然るべき国内経済の調整を怠ったため、60年代後半からは急速な金の流出を止めることができず、70年代の初めにこの体制の崩壊を招くに至った。更に同じ70年代には、従来の「管理された（demand-pull の）インフレ」が「生産資源の隘路に基づく（cost-push の）インフレ」に転化したため、それまで低下傾向にあった単位労働費用が上昇に転じ、時にはそれが物価上昇率をも凌ぐ傾向を示した。それは民間投資の収益性を決定的に損なうので、政府支出も徒に悪性インフレを煽る結果に終わった。その結果、積極的財政出動をともなうケインズ的マクロ政策へ不信感が広まり、後述のように新自由主義の台頭を助長することにもなったのである。

　侘美の業績は、大内の『国家独占資本主義』から四半世紀を隔てた後、1929年に始まる「世界大恐慌」を巡る独自の研究に根差したものであり、直接に「国家独占資本主義論」の規定には拘泥ってはいない。戦間期いらいの世界経済の構造変化を分析しながら注目すべき成果を収めたものである。特に、大内が1929年の恐慌もそれ以前の「資本主義的恐慌」

と本質的に異ならないと判断しているのに対し、侘美は、それを従来の
「循環的恐慌」とは明らかに異質なものと捉え、その理由として、当時
のアメリカでは既に「耐久財を生産する寡占企業と労働組合組織による
市場支配力」が発生しており、価格伸縮性が損なわれていたことを指摘
している。この場合には、緩やかな景気後退でも「デフレ・スパイラル」
に繋がり「恐慌からの自動回復力」も損なうことがあると侘美は言う。
筆者もこの点が決定的であると思う。むしろその方が「解体期」におけ
る資本主義を「没落期」におけるそれと区別するのに有力な手掛かりを
与える。大内が、資本主義の段階区分について、「指導的な役割を果た
す資本の蓄積様式を基準とすべき」だという立場から、「帝国主義に対
する第四段階ではありえない」としたこと自体には誤りはないが、それ
だからと言って国家独占資本主義が「帝国主義段階の一部を形成するも
の [4]」だと断定すべき理由はない。むしろ、それが「脱資本主義過程の
一局面」であったと判断する方が自然であり、宇野の立場にも近いもの
と思われる。「戦間期」以後の世界経済の展開を、大内よりも長期間に
わたって観察できた侘美が、資本主義の「没落期」とは異なる「解体期」
の特質をヨリ的確に把握していたことは、容易に推察できる [5]。

　侘美によると、帝国主義段階の独占的大企業は、「石炭や鉄鋼を中心
に多数のカルテルを形成したが、一国経済の全体についてみると、寡占
企業の占める割合はまだ相対的に小さかったしその影響は部分的なもの
にとどまっていた。それによって物価そのものが硬直的になるには至っ
ていなかった [6]」。この段階では「経済過程を市場に任せると一年ほど
の比較的短期で終息する恐慌の後で不況期が訪れ、そこでは競争力の高
い企業や産業のみが生き残り、弱小な企業や産業は整理されていくので、
それは資本主義の生産力を高める一つの原動力になる [7]」と言う。とこ
ろがアメリカでは 1920 年代にすでに耐久消費財中心の産業構造が定着
し、寡占大企業が経済の中枢を占める傾向になっていた。この場合には、
寡占企業の製品価格も（労働組合との間の交渉で決まる）賃金もともに下
方硬直的になるので、不景気になっても物価を低落させるよりは所謂リ
ストラによって生産と雇用を縮小する方向にむかう。これは一般的物価
低下が弱小企業を淘汰し次の回復を準備する代わりに、「経済過程を累
積的に悪化させるものに変質」させたことを意味する。ここで侘美が「累

積的悪化」としているのはデフレ・スパイラルのことである。

　実際、大恐慌の場合、20年代の前半には殆ど物価の上昇もないままに耐久消費財ブームがあったが、それが1925—26年ころに停滞すると、寡占企業は余剰資金を株式投資にあて、それを円滑にするためにブローカーズ・ローンという銀行信用を利用したが、その原資であつた外国資金が英国の金利高騰によって引き上げられると、他の金利もその影響下に上昇して農業や消費者へのローンを直撃したため、29年半ば頃から緩やかな景気後退に入った。恐慌はまだ「経済の中枢」ではなく「周辺の弱小部門」で始まったために緩やかだったと言う。ところが同年秋に株価が暴落すると、同時に農産物価格もこれに続いた。不景気になると耐久消費財への需要が真っ先に減少するので、寡占企業も操短と雇用調整を余儀なくされ、失業も急増することになる。それは所得の激減を意味するから、これまで銀行貸付に頼っていた農民・中小企業・消費者は返済不能になり、銀行その他の金融業者は不良債権の重圧に苦しむことになる。「債務デフレ」と金融逼迫は実物経済を更なる苦境に追い込むことになるので、デフレ・スパイラル即ち「経済の累積的悪化」が止められなくなる。侘美の分析で興味深いのは、アメリカで「大不況」からの回復が遅れた理由を、当時の経済構造がすでに寡占企業中心のものに変質していたのに対し、それによって誘発された我が国の「昭和恐慌」では、まだ伸縮的な物価が大幅に下落したため、比較的短期間で回復したと結論している点である[8]。

　いずれにしても、第一次大戦以後とそれ以前の世界経済とを何らかの基準で区別しようとする立場は、大内にも侘美にも共通している。侘美も大内と同じように、第二次世界大戦後の先進国経済に「混合経済」が定着したことを認め、それは「管理されたインフレーション」（大内）すなわち「不可逆的価格上昇機構」（侘美）によって「恐慌を回避するため」であるとしているが、侘美の場合にはその「恐慌」が、第一次大戦以後の「経済構造の変質」によって「大恐慌型」になる危険があるからであり、東西対立によって資本主義が全般的危機に曝されているからではない。また、この混合経済体制が持続する条件として、ブレトン・ウッズ合意が保証するドルの「公的対外交換性」が維持されるばかりでなく、技術進歩（この場合は恐らく石油系技術の革新）によって民間投資

の高い収益性が確保されたことを挙げている。これらは、世界経済の現状分析に新たな一歩を画するものと言ってよい。

IV. テミンのいう『大恐慌の教訓』

　30年代の大恐慌は先ずアメリカに発生し、それに諸外国も巻き込まれたのであるから、当然アメリカを中心にその研究もなされるのが常であるが、実際にはその原因も結果も世界史的な展望のうちに把握されなければならない。侘美も「国際通貨制度の崩壊も大恐慌への道を開いた」と言う一章でその点を論じているが、経済史家のピーター・テミンの大恐慌研究は[9]、更に終始一貫して「米・独・仏・英の四国経済」の相互連関のうちにその原因と結末とを論じている。ここで面白いのは、これら主要国の政策当事者が1920年代を通じて、「大戦前の金本位制度を復活する以外に戦後の世界経済を再出発させる道はない」という半宗教的な幻想に取りつかれていたことが指摘されている点である。大戦によって世界経済の構造が激変したことが誰にも理解されず、国際的通貨制度を含めて戦前の経済秩序全体が回復できるとするヨーロッパ中心の発想が支配的だったのである。実際には、戦後ただちに金本位に復帰できたのはアメリカだけであり、イギリスは1925年に旧平価で、フランスは1926年に旧平価の五分の一で金本位に復帰している。ところが「再建された金本位制度」はその「対称性」を全く失っていた。即ち、金の不足する国は平価を切り下げて輸出を図るよりもデフレによって対応しようとする反面、金が過剰な国は平価を切り上げず、インフレを怖れて十分の拡大もしなかった。実際、ポンドは過大評価されたため英国は厳しいデフレに低迷する一方、フランは過小評価されたためフランスには必要以上の金が流入したという。戦前の金本位制度は、商品経済の世界史的発展のなかで各国がイギリスの例に習い、いわば自然発生的に形成されたものであったのに対し、20年代後半の再建金本位は、変質した世界経済の現状を直視せずに、各国が夫々の政策的意図に沿ってバラバラ

に形成したものである。それゆえ予期された「対称性」を欠き、全体としては著しいデフレ・バイアスをもつ不合理な桎梏にしかならなかった。「第一次大戦の衝撃がこのように伝播されたこと」が世界的大恐慌を不可避にしたものとテミンは考えている。

　しかし、テミンは実際に 1914 年の戦争が世界経済の構造をどう変えたかについては、詳しく言及していない。戦後、英独の経済力が相対的に衰退し、世界の中心がヨーロッパからアメリカに移ったとか、資本の輸出国であったドイツが輸入国に転じたこと、また人口や農業生産・国際資本移動には戦前から大きな変化が見られたこと、戦争までは繁栄していた農業が貧困へ転落したことなどが漠然と述べられている。恐らく戦中・戦後に、欧州むけに拡大したアメリカの農業生産が、耕作機械などの返済が終わらないうちに 1928・9 年の金利高騰で苦境に陥ったことなどを念頭に置いているのであろう。要するに、大戦まではヨーロッパ中心に展開していた世界的な「商品経済の秩序」が、戦闘地域における経済生活の未曾有の破壊と非戦闘地域における経済力の急激な進出によって決定的な歪曲を避けられなかったばかりでなく、「総力戦」によって直接間接に刺激された新たな技術開発と戦後も払拭しきれなかった諸国間の政治的・軍事的対立とが結合して、「商品経済の論理を超える使用価値的条件」を生み出していたのである。この点に関して当時の実力者や政策当事者はテミンの指摘した通り全く盲目だった。彼らは「自分たちの信奉するイデオロギーの虜になっており [10]」「世界経済の変化を断固として無視しようとする、過ぎ去りし時代の状況にしか適さない政策 [11]」に執心した。この態度は、すでに恐慌が始まってからも変わらず、直ちに拡張政策に転ずるオプションは全く想定外に置いたため、デフレ・スパイラルの罠にはまったのである。

　転機が訪れたのは、先ず 1931 年にイギリスが金本位を離脱してからである。このためイギリスは、工業生産の縮小も物価下落も最も軽微なもので済ませた。ドイツは 32 年にパーペンがブリューニングに代わってから拡大基調に転じたが、これはフーバーがその任期末に採用したものと同様に小規模で暫定的なものに留まり、翌年にはナチスの登場を許してしまった。アメリカでは、33 年にルーズベルトのニュー・ディールが始まってから漸く本格的な拡張の方向へ向かった。テミンによれば

これらは基本的に「社会主義的な体制」への転換であり、ドイツが「国家社会主義」に向かったのに対し、アメリカは「社会民主主義」を目指したのだと言う。その後、各国政府は「経済の蘇生と管理とを同時に行なおう」とし、古典的な自由主義の市場放任主義に抵抗して「政府の果たすべき役割についてますます似通ったアプローチを採用する」ようになった。それは一方において従来の自由市場を認め、他方では部分的に国民経済の「社会主義的管理・計画」を要請したのである。しかし当時はまだ経済のマクロ管理という発想はなく、公益事業や銀行業の規制、賃金決定への政府の関与、公的資源・資産から発生する配当の公正な分配など雑多な内容を寄せ集めたものを「社会主義的政策」と理解したのであった。ケインズ理論による「通貨と総需要の管理」が広く理解されるようになったのは30年代末であり、世界はすでに第二次世界大戦の前夜にあった。しかし、戦後の「混合経済」を準備したものが、大恐慌の回復過程で生まれた「社会民主主義的な発想」にあったことは間違いない。

　以上、大内、侘美、テミンなどの業績を参考にしながら、第一次世界大戦以後の世界経済の変遷を考えてきた。しかし本稿の目的は、それを「資本主義の没落期であった帝国主義段階」に対する「資本主義の解体期としての脱資本主義過程」として、宇野の段階論にヨリ整合的な形で現代の「過渡期における世界経済論」を理解することにある。そこでは、この「解体期」を「管理通貨制度の完成過程」と基本的に位置づけることにしたい。というのは、テミンの研究からも示唆されるように、金本位制度から本格的に離脱して（実際に「金を廃貨」して）、純粋な命令貨幣（fiat money）に基づく管理通貨制度を確立することは、普通に考えられているほど生易しくはなく、一朝一夕に果たしうることでもないからである。ケインズ以前の経済学は「金本位制度の復興なくして経済の復興はありえない」という妄想のゆえに自縄自縛に陥り、結局デフレの慢性化を回避できなかった。では現在の経済学は「金の呪縛」から完全に開放されているかと言えば、実はそうとも言えない面を多分に残しているのではないか。だとすれば、それを清算することこそが、一方においてマルクスの「経済学批判」を完成させることにもなり、他方において、新しい歴史社会の到来を最終的に用意するものでもあるとは言えないだ

ろうか。

Ⅴ．「脱資本主義過程」の第三局面について

　この過渡期は、次の三局面に分かれる。第一の局面が「大恐慌を含む戦間期」に当たり、第二の局面は第二次世界大戦後1970年代までの「混合経済の黄金期」であり同時に「石油技術とフォーディズムの時期」である。そして第三の局面が80年代から現在に至る30年間の「新自由主義の時代」すなわち「情報技術と金融乱脈の局面」である。本稿が意図する結論は、この第二局面をもって「脱資本主義過程論」が終わり、いよいよ「新しい歴史社会」への第一歩を踏み出すことができるというものである。最初の二局面については、これまでも何度か「走り書き的」に要約したことがあったし[12]、上記の評論でも随所に筆者の見解を述べておいた。ここでは「脱資本主義過程の第三局面を如何に捉えるか」という問題に限定して議論を進めたいと思う。

　第二局面のアメリカでは、長年にわたってマクロの総需要政策に集中してきたが、総需要政策と言っても、政府部門の活動内容が経済的合理性（経済原則）を疎かにすれば「供給側の硬直性」に繋がることは避けられない。それは70年代後半頃から次第に明らかになり、80年代になって「新保守主義」を唱える勢力が政権に就くと、ケインズを否定する「供給側の経済学」が主流になった。それには先ず「石油技術の革新を体化したフォーディズム型の産業」における生産性の上昇傾向に陰りが見えたことが強く関係している。同時に、石油危機に伴って産油国に累積した米ドルの「リサイクル」によって飛躍的に発展した「ユーロ資本市場」を背景に、これまで「産業利害」に対して劣位にあった「金融利害」が、その勢力を急速に挽回してきたこととも深い関係がある。ここで「金融利害」とは、いわゆる「金利生活者」と言うよりは、自分の生活や実業に必要な以上に「貸付可能な遊休資金」を保有している個人・団体や企業のことである。アメリカでは金融利害が産業利害を抑えて復活を果た

すと同時に、ソ連の解体と情報技術の進展に助けられて、それが世界経済のグローバル化を推進する主役を演ずるに至った。「世界の工場」はもはや中国をはじめとする新興諸国に委ねられ、経済的先進国は一様に「資本の自由化と金融再編成」の波に巻き込まれた。もちろん情報技術の進展により生産面でも極度の洗練という意味で「高度化」が見られたが、それは同時に「金融乱脈の時代」ともなった。そもそも金融が主導権を取るということは、民間に「資本化されない遊休資金（投資＝資本形成には使われない貯蓄資金）」が大量に形成されることに外ならない。これを放置しておけば、それは巨大な「収奪の原資」にしかならない。それを避けるためにこそケインズは「政府部門」による「社会的に望ましい投資」を呼びかけたのであるが、金融利害の走狗と化した今日のマクロ経済学はこの教訓を全く無視しており、その結果がリーマン商会の破綻に端を発する世界的大恐慌にほかならない。もう「二度と起こらない」筈だった30年代の大不況が戻ってきた理由もそこにある。管理通貨の面でみれば、それは変動相場制の下における非公式の（「なし崩し的な」政治的圧力によって辛うじて維持されている）「米ドル本位」に過ぎない。つまり国際通貨制度は無政府状態のまま放置されているのである。この危機を正しく理解し解決する道こそが、最終的に資本主義と決別し「次の歴史社会」に第一歩をふみだす道でもある。

　脱資本主義過程の第二局面であった「繁栄の時代」には、生活の富裕化によって大量の貯蓄資金が発生するようになったが、それが全て民間部門や政府部門で「資本化（投資）」できた訳ではなかった。その資本化をマクロ政策によって出来るだけ推進するのが、ケインズ的な福祉国家に課せられた一つの重要な役割でもあった。ところが新保守主義が「小さな政府」の下での「民間経済の活性化」を唱えるようになると、民間に叢生する過剰な貯蓄資金（貸付可能資金）が資本化できないまま（投資として実質的資本形成に吸収されないまま）に残留し、そのストックが肥大することになる。（私的・公的な）消費にも資本形成にも必要とされず一方的に蓄積される遊休資金は、単に退蔵されればデフレ効果しかもたず、実物経済の成長には繋がらない。しかし、これは「カジノ資本」（無軌道な金貸資本の一種）として投機目的に利用することもできる。すなわち、まず人為的に（と言うのは、風評的に）投機熱を煽って資産価

格を高騰せしめ、それが「金回りをよくする」ことで実物経済を刺激し、好景気を醸成できる場合がある。これをバブルという。しかし、このような「金融主導のバブル経済」は、ある限度まで膨張すると必ず破綻して、次のバブルが醸成されるのを待たなければならない。実際、「金融の自由化」によって「金融利害」が「産業利害」から優位を奪回して以来、「バブルとその破綻（bubble and bust）」の繰返しが、従来の産業的景気循環に替わって実物経済の動向を支配するようになった。若しこれが脱資本主義過程の第三局面を基本的に特徴づけるものであるとすれば、これは本来の（狭義の）資本主義の最終的崩壊を意味する。

　まず、宇野も認めているように、「資本主義が…商品経済的に自立する基礎をなす貨幣制度」は、本来「商品貨幣」をベースとする金本位制度のようなものでなければならない。この場合に「商品流通に必要な貨幣量」は、資本家的商品市場が自律的に判断して決定するのであって、その供給量を人為的（ないし政策的）に調節したりすることはできない。（宇野は随所でこの点を繰り返し強調している。）これに対し「管理通貨制度」とは本来的に「命令貨幣（fiat money）」を前提にするものであるから、商品の流通に必要な（もしくは望ましい）貨幣量は、国家の通貨当局の判断によって供給されるべきものである[13]。ただし、この対比は理論的なものであり、実際には、原則「金本位制度」であっても、一時的に国が金の流出入を制限したり停止したりすることもあったし、逆に、原則「管理通貨制度」でも何らかの形で「金」との関係を間接に維持するものもあった。事実、第二次大戦後のブレトン・ウッズ IMF 体制が採用した国際通貨制度は、加盟諸国の通貨に「金とドルでの平価」を定め、アメリカが「公的対外金兌換性」を担保する固定相場制度という「金為替本位」の形で運用された。この制度は米ドルの信認が維持される限りでは米ドル本位の管理通貨制でもあり、事実、加盟諸外国は（金とドルからなる）外貨準備の増減に応じて国内の通貨量を調節していればよかった。ところが、米ドルの信認が低下し加盟国の中に対米協力を拒否して「金を選好」するものが現れると、この制度は忽ち維持できなくなる。

　スミソニアン会議（1971）の時点では、まだ、従来の体制を再編成することが志向されていたが、それに必要な「国際協力」は次第に困難になり、1976 年には「キングストン合意」によって最終的に「金の廃貨」

が宣言されるに至った。これで管理通貨制度はいよいよ本格的なものになった筈である。しかしその正体は、アメリカのいわゆる「通貨外交」の陰に隠れてその真の姿を見せようとしなかつた[14]。その背後には、「石油危機」によって世界の国際収支関係が大きく変化したことがある。産油国は突如として大幅な経常黒字を計上し自ら使いきれないドルを累積する一方、非産油国は大幅な赤字に対処するため厳しい金融収縮を迫られた。従来の IMF システムの枠内では、加盟国同士が政府間合意によって黒字国から赤字国へ必要な資金を融通することになる。そのためにオイル・ファシリティと称する新機構も導入されたが、実際フタを開けてみるとその利用度は僅かなものに留まり、大量のドル資金はいったんユーロ市場に流れこんだ後、民間の金融仲介を通じて極めてスムーズに赤字国の資金需要にこたえていた。明らかに、(煩雑な規制に妨げられる国内銀行とは違って)国外で自由に行動できる民間のユーロ銀行(offshore banks)を利用すれば、政府間交渉を経由するよりも遥かに迅速で効率のよい国際的金融仲介が可能であることが実証されたのである[15]。この事実は「金融利害」を大いに勇気づけた。またアメリカ政府としても、従来の IMF システムのなかで(厄介な「公的対外金兌換性」と引き換えに)米ドルの特権を認めて貰わなくても、石油などの重要商品が「ドル建」で貿易されている限り、基軸通貨としての米ドルを維持することに何ら支障はないことを悟ったのである。このため 80 年代に成立したアメリカの保守政権は「金融の自由化」によつて「金融利害」の復権を図るという新たな国際戦略に打ってでた。これによって国内銀行にも在外銀行と同じ「自由」を与えようとしたのである。80 年代末のアメリカが、唯一の残存超大国として世界経済のグローバル化という方針を定めたとき、「産業利害」にもはや往年の光彩は見られなかった。

　しかし、この時点では既に「情報技術の前進」が目覚ましく、金融界も産業界もこれに大きく影響されることになっていた。金融の場合は、オンラインで瞬時に世界中から情報を入手できるばかりでなく、ワンタッチで巨額の資金を自由に移動させることが可能になったので、先ず国際面での業務が一新された。これが「金融イノベーション」や「金融工学」を促進することにも繋がり、国内でも証券市場を大いに活性化した。企業も実業のみに集中していることはできず、金融市場における M&A

などの動向に即応できる経営資源を充実せざるを得ない立場にたった。情報技術の前進は産業の生産部門にも直接の影響を与えた。小型自動制御機械の広汎な導入と新素材の開発が相まって、「石油による大量生産」の時代には想像もできなかった「生産の高度化」が齎らされた。こうした高度の（精度の高い）生産は、研究開発に多額の投資を必要とする「知識集約的」製品を中核とするが、その一つの特徴は、製品の生産コストの中で直接費用の占める割合が格段に低下することである。すると、一つの技術開発で一連の新商品が生まれることもあり、その開発コスト（間接費用）を個々の商品に如何に配分して回収するかは恣意的・便宜的なものになる[16]。また商品として市場に出されるものも単純な製品ではなく、複雑なシステムとして多数の製品が組み合わされ、技術的なサービス（情報）とも抱き合わせでなければ消費できないものもある。（例えば国際市場で熾烈な「売り込み合戦」を繰り広げる新幹線の敷設や大型航空機の受注などにそれが見られる。）また、そのため、一度市場に食い込めば、その後の部品調達や技術支援などで他者の競争を排除できる。即ち、「情報化時代」の生産物の最先端にあるのは、簡単に商品化できる使用価値ではなくなっている。クリントン政権初期に「戦略的通商政策」が問題にしたのは正にこのような点であった[17]。

　しかし、それは商品市場の中枢に「結合生産物」以上に複雑で扱いにくい条件を導入することに外ならない。そのような文脈で、「資源の最適配分」や（厚生経済学でいう）「パレト最適」を約束する一般均衡解の存在（従って平均利潤法則の妥当性）を証明することは、ほぼ不可能に近いと結論すべきであろう。だとすると、我々が今日その中で生活している使用価値空間が、「（狭義の）資本主義」という全面的かつ自律的商品経済の下に包摂しきれるものとは到底考えられない。そこには自律的な「価値法則」が十全に支配しうる世界は存在せず、従って剰余価値生産の行い得ない「使用価値空間」を前提とした世界経済が現実であるとせざるを得ない。他方、既述のように、好景気と不景気の交替がすでに従来の「産業循環型」から「バブル＆バスト型」に移行しており、それは、労働力の商品化と技術革新との関係が周期的に「資本の再生産過程」を自動制御するという「人口法則」の作用も認めがたいと言うのに等しい。要するに、今日の世界経済は、もはや「（狭義の）資本主義」をもって

は処理しきれない生産力の水準を抱えているのであり、そこに一九世紀的な経済学の原理をそのまま適用してみても、それは、現実をひとつの牧歌的虚構に仕立てあげることにしかならない。しかし、社会的現実を歪曲して売り物にすることは、社会的強者が自己の不当な収奪過程を隠蔽し、社会的弱者を群羊のごとくマインド・コントロールするための常套手段である。実際、ケインズの権威を失墜させ市場原理主義に回帰した経済学は、「金融利害」のイデオロギーを補強するものに外ならない。

VI. 金融サミットに何を期待できるか

さて、脱資本主義過程の第三局面で、産業利害から優位を勝ち取った「金融利害」は、市場原理主義という時代錯誤のイデオロギーを鼓吹することで、「情報化した社会」に経済的繁栄を齎すことができるだろうか。それはできない。何故ならば「金融利害」の武器は「カジノ資本」であるが、これは原理でいう「金貸資本」の亜種であり、本来的に「無軌道(measureless)」とされている。事実、近代以前には「高利貸資本」として収奪をほしいままにした。資本主義のもとでは「産業資本」の一部が「貸付資本」に転化して「金貸資本」の一面を継承しているが、一旦その枠外にでれば立ちどころにその収奪性が露わになり、実質的な経済活動に対して破壊的な役割しか演じない。すでに述べたように、「カジノ資本」が現代経済の活性化に役立つのは「資産価格の高騰(バブル)」を演出できる限りにおいてである。若しそれができず、逆に資産価格を暴落させたり長期にわたってそれを低迷させたりすれば、金融と実物経済のデフレ・スパイラルを惹き起し、その両者を崩壊に導く。投資銀行リーマン・ブラザーの破綻を契機に 2008 年の秋以降、世界経済はこの下降過程に巻きこまれた。「カジノ資本」は資本主義の(「没落期」ではなく)「解体期」に現れるものであり、不用意に「金融資本」と混同してはならない。前者にとって、実物的「富」の生産は初めから収奪の対象であり、その目的にはならない。当然その無軌道な収奪性を自ら抑制する能力ももた

ない。今日のサブプライム危機では、「カジノ資本」のそういう側面が表面化したのである。それは、状況次第で、資産価格の高騰を煽ることができるように、それを一気に下落させ、実物経済を巻き添えにして長期的不況に低迷させることもできる。

　だが、こうなった場合には、民間経済だけの力で景気を回復することは不可能であり、政府部門による「超大型の財政出動」が不可欠になる。ところが、その財源を追加的増税にも国債発行にも頼ることはできず、「命令通貨の発行」のみが唯一の道である。他方、潜在的生産能力を生かして社会的に供給できる規模の商品を流通せしめるのに十分な通貨量は、資産価格の低落に直面した銀行制度が創造し供給できる「信用通貨（credit money）」だけでは決して賄いきれない[18]。デフレとは、信用収縮によって商品の購買手段としての「通貨」が不足するため（商品の）滞貨が生じ経済活動が不振になることである。人体にたとえれば重度の貧血症であって、輸血を要するということである。たとい「資金（遊休貨幣）」が余っていても「通貨（活動貨幣）」が欠乏するため商品が流通せず、経済活動が停滞する。このような状態に陥ってもなお市中に必要な通貨量を供給しうる唯一の手段は、「命令通貨の発行を財源とする財政支出」でしかあり得ない[19]。ところが現時点では、それに対する抵抗が著しくかつ執拗である。それは、「金の呪縛」が未だに強力に残存していることを示している。我々は先ずその呪縛に打ち勝たなければならない。それ以外に現下の世界的同時不況から救済される道はないからである。だが、主権国家の通貨発行権を認め、必要な時にそれを行使できることは、命令貨幣をベースとする「管理通貨制度」のあるべき姿がすでに完成しているのと同義である。そして、それは同時に、商品経済の自律性への盲目な依存をやめ「意識的に」（狭義の）資本主義に終止符をうつことに外ならない。金本位制度から終局的に開放されることに外ならない。ここに至って人間社会は、ようやく新たなる歴史社会への道を踏み出すことになるであろう。

【注】

(1) 宇野弘蔵『経済政策論 — 改定版』弘文堂、1971 年 140 頁

(2) 大内力『国家独占資本主義』東京大学出版会、1970 年

(3) 侘美光彦『「大恐慌型」不況』講談社、1998 年

(4) 大内 140 頁

(5) 侘美は直接そのような問題には関与していないが、別に「恐慌論の再構築」という論文では、段階論や原理論について「世界資本主義論」に基づく独自の解釈を示している。この点では筆者の立場とは大きく隔たるが、此処ではその点に触れないことにする。

(6) 侘美 122 頁

(7) 侘美 123 頁

(8) 侘美 222 頁

(9) ピーター・テミン（猪木ほか訳）『大恐慌の教訓』東洋経済新報社、1994 年

(10) テミン 52 頁

(11) テミン 54 頁

(12) 関根友彦「現代経済における脱資本主義化傾向」『経済セミナー』74/no.227 . pp. 22-34; John Bell and Thomas T. Sekine, "The Disintegration of Capitalism, A Phase of Ex-Capitalist Transition", in R. Albritton, M. Itoh, R.Westra and A.Zuege (ed.), *Phases of Capitalist Development*, Palgrave, 2001, pp. 32-55; Thomas T. Sekine, "Globalization of the World Economy in Ex-Capitalist Transition", paper presented at the 3rd annual Conference of International Forum on Comparative Political Economy of Globalization, 1-2 September 2007, at Musashi University, Tokyo.

(13) ここで言う「命令貨幣」とはマルクスが「政府紙幣」と呼んだものと同じであるが、彼が想定した金本位制度のなかでは金に代わって流通手段の一部を代行するという補助的役割を果たすにすぎない。しかし「金の廃貨」によって「商品貨幣」が失われた後でも「商品経済」が限定的に存続するのであれば、それを可能ならしめるに必要な「命令貨幣」は国家（政府）によって全面的に供給されなければならない。

(14) これはアメリカの世界戦略である。金を廃貨すれば商品経済は自律性を失い、資本主義も「解体期」に入るという事実を一方では認めながら、他方ではイデオロギー的に「社会主義」を嫌い、何処までも「資本主義」に忠実でありたいというアメリカの分裂症的性格がこの equivocation の背景にある。

(15) 田所昌幸『アメリカを超えたドル』中公叢書、2001 年、pp.197ff.

(16) 宮崎義一『変わりゆく世界経済』有斐閣、1990 年、pp.29ff.

(17) 情報はもともとモノではないから「使用価値」でも「商品」でもあり
得ない。しかし、それを商品経済の中で生かそうとすれば、恣意的にで
も「価格付け」をせざるを得ない。資本の論理で処理できないものが肥
大化すればするほど「資本主義」もその実体を失うのである。

(18) 銀行の信用創造はもともと銀行券で商用手形を割引くことから始まっ
た。安心して割引ける手形がなければ銀行券は発行できない。デフレに
なると不渡り手形が増えるから銀行券も流通しなくなる。個別の銀行券
が預金に代わっても原理は同じである。デフレとは銀行が信用通貨を発
行できなくなることである。だから商品の滞貨が発生しますますデフレ
になる。中央銀行がベース・マネーをいくら増やしても、貨幣供給は増
加しない。日銀による量的緩和政策の経験が示すように、銀行制度では
デフレ期に発生する通貨不足を救済することはできない。因みに通貨は
商品の流通手段となる「活動貨幣」のことであって資金または「遊休貨
幣」ではない。戦後のインフレ期に宇野は「通貨の過剰」と「資金の不
足」が同時発生していることを指摘したが、デフレでは逆のことが起こる。
資金は余っていても通貨が不足するのである。

(19) ジョゼフ・フーバ / ジェイムス・ロバートソン（石見ほか訳）『新し
い貨幣の創造』日本経済評論社、2001 年。これは「政府紙幣の発行」と
同じである。2003 年に来日した Joseph Stiglitz 氏はデフレ下の日本に必
要なのは「政府紙幣」の発行であると助言したが、賛成したのは丹羽春
喜教授ただ独りであった。『不況克服の経済学』同文館出版、2003 年。

著者略歴

1933 年	東京に生まれる (11 月 22 日)
1957 年	一橋大学社会学部卒業
1957 年	一橋大学大学院経済学研究科進学、58 年留学のため中退
1958-60 年	マギル大学 (モントリオール) に留学
1960-62 年	国連本部 (ニューヨーク) 統計局に勤務
1962-66 年	London School of Economics に在学
1964 年	MA (マギル大学)
1966 年	Ph.D. (London School of Economics)
1966-68 年	サイモン・フレーザー大学 (バンクーバー) 助教授
1968-94 年	ヨーク大学 (トロント) 助教授、准教授、教授
1972-73 年	一橋大学経済研究所　客員研究員
1982-84 年	国際基督教大学　客員教授
1994-2004 年	愛知学院大学　商学部教授
2004-05 年	愛知学院大学　商学部客員教授
2022 年	逝去 (1 月 16 日)

ギリシャ・クレタ島にて妻・和子さんとともに

主要な著書・訳書・編書・論文

著書

The Dialectic of Capital, a Study of the Inner Logic of Capitalism, 2 vols，東信堂、東京、1984 年，1986 年

『経済学の方向転換－広義の経済学事始－』，東信堂、東京、1995 年

An Outline of the Dialectic of Capital, 2 Vols, Macmillan-Saint Martin's Press, 1997

『経済原論教科書』、創英社 / 三省堂書店、東京、2004 年

『経済原論要領』、アイ イー アイ (IEI,Inc.)、東京、2005 年

Towards a Critique of Bourgeois Economics, Essays of Thomas.T.Sekine, J.R.Bell 編、Owl of Minerva Press、2013

The Dialectic of Capital, a Study of the Inner Logic of Capitalism, 2 vols， BRILL Leiden/Boston、2020

Marx, Uno and the Critique of Economics, Towards an Ex-Capitalist Transition, Palgrave Macmillan、 2023

訳書

Kozo Uno：*Principles of Political Economy,* The Harvester Press, Sussex, 1980

Kozo Uno：*The Types of Economic Policies under Capitalism,* BRILL, Leiden、 2016

共編著

Socialist Dilemmas, East and West, A Collection of Essays, H. Flakierski との共編、M.E. Sharp, New York,1980

A Japanese Approach to Political Economy, Unoist Variations, a collection of essays, R. Albritton との共編, St. Martin's Press,1995

なお、宇野弘蔵著『経済学の効用』（東京大学出版会、1972 年）において「聞き手」として対談をしている。

論文

Uno-Riron：A Japanese Contribution to Marxian Political Economy, *The Journal of Economic Literature,* Vol.13, 1975

「宇野理論における資本の弁証法－マルクス経済学の方法論－」、上・下　『経済評論』27-3・4　1978 年

The Dialectic of Capital：an Unoist Interpretation, *Science and Society,* Vol.62, No.3, Fall, 1998

The Disintegration of Capitalism：A Phase of Ex-Capitalist Transition、with John R. Bell, in R. Albritton, M, Itoh, R. Westra and A. Zuege (ed.), *Phases of Capitalist Development,* Palgrave, 2001

あとがき

〔Ⅰ〕

　本書は、2022年1月16日に逝去された関根友彦先生（以下、関根）の日本語で発表された論文・講演録および未発表の論稿を編集したものである。関根の研究領域は、カナダでの研究時に、「資本の弁証法」（＝経済学原理論）、「脱資本主義論」、「広義の経済学」に定められたが、最後の領域はすでに『経済学の方向転換——広義の経済学事始』（東信堂、1995年）として出版されている。本書は、段階論の研究も含めて、関根の研究総体を概観できるように編集した。関根は、宇野三段階論を念頭に、どの論稿においても方法的観点を重視しつつ論を展開するので、本書に収録した諸論稿には同じ主張がその精粗は別にして異なった脈絡で何度も表れる。もし関根自身が諸論稿を纏めたとすると、それらを整理・再構成したと思われるが、本書では重複を厭わず原稿のままに収録した。

　本書は、第Ⅰ部には、主に研究遍歴と「資本の弁証法」の見地からの経済学総体に関わる論稿を、第Ⅱ部には、段階論と現状分析にかかわる論文を纏めた。論稿の初出・掲載書誌は各章の扉に記し、未発表原稿については可能な範囲で編者が簡単な説明をくわえた。

　本書出版の経緯は次のとおりである。関根友彦先生を囲む会として開催されてきた「杉並経済学研究会」（第31回）の後で催された「関根友彦先生を偲ぶ会」（2023年3月27日、於：東京経済大学）の参加者に、講演録「私が迷い込んだ経済学」（本書第1章）と自伝的研究遍歴「私の学んだ「宇野理論」」（本書第2章）が、関根和子様より記念品として恵贈された。それらを櫻井毅先生が読まれ、関根の主張の概要を知るために非常に良い読みものであるとされ、それらを含めて関根の主張を世に知らしめたらどうかという提案が岡本と亀﨑にあり、櫻井先生が社会評論社に掛け合ってくださったことから始まっている。関根の原稿を一書に纏めるにあたっては、櫻井先生から編集上の貴重なアドバイスをいただき、はしがきも書いていただいた。また、編集の過程では、論文の提供や先生の経歴の提示や原稿の校訂などについて、関根和子様からも大きなご支援・労力をいただいた。

293

関根友彦は日本の経済学界で広く知られていたとはいえ、関根の主張が学界において十分な理解をえていたかというと、必ずしもそうとは言えない。宇野理論の研究者においてさえそうであると編者は感じている。それには幾つか理由があると思われるが、関根の謙虚な人柄のほかに、関根の研究遍歴・それに関連した研究スタイル・その結果としての馴染みの少ない見地からの主張の提示などが、大きいと思われる。本書で関根自身が書いているように、関根は、一橋大学在学中に宇野理論に出会っていたが、留学を契機に10年以上ものあいだ新古典派経済学を研究した後、マルクス経済学に回帰し、その後カナダ・トロントのヨーク大学でほぼ孤立無援の環境のもとマルクス経済学・宇野理論の研究に精進し、その地で宇野理論研究グループを形成しつつ研究を進めてきた。関根は、1994年に帰国し愛知学院大学・商学部で教鞭をとる前にすでに自身の宇野解釈の大枠を確立していたが、その独自な解釈は日本における宇野理論研究とはかならずしも咬み合わなかった。関根は、日本では海外に向けた宇野理論の紹介者としては有名であったが、独自の宇野理論解釈に基づいてカナダで発表されていた関根の研究は日本の宇野学派の研究者には十分知られていなかった。また、関根の研究スタイルが、日本におけるマルクス経済学研究の常道とは異なった観点からのものであったことも、関根の主張の認知を難しくした。たとえば、関根は、資本家商品市場とワルラス一般均衡論との同一的関係を主張し、原理論の分配論では数式展開を重用するほか、原理論（資本の弁証法）とヘーゲル論理学とを「重合」させた方法的見地を全面に押しだした主張をしている。これらの関根の主張は、新古典派経済学やヘーゲル哲学についての知識の乏しいマル経学者にとっては、「奇異な」主張とまではいわないまでも、理解しがたい主張と捉えられる理由となった。編者として名を連ねている私どもも長い間そのような違和感をもちつつ、関根の著書や論文に接してきた。

　以下では、マルクス経済学の常識的理解からは必ずしも解りやすいものではない関根の主張について、多少でも理解が進むように、関根の原理論と経済学の方法については〔Ⅱで〕亀﨑が、現状分析の脱資本主義過程については〔Ⅲで〕岡本が、関根の主張の論点・特徴などについて、若干の紹介をすることにする。

〔II〕

本書第Ⅰ部の原理論と経済学の方法については、関根が強い関心を
もっている科学方法論に触れつつ、一つ一つの論稿を紹介するのではな
く、関根の独自な宇野解釈および諸論点の関連を示すことにする。

関根は、『経済学の効用』（東京大学出版会）として出版された宇野と
の対談や欧米でのマルクス・ルネッサンスを契機にマルクス経済学・宇
野理論に回帰することになったが、宇野との対談において、宇野が、関
根自身が関心をもち研究してきた論理実証主義などの科学方法論とは異
なる方法論をもっており、宇野の科学方法論がヘーゲル弁証法ではない
かと気づいた。関根は、ヨーク大学で宇野理論の研究を進めるなかで併
せてヘーゲル哲学をも研究し、宇野が、マルクスによる古典派経済学批
判の方法に倣いつつ、「ヘーゲルの観念論を手抜かりなく完全に唯物論
化するという計画」を、すなわち、ヘーゲルの「形而上学的『論理学』を、『資
本論』に沿って経済学という実物科学…の純粋理論に書き改めると同
時に、ヘーゲルの『自然哲学』や『精神哲学』に値するものを資本主義
の「発展段階論」という形の中間理論に書き直す」という「前代未聞で
途方もなく壮大なる研究計画を…独りその胸に秘めていた」ことを見
いだした。

宇野のこの研究計画は、関根によれば、古典派などの経済学に纏い付
いている近代主義的バイアスを「イデオロギー的仮説」としての唯物史
観によって消極化し、古典派経済学に内在する「客観的真理」を学びとり、
『資本論』に結実させた経済学批判という「マルクスの偉業」をさらに
進めるものであった。すなわち、宇野は、一方では、19世紀中葉の研
究という時代的制約をもっていた『資本論』から、経済理論の純粋な展
開の見地からみて『資本論』に残存する段階論的現状分析などの記述を
取り除き、『資本論』を純粋資本主義の原理的規定に純化することによっ
て、他方では、レーニンなどに学びつつ、原理論の論理的厳密性と歴史
社会の具体的な多様性とを「発展段階論」により媒介せしめることによっ
て、資本主義という歴史社会の研究において「理論と歴史」の関連をど
う扱うか」というマルクス経済学における方法論的懸案を解決したので
ある。原理論・段階論・現状分析に明確に区別する宇野の経済学方法論は、
関根によれば、本来的にイデオロギー的である経済学の特性を払拭し、

近代主義的バイアスから解放された「客観的知識（真理）」として経済学・社会科学の研究方法を確立するものであった。関根は、この宇野独自の方法論を、社会科学の研究領域を近代主義的偏向から解放し、自然科学の方法とは異なる社会科学に独自な方法を定めるものとして、自然科学の研究領域を形而上学から解放し定めた近世哲学・カントの哲学的貢献に匹敵する試みであることを、強く示唆している。

　関根のこの宇野解釈は、宇野の諸著作の深い読解および研究遍歴にみられる新古典派・ヘーゲルの研究を基礎に、宇野が主張・強調したけれども必ずしも説得的に展開しえなかった諸論点を考究することによりもたらされた。こうして、本書にみられる関根の主張は、宇野から学び取ったその精髄を独自に展開する宇野理論解釈として、宇野＝関根理論の構築であったといってよい。

　宇野＝関根理論は本書の随所で言及されている幾つかの論点からなるが、それを図示すれば、次のようになる。

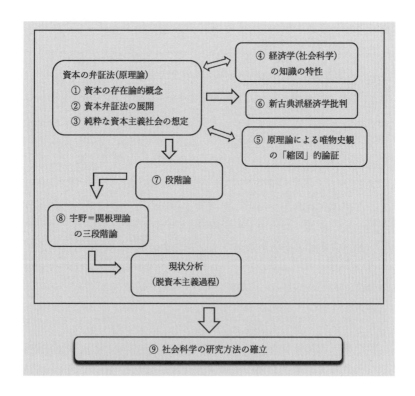

　これら論点の関連は、次のとおりである。①と②と③が原理論（資本の弁証法）の中核的論点をなし、④は原理論に示される知識の性格を、⑤は原理論とイデオロギーとの関連を示し、原理論は④とともに⑥の新古典派批判をもたらす。⑧は、判断基準としての原理論と⑦段階論とを、現状分析（脱資本主義過程論）に連結する。①〜⑧は全体として、⑨の宇野の壮大な研究計画を確立する。

　以下、簡単に宇野＝関根理論の各論点を示す。

①資本の存在論的概念

　資本は、関根によれば、「得を最大にし、損を最小にしよう」とする人間の経済的動機を絶対化・無限化したものとして概念化されるという。関根独自のこの主張は、フォイエルバッハが、神は自らの姿に似せて人間をつくり賜うたというユダヤ・キリスト教の教え（ヘーゲルが証明する絶対者の理解）を逆転させて、善意・知性・能力などの人間の有限な性向を無限化・絶対化し、人間の外に投影することによって、神を創造したとするヘーゲル観念論の唯物論的批判を参考に考案されている。関根によると、人間は、有限で不徹底にしか存在しない経済合理性を人間固有の観念作用により絶対化し、経済合理性を無限に追及する神として資本を創造するとされ、そこに資本の無限の価値増殖欲求の存在論的根拠を位置づける。資本とは、経済合理性の見地だけを基準に、商品経済において抽象的な富（価値）を無限に追及し行動する経済主体であり、アダム・スミスのホモ・エコノミクス（経済人）は、経済合理性の無限化という行動原理を体現した人間像であるという。

②資本弁証法の展開

　関根は、原理論を「資本それ自身による資本主義の定義」であると主張する。資本とは経済合理性という人間に備わる性向を無限化し人間の外に投影したものであるから、資本の諸規定について我々が知り得ないものは原則上なにもない。純粋な資本主義で経済合理性のみで行動する資本主体の活動を考察すれば、それが資本主義を完全に認識しうる原理論となるという。資本による資本主義経済の運営をどのように原理論として構築するかという問題は、関根によれば、人間の有徳性の絶対化として創造された絶対者の諸特性を顕示させたヘーゲル『論理学』の弁証

法が、資本の諸規定をどのような順序で整序・総合するかという手法
を、「価値と使用価値の矛盾」の弁証法として示しているという。すな
わち、その矛盾の現れ方と解決方法は三つの領域で異なった仕方で行わ
れる。(i) 流通論では、「移行の弁証法」として、形態的に観察される資
本の外的特質と発生が、(ii) 生産論では、「反省の弁証法」として、使用
価値生産という実質的経済生活を資本の内部に包摂し、価値法則および
人口法則として資本自身を根拠づける資本の本質が、(iii) 分配論では、
「展開の弁証法」として、上で展開された二領域の統一として、資本の
行動（競争）が多様な使用価値生産としての商品市場に資本家的に合理
的な秩序をどのように形成するかが解明され、利潤論・地代論・利子論
の展開において「価値と使用価値の矛盾」が解消される様が、展開される、
と。関根の原理論（資本弁証法）は、「原理論自身がいわば弁証法の論理
学をなす」という宇野の主張を、自らのヘーゲル研究を基礎に独自に敷
衍したものである。原理論の構造とヘーゲル論理学の構造との完全照合
という関根の主張は、*The Dialectic of Capital*（Brill, 2020）における各編
の Hegel Correspondence で詳細に確認されている。また、関根の資本弁
証法理解については、「資本弁証法とヘーゲル弁証法」（『経済学の方向転
換』、第6章、所収）が参考になる。

③ 純粋な資本主義社会の想定

　関根は、純粋な資本主義社会を想定して、「資本自身による資本主義
の定義」を与える。純粋な資本主義は、資本の論理が実物経済を最も完
全に掌握した資本主義であるという。そこでは実物経済のすべての生産
物が商品化されるのみならず、商品の使用価値は完全に名目化され理想
的に中和され、相互に完全に無区別な価値として生産されるものと想定
される。実際の人間生活に必要な具体的な使用価値は、その生産技術の
多様性を反映して様々であり、商品化しやすいものも商品化しにくいも
のも存在する。商品経済という資本の論理に包摂しにくい(市場「外部性」
をもつ) 使用価値は、資本主義社会では国家の政策によって商品経済的
運営のインフラ整備として「内部化」される。それゆえ、関根が想定す
る「純粋な資本主義」における使用価値空間は、歴史上現実に存在する
ものではなく、資本主義のイデアのそれとして純粋に理論的な存在であ
る。とはいえ、その想定は、我々人間の観念による恣意的な構築物（モ

デル）などではなく、資本主義の発生・発展の現実的過程にその物質的基礎をもっている。すなわち、19世紀中葉の資本主義の純粋化傾向（「商品による商品の生産」の徹底化の進展）がその想定の基盤であり、資本主義の純粋化傾向という現実的過程を「模写」する宇野の方法模写説は、原理的規定の客観性を保証する。逆に、原理論体系による資本主義の完全な認識は、資本主義のイデアである純粋資本主義の存在論的根拠を明らかにする。

④社会科学の知識の特性

　宇野は、社会科学の知識と自然科学のそれとは違うことや、経済学の知識は技術的に利用しえないことを力説したが、宇野に独自なしかし十分には展開されていないこの主張を、関根は自らの科学方法論の研究を基礎に説得的に展開している。

　関根によれば、自然は人間の外側に与えられたものであり、人間はそれを外部から観察し何らかの規則性を認識しようとするが、自然科学の研究は、「a，b，c、…という条件が満たされれば、xという事象が生じる」という（予見的）形式でなされる。最初に仮説をたて、その仮説を経験的に検証し、反証が現れないかぎり暫定的な真理と認められる。その条件は無限に遡及しうるから、自然科学は自然を全面的に解明するものではなく、自然の局部的理解に留まる。自然科学の知識のもつ予見性・予測性はその技術的応用を可能にする。自然についての知識やその科学に基づく産業技術は、産業革命以来人間生活を物質的に安楽にするという目覚ましい成果を挙げてきた。

　社会科学は近代ブルジョア社会とともに出現したが、近代社会は、③でみたように一時期明確に経済が社会から「離床」するいわゆる純粋化傾向がみられ、経済学は、その「離床」傾向のもとで、資本主義の経済過程に現れる運動法則の解明を目的として成立した。すなわち、資本主義社会では、人間社会と自然との物質代謝は、労働力の商品化に基づき、資本に支配される商品生産過程として実現され、その過程は「得を最大にし、損を最小にする」資本を主体に編成される。①でみたように、関根によれば、資本とは人間の有限な経済的動機を無限化・絶対化した存在であるから、資本主義の運動法則を解明する経済学の純粋理論は、人が外部から資本主義を観察して得られる仮説などではない。人間は誰し

も自身に経済的動機が備わっていることを知っており、ただ生身の人間は、他の諸々の動機をももち、経済的動機のみにしたがって行動しないだけである。こうして、経済学の知識は、人間の経済合理性の絶対化である資本の論理であり、人が内省的に確認できるものであって、自然科学のように仮説－検証の手続によりえられる知識ではない。それはまた予測的形式をとらないので、技術的な利用を許すものではない。

⑤ 原理論による唯物史観の「縮図」的論証

　関根は、唯物史観を「イデオロギー的仮説」とする宇野の主張を、つぎのように解釈し評価している。関根は、社会科学は総て何らかのイデオロギーを体現しており、唯物史観はマルクス主義にとっての歴史観（イデオロギー）である。すなわち、唯物史観は、マルクスが経済学研究の前に、経済学に纏い付いている近代主義的バイアス（資本主義を諸利害の調和を達成しうる人間にとって永遠（最高）の制度とする理解）への感染予防のために服用した「解毒剤」（対抗的歴史観）である、と。マルクスの偉業は、唯物史観を「導きの糸」として経済学の研究に踏み出し、経済理論を『資本論』に体系化した点にあり、宇野は、その偉業を『資本論』の純化という形で引き継ぎ、原理論体系によって資本主義の枠内において唯物史観の基本的命題を「縮図」として論証した、と。すなわち、(i) 人間生活の社会的生産において一定の生産関係が現実社会の物質的土台であるという主張は、再生産論における資本・賃労働関係を基礎とする価値法則の貫徹が上部構造（人間の意識）とは独立に資本主義の物質代謝を規制する点として示され、(ii) どの社会の生産関係も一定の生産力に照応し、生産力の発展が既存の生産関係と矛盾を惹起するという主張は、景気循環・好況局面で生産力と生産関係とは当初は照応して発展するが、蓄積の進展にともなう労働力不足・労働力価値の上昇により資本の絶対的過剰生産を惹起させる点に示され、(iii) 既存の生産関係が生産力の発展にとって桎梏となるとき社会革命（変革）が始まるという主張は、利潤率と利子率の衝突による恐慌現象（資本主義の危機）として展開され、不況局面における新しい生産方法の出現が剰余価値生産を回復する新しい資本・賃労働関係の形成という点として示される。宇野の原理論体系を通した唯物史観の「縮図」的論証は、マルクス経済学のイデオロギーである唯物史観と経済理論との関連を明確にしている。つまり、

唯物史観は、原理論が完成すれば不要になるイデオロギー的仮説として重要なのである、と。この理解から、関根は、唯物史観を信奉する常識的マルクス主義（経済学）の理論的貧困を指摘する。

⑥新古典派経済学批判

　関根は、新古典派経済学について、それが市場経済から区別される実物経済は存在しないという思想を信奉している点に、問題性を見いだしている。1970年代に限界革命として始まった新古典派経済学は、数学的・公理的手法によって資本家的商品市場の一般均衡を厳密に確立したが、1920年代の、可測的効用の無差別性による置き替えや実質費用の機会費用による置き替えという理論的進展により、ますます実物経済と市場経済の区別を払拭させることになった、という。実物経済と市場経済とを区別しない新古典派の思想は、資本家市場の合理性を信奉し、資本主義を人間社会の諸利害を調整する永遠の自然的制度であり、一時的な歴史社会ではないという考えであり、それが採用する自然科学の方法論とも深い関連があるという。

　①と②でみたように、経済学の純粋理論は、人間の経済的動機の有限性を取り除き無限化した資本の体系的な自己開示・自己総合であり、人間の恣意を脱却させた理論として客観的であるが、純粋な資本主義とはそのような資本が支配する非人間的で「逆立ち」した社会である。古典派や新古典派は、資本主義の理論を額面通りに、われわれ人間は資本家のように経済合理性を追及すればするほど人間の理念に叶うとして、逆転して理解する。すなわち、新古典派経済学は、経済学に纏い付いている近代主義的バイアス（すべての社会は資本主義的である）に囚われており、客観的な知識となっていない。

　このような新古典派の問題性は、それが採用する自然科学的研究方法と深く関連している。④でみたように、自然を外から観察し、仮説と検証・反証という形式の自然科学・数学の知識は、局部的・相対的な知識、予測的で技術的に利用可能な知識という特性をもつ。関根によれば、自然科学的方法を採用する新古典派経済学は、経済の表面に現れる資本家市場という局部的現象を切り取って、その特性を分析し、得られた知識が反証されるまでは暫定的な真理とするだけで、市場によって経済活動を組織・統合するのが良い方法か否かの価値判断をせずに資本主義を肯

定し、その知識を道具的に使いその枠内での政策提言のみが経済学に期待されるものとしている、と。

　もっとも、関根は、新古典派理論から学ぶべきものは何もないという立場ではない。たとえば、原理論の分配論は一般均衡論と重なる分野であり、その分野で新古典派が開発した数学的分析を利用すれば、マルクス・宇野の数値的例証をより厳密に証明できるとしている。

⑦段階論

　宇野に倣って、『資本論』から段階論的叙述やイデオロギー的主張を取り除き、資本弁証法を資本家経済の純粋理論として構築する宇野＝関根理論は、純粋な論理体系と歴史とを媒介する中間理論を必要とする。というのは、資本弁証法は、現実には実在しない純粋資本主義においてすなわち商品経済的に理想化され使用価値空間において客観性を保証されて展開されるが、その想定された理論的空間と多様で複雑で変化する現実の資本主義の具体的な使用価値空間とを連結する理論（論理と歴史とを架橋する中間理論）がなければ、資本主義の現実経済は分析できないからである。関根によれば、宇野の『経済政策論』は、段階論という研究分野の明確化によってマルクス経済学の方法論を確立する書であった。

　関根の宇野段階論解釈は大略次のようなものである。関根は、宇野の段階的規定に関して、資本主義発達の三段階（重商・自由・帝国主義）から三つの代表的・典型的使用価値のタイプ（羊毛型・木綿型・鉄鋼型のそれ）を抽出し、それらがM．ウェーバーの「理想型」とは異質な「物質型」であること、その物質型を基礎とする資本主義は、人間の恣意的な抽象モデルではなく、資本主義の純粋化傾向と同様に、歴史的実在性と時代性をもった現実の経済生活を基礎とする抽象であること、そして段階論において物質型として示される三つの代表的な使用価値は、原理論において価値（抽象的冨）として名目化される使用価値や、現状分析における無限に多様で具体的な使用価値とは、「使用価値の抽象のレベル」を相違するものとして論じなければならないことを、強調する。そのことを基礎に、段階論では、同じ資本の論理（原理論）によって支配される資本主義も、如何なる種類の使用価値生産が中心となるかによって、支配的な資本の形態もその産業組織も資本の蓄積様式も、さらには

支配的資本の蓄積を支援するブルジョア国家の経済政策も相違すること
が明らかにされる、と。

こうして、各段階で支配的な資本（商人・産業・金融資本）の「段階
論的規定」は、それら諸資本の「原理論的規定」とは違って、歴史的
時間のなかで各段階を代表する最も典型的な産業（羊毛工業・木綿工業・
鉄鋼業）において特定化され、その支配的資本形態がとる具体的な技術
的特性・産業組織の特殊な編成方式（問屋制家内工業や機械制工場生産や
重工業独占体）・資本蓄積の歴史性を付与された特徴が解明される。これ
ら各段階の支配的資本形態に則した分析を基礎に、各段階の国際関係（貿
易体制や資本輸出）、および支配的資本が市場原理の貫徹を容易にするよ
うに支援するブルジョア国家の経済政策が特徴づけられなければならな
い。関根によれば、ブルジョア国家の役割は、各段階における支配的資
本が最も活動しやすい舞台装置を対外的・国内的に整備するのがその役
割であって、その方式は市場外部性を内部化する「規制・課税・補助預
金」であり、宇野にとって、段階論とは「ブルジョア国家の社会科学的
研究」を可能ならしめる文脈であるという。

⑧関根＝宇野理論の経済学体系

関根の使用価値空間の図で説明される資本主義の歴史的な発展では、
①・②・③で示された資本の弁証法が、社会科学の原点としての原理論
と位置づけられる。その原点＝原理論は、歴史社会の「資本主義度」を
測る判断基準の役割を果たす。すなわち、歴史社会の使用価値空間が、
ブルジョア国家の政策に支援されて商品経済の原理によって包摂（内部
化）されていれば、その社会は社会の下部構造が資本の論理で処理され
る資本主義社会である（資本主義円の中に位置する）とされ、そうでなけ
れば資本主義という経済システムから離れている、と。社会科学の原点
としての原理論は、基準であるから不動点をなす。たとえば資本主義が
自由主義段階から帝国主義段階へと進展しようとも、原理論は些かも修
正されるべきものではなく、変化するのは使用価値空間の方である、と。

こうして、宇野＝関根理論は、原理論における資本主義の存立根拠（価
値法則と人口法則）が満たされているか否か、および段階論におけるブ
ルジョア国家の経済政策によってその使用価値空間の商品経済的統合が
可能か否かという判断基準によって、その社会と純粋な資本主義との距

離を測る。この判断基準に照らして、関根は、現代経済はすでに「脱資本主義過程」にあると主張する。

⑨社会科学の研究方法の確立

　経済学を始めとする社会科学は、近代資本主義社会とともに誕生し、近代主義的バイアスを抜き難く包含している。宇野＝関根理論は、上の①から⑧の論点を明らかにすることによって、宇野とともに、近代主義の呪縛から解放された社会科学の研究方法を確立しうると主張する。

　これまでみてきたように、関根は、海外での孤立無援のマルクス経済学研究において宇野理論に徹底的に固執することによって、日本における宇野理論研究とは異なる全く独自な宇野解釈、宇野＝関根理論を構築した。関根の研究は、宇野がはじめた「壮大な研究計画」を継承し、それをおし進め、より明確にしようとするものであり、関根はその生涯をとおして、宇野＝関根理論を彫琢し続けた。もっとも、宇野＝関根理論の論点のいくつかは、たとえ支持するとしても、なおさらなる検討や展開を要するものもあるであろう。とりわけ段階論に関する主張にはその感がつよい。しかし、宇野＝関根理論の①から⑨の諸論点は、常識的なマルクス主義（経済学）や日本における宇野理論研究に対する関根独自の根源的な問題提起と解答である。そして、それらが独創的な学問的貢献であることは付言するまでもない。

〔Ⅲ〕

　原理論を資本の弁証法として構築した関根経済学のもう一つの大きな特徴は、現代資本主義を脱資本主義過程（ex-capitalist transition）として把握してきた点にある。

　関根の脱資本主義論の表明は半世紀前の 1974 年の『経済セミナー』に掲載された「現代経済における脱資本主義化傾向」（本書第 8 章）であり、その後一貫してこの考え方を変えることはなかった。いやそれどころか、2023 年に Palgrave, Macmillan から出版された最後の著作の題名 *Marx, Uno and the Critique of Economics—Toward an Ex-Capitalist Transition* が示すように、現代経済は脱資本主義過程にあるという捉え方を理論的

に深化させ、実証的にもより説得力あるものにすることこそ関根経済学の終生のテーマだったとさえ言える。

（１）画期的とも言える 1974 年論文の中で関根は、理論的に純粋な資本主義に対して現実の歪曲された資本主義とは何であるかを論じ、現代経済の成立と定着の歴史的経緯を簡潔に述べたのち、「国家独占資本主義」という名称を避けて「脱資本主義過程」と規定しなければならない現代経済の特徴的な諸相の考察に進み、最後に脱資本主義過程を帝国主義から峻別すべき経済学的根拠を明らかにした。

　関根が脱資本主義過程の指標として選んだのは、①政府経済の規模拡大、②管理通貨制度、③企業の公的規制、④経営者組織の発達、⑤技術進歩と労使関係の現代化、⑥労働力の非商品化、の６点であった。これらについて、（ⅰ）現代の民間経済は全面的に政府経済に依存しており自立的とは言えない、（ⅱ）商品経済がそれを基礎としてはじめて自立しうる貨幣も管理通貨としてしか存在しない、それゆえ現代企業は資本主義に外部的な通貨当局の政策意思に規制された範囲でのみ利潤追求を認められる存在となっている、（ⅲ）企業は独占禁止法や証券取引法などにみられるように法的に規制されており、もはや金融資本的な発展をすることができない、（ⅳ）現代企業は技術的な経営・管理の組織があれば十分であって資本家的に運営される必要がない、（ⅴ）経営者組織の発達には現代産業の技術的根拠があり、この根拠が同時に無理な労働強化に代表される資本主義的な労働支配を不要にしている、（ⅵ）完全雇用政策の結果、ほぼ確実に売れる商品となっている労働力はもはや本来の意味での労働力商品ではない、という理由でもって、現代経済はもはや「本来の意味での資本主義」ではなく、別の経済秩序に移行する過程、すなわち脱資本主義過程にあると結論づけた。というのも、（ⅰ）から（ⅲ）の特徴は民間経済の従属性を示すものであり、残りの３点は価値法則の実体が欠如していることを示すものであるからである。

　以上の現代経済の６大特徴との関連で、当時主流であった現代資本主義を「国家独占資本主義」として把握する考え方については、次のように述べる。

　資本主義はいったん発生すると、次第に異質な要素を排除してそれ自身の力で拡大・発展するのである。このような生命力をもたないものを

資本主義と見なすわけにはいかない。むしろ今後とも非資本主義的経済の庇護と制約にますます強く依存しなければならない現代の再生産過程を、いかなる意味で「資本主義的」と言いうるであろうか。かつての帝国主義経済は、たとえ純粋原理を歪曲し不純化したといっても、決してこのような他力本願ではなかった。「国家独占資本主義」という名称はいかめしいが、そこにあるのは自立性のない資本主義であり、せいぜい半資本主義とでもいうべきものである。

それでは関根が考えた「脱資本主義過程」の本質とは何であろうか。それについて関根は次のように述べる。

宇野理論では、いかなる社会においても何らかの方法で「経済原則」が充足されなければならないとしている。経済原則とは、「実質的な経済生活の効率的運営」と解釈してよい。資本主義社会においては、これが資本の自律的運動を媒介として、すなわち「価値法則」によって貫徹されるのであり、そのためには、資本主義にとって異質なものの介在は必要としないところに特徴がある。それだからこそ資本主義のもとにおける経済政策も、実は資本自体の運動を反映するものとして、いわば資本の「概念」としてのみ発現するのであって、国家といえども恣意的な政策の効果を期待することはできないのである。ところが1930年代の大不況期には、もはや価値法則を通じては経済原則を自動的には充足せしめないのでないかという観測が発生した。これは正当な観測であった。なぜならば、この時以来、政府の経済政策は、「資本の論理」を超えて、経済原則の充足に関与するものとなったからである。

以上のように関根は、「脱資本主義過程」の本質を、民間経済はそれ自体の力で経済原則を充足し得ず、マクロ経済政策をはじめとした一連の政府の経済政策によって支えられなければ存続し得ない経済と捉えたのであった。

このような現代資本主義の捉え方は、1980年代半ば以降、林健久や加藤栄一によって華々しく展開されるようになる福祉国家論とほぼ同様の捉え方であり、違いは関根の脱資本主義過程論の表明が10年ほど早かったこと、林たちの研究が財政学や現代資本主義の実証研究に基づいていたのに対して関根の立論が関根独自の経済原理論研究に基づいていたことである。

なおこの1974年論文は、戦後の福祉国家を支える蓄積メカニズムで

あるフォーディズム的傾向（技術開発による高蓄積と高賃金政策）をレギュラシオン学派よりも相当早く、そして福祉国家における完全雇用政策や失業保険制度が労働力商品の非商品化を推進しつつあることをエスピン・アンデルセンなどよりも相当以前に指摘していたことを付言しておきたい。

とはいえ、このあまりにも早い現代資本主義の脱資本主義化傾向の表明は、いくつかの誤解と誤解に基づく批判を生んだ。代表的な批判は「関根の立論は、現代資本主義に特徴的ないくつかの現象を原理的規定によって尺度し、それに適合しないという理由でもって現代社会はもはや資本主義ではないという結論を下していることになっているのではないか」というものであった。

このような種類の誤解や批判を解きほぐすために、関根は例えば「段階論とは何か ── 宇野弘蔵の『経済政策論』から学ぶ」（2009 年執筆、本書第 6 章）の中で次のように丁寧に説明している。

「資本主義」という言葉には「広義と狭義の定義」が可能であるが、この私の論考では一貫してマルクスのいう「資本家的生産様式」という狭義の定義を採用している。それは、近代社会の下部構造をなす実質的経済生活（使用価値空間）が、原理論の定義する「純粋資本主義」をソフト（logiciel）として体現しているという意味である。言い換えれば、その社会の再生産過程が、全面的に商品経済の自律的な法則に則って処理されている、ということに外ならない。それゆえ、ブルジョア国家の経済政策も、自律的な商品経済の育成や、純化や、不純物のコントロールを外部から支援するような舞台装置を提供することのみに集中したのであり、たとい部分的にも「資本の市場原理」を止揚したり、それとは異質な「国家の計画原理」によって補完したりすることは、初めから論外であった。今日ふつうに適用されているマクロ政策のようなものは、狭義の資本主義のもとでは全く存在する余地はない。

他方、常識的、通俗的には「資本主義」という言葉は、狭義ではなく広義に理解され使用されている。この言葉はもともと「資本を所有しそれを生産などに使うこと、また、広くそれが行われる制度」を意味する。この用法は特に学問的に厳密な定義とは別の次元で、日常の会話やジャーナリズムで多用されており、それによれば今日のグローバル化された世界経済が「資本主義」でないとは言えない。しかし宇野が「資本

主義」を論ずるときは、ほとんどの常にこの言葉を狭義の意味で使っており、マルクスの「資本家的生産様式」を、または「自分の原理論を基準とするもの（ソフトとして体現するもの）」を含意していることを忘れてはならない。

　関根が「資本主義」という言葉を使用するとき、宇野と同様にほとんど狭義の意味で使用していたことを念頭に置いておくことも関根の脱資本主義過程論を正確に理解する上で鍵となる。

　以上のような資本主義理解に基づき、関根は、最初にして最後の「帝国主義戦争」である第一次世界大戦を契機に、ブルジョア国家と金融資本の合作によって資本主義の発達を保証することはもはやできなくなった、資本主義は「没落期」ではなしに「解体期」に入った、と考える。言い換えれば、第一次世界大戦以後の世界経済はもはや資本主義という歴史社会を成立させるものではなく、むしろそこから将来の新しい歴史社会に移行する「過渡期」を構成すると見なすのである。

（２）「過渡期としての脱資本主義過程」は、第一次世界大戦から百年以上を要する長期間にわたるものであるが、関根によれば、この資本主義の解体過程は三局面に分かれる。第一の局面は「大恐慌を含む戦間期」であり、ポラニーがいうところの「大転換の時代」に当たり、第二の局面は第二次世界大戦後から 1970 年代までの「混合経済の黄金期」であり同時に「石油技術とフォーディズムの時期」である。そして第三の局面が 1980 年代から現在に至る 30 年間の「新自由主義の時代」すなわち「情報技術と金融自由化の時代」である。

　「脱資本主義過程」の第三局面である「情報技術と金融自由化の時代」については、「資本主義から次の歴史社会への過渡期をどう見るか――脱資本主義過程論の系譜」（2010 年、本書第 9 章）にて詳述されているが、そのエッセンスは以下のように要約しうる。

　脱資本主義過程の第二局面であった「繁栄の時代」には、生活の富裕化によって大量の貯蓄資金が発生するようになったが、それが全て民間部門や政府部門で「資本化（投資）」できた訳ではなかった。特に、ケインズ的な福祉国家を否定する新保守主義・新自由主義が「小さな政府」の下での「民間経済の活性化」を唱えるようになると、民間に叢生する過剰な貯蓄資金が投資として実質的資本形成に吸収されないまま滞

留し、そのストックが肥大化する。これが、無軌道な貸付資本の一種である「カジノ資本」として投機目的に利用され「金融主導のバブル経済」を生み出すことになる。実際、「金融の自由化」によって「金融利害」が「産業利害」から優位を奪回して以来、「バブルとその破綻」の繰り返しが、従来の産業的景気循環に替わって実物経済の動向を支配するようになった。

　以上のように脱資本主義過程の第三局面を特徴づけたのち、今後社会がこのようなカジノ資本の無軌道ぶりを抑制することができなければ、これは「本来の資本主義（狭義の資本主義）」の最終的崩壊を意味すると関根は主張する。

　この論稿は、日本のバブル崩壊後の長期におよぶデフレ、2008年のリーマン・ブラザーズの破綻に端を発する世界金融危機の観察と考察を経て、さらに宇野『経済政策論』の英語への翻訳を通じて培った宇野段階論に対するより深い理解を経て書かれたことにより、関根の脱資本主義過程論は以前よりも内容的に豊かになり、かつ明瞭になっている。例えば、大内力の「国家独占資本主義論」についても、その意義を高く評価する一方で、大内が国家独占資本主義の本質としている「混合経済」はブルジョア国家を超える経済政策であり、「資本が労働力を商品として支配すること」に介入する政策であるとする大内説の欠陥をより明瞭に批判している。またこの論稿では、『世界大恐慌 —1929年恐慌の過程と原因』（1994年）と『「大恐慌型」不況』（1998年）という二つの著書に結実する侘美光彦の大恐慌研究を高く評価して、1929年恐慌を従来の「循環的恐慌」とは異質なものと捉える侘美の議論を援用しながら関根の脱資本主義過程論の一層の精緻化を図っている。さらに、経済史家ピーター・テミンの大恐慌研究に拠りながら、大恐慌の回復過程で生まれた各国の様々な「社会民主主義的な発想」が第二次大戦後の「混合経済」を準備したことも以前のものより明瞭に説明されている。

（3）関根がこの論稿でさらに一歩前に出て打ちだそうとしたことは、脱資本主義過程を資本主義の解体期として理解するのみならず、この「解体期」を「管理通貨制度の完成過程」として積極的に位置づけることであった。

　ケインズ以前の経済学が「金本位制度の復興なくして経済の復興はあ

りえない」という妄想のゆえに自縄自縛に陥り、結局デフレの慢性化を回避できなかったという歴史的事実が示すように、金本位制度から本格的に離脱して純粋な命令貨幣（fiat money）に基づく管理通貨制度を確立することは、一朝一夕にできることではない。現在の経済学においても「金の呪縛」から完全に解放されているわけではない、と関根は考える。「だとすれば、それを清算することこそが、一方においてマルクスの『経済学批判』を完成させることにもなり、他方において、新しい歴史社会の到来を最終的に用意させるものでもあると言えないだろうか」と述べる。

　この最後の引用部分は一読してすぐに理解できないところであるが、以下で述べる関根の政府紙幣発行推奨論と繋がっている。

　投資銀行リーマン・ブラザーズの破綻を契機に 2008 年の秋以降、世界経済は金融と実物経済の下降過程に巻き込まれたが、このように一旦デフレ・スパイラルに陥った場合には、民間経済だけの力で景気を回復することは不可能であり、政府部門による「超大型の財政出動」が不可欠になる。その際、財政出動の財源について、追加的増税にも国債発行にも頼ることはできず、「命令貨幣の発行」のみが唯一の道となる。

　その理由について関根は、次のように説明する。

　潜在的生産能力を生かして社会的に供給できる規模の商品を流通せしめるのに十分な通貨量は、資産価格の低落に直面した銀行制度が創造し供給できる「信用通貨」だけでは決して賄いきれない。デフレとは、信用収縮によって商品の購買手段としての「通貨」が不足するために商品の滞貨が生じ経済活動が不振になることである。たとい「資金（遊休貨幣）」が余っていても「通貨（活動貨幣）」が欠乏するため商品が流通せず、経済活動が停滞する。このような状態に陥ってもなお市中に必要な通貨量を供給しうる唯一の手段は、「命令貨幣の発行を財源とする財政支出」でしかあり得ない。

　ところが、デフレ下における政府紙幣を財源とする財政出動の経済学的合理性にもかかわらず、現在それに対する抵抗は著しくかつ執拗である。そのことを捕まえて関根は、それは「金の呪縛」が未だに強力に残存している証拠であり、我々は先ずその呪縛に打ち勝たねばならない、それ以外に現下の世界同時不況から救済される道はない、と考える。

　関根はさらに政府紙幣を財源とする財政支出の行使の歴史的意義を積

極的に評価して、次のように述べる。

　主権国家の通貨発行権を認め、必要な時にそれを行使できることは、命令貨幣をベースとする「管理通貨制度」のあるべき姿がすでに完成しているのと同義である。それは同時に、商品経済の自律性への盲目な依存をやめ「意識的に」（狭義の）資本主義に終止符を打つことに他ならない。金本位制度から終局的に解放されることに他ならない。ここに至って人間社会は、ようやく新たなる歴史社会への道を踏み出すことになるであろう。

　この「あとがき」では、最後の著作 *Marx, Uno and the Critique of Economics— Toward an Ex-Capitalist Transition* の内容そのものに立ち入ることはしないが、この著書の後半部分第二部の最も重要なテーマは「新しい意味での財政政策、すなわち財政経路を通じた命令貨幣の発行」となっていることだけは述べておきたい。このことが示すように、関根は最後の最後まで、主権国家の通貨発行権を認め、必要な時にそれを行使することこそ近代主義を根底から批判したマルクスの『経済学批判』に繋がり、新しい歴史社会の到来を用意する道に繋がると固く信じていたように思われる。

　関根友彦の「脱資本主義過程論」が私たちに投げかけた問題領域は想像以上に広い。ここで紹介し切れなかったものも多い。今確実に言えることは、この関根の問題提起を正面から受け止め、今後の世界経済と日本経済の現状分析に活かすことが残された私たちの世代に求められているということである。

　最後に、本書の出版にさいしては、社会評論社の松田健二社長にはたいへんお世話になった。また、同社の編集担当の本間一弥さんには、時間切迫のなか、正確で迅速で丁寧な編集をしていただいた。厚くお礼申し上げる次第である。

2023 年 12 月 15 日

亀﨑　澄夫
岡本　英男

私が学んできた経済学
新古典派理論から宇野理論へ

2024 年 1 月 16 日　初版第 1 刷発行

著　者：関根友彦
編　者：亀﨑澄夫、岡本英男、櫻井毅
発行人：松田健二
発行所：株式会社 社会評論社
　　　　東京都文京区本郷 2-3-10
　　　　tel.03-3814-3861　Fax.03-3818-2808
　　　　http://www.shahyo.com
組版装幀：Luna エディット .LLC
印刷製本：倉敷印刷 株式会社